Stefan Kappner (Hrsg.)

AF235893

Freitags von Zehn bis Zwölf

Stefan Kappner (Hrsg.)

Freitags von Zehn bis Zwölf

Lebensbilder

Die Briefmarke „Ford Capri 1" auf S. 222 ist als amtliches Werk nach § 5 Abs. 1 UrhG gemeinfrei.
Umschlagabbildung: Aquarell von Gisela Schweikart
Korrektorat: DOROTEXT Lektorat, Frankfurt/Main
Layout: Anja Wellenbender, Dr. Stefan Kappner
Herstellung und Verlag: BoD – Books on Demand, Norderstedt
ISBN: 978-3-7543-0174-6

Inhalt

Grußwort der VHS

„Freitags von Zehn bis Zwölf. Lebensbilder" – So lautet der Titel des mittlerweile vierten Bandes, den die Teilnehmerinnen der „Oberurseler Schreibwerkstatt" gemeinsam mit ihrem Dozenten Dr. Stefan Kappner veröffentlicht haben.

Das Werk ist während der Corona-Pandemie entstanden – die Arbeit an den Aufsätzen und „Lebensbildern" bedeutete in dieser Zeit für alle Beteiligten eine willkommene Abwechslung. Sie ermöglichte ihnen aber auch und vor allem eine konstruktive Auseinandersetzung mit der eigenen
Lebensbiografie.

Wie bereits bei den ersten drei Sammelbänden, so stecken auch in diesem Band wieder viele persönliche und private Szenen und Momente, die den Leser*innen einen lebendigen und spannenden Einblick in die Gedanken- und Erlebniswelt der Autorinnen vermitteln.

Ich gratuliere herzlich zu diesem erneut sehr gelungenen Gesamtkunstwerk und wünsche noch viele Jahre des gemeinsamen kreativen Schaffens mit Dr. Stefan Kappner, der vor knapp drei Jahren die Nachfolge von Rosmarie Fichtenkamm-Barde angetreten hat und mittlerweile selbst eine Institution an unserer Volkshochschule ist.

Carsten Koehnen
Leiter der Volkshochschule Hochtaunus

Die Oberurseler Schreibwerkstatt besteht seit 27 Jahren. Sie ist ein Kursangebot der Volkshochschule Hochtaunus. Viele der Teilnehmerinnen sind seit mehr als zehn Jahren regelmäßig dabei.

Vorwort

Es begann mit dem seltenen Gang zum Fotografen, dem schwer gerahmten Familienbild, das noch wie ein Ölporträt anmutete. Später ließ man besondere biografische Momente auf diese Weise „verewigen", den ersten Schultag, die Eheschließung. Was war, sollte festgehalten werden und man füllte das Familienalbum mit den Dokumenten des gelebten Lebens.

Als Fotoapparate tragbar und für alle erschwinglich wurden, kam der Schnappschuss, der jeden zum Fotoreporter des eigenen Lebens machte: So war es tatsächlich, un-gestellt. So sah von außen aus, was in uns als dunkle Erinnerung an einen gelungenen Abend, einen peinlichen Moment schlummert, oder an eine Freundschaft, die wir lange schon vergessen hatten. Jetzt stoßen wir auf dieses Foto in einem Album oder der hintersten Ecke einer Computerfestplatte und erinnern uns wieder.

Psychologen haben herausgefunden, dass man Erinnerungen provozieren kann, indem man Probanden ein Foto zeigt: Wie sie zum Beispiel als Kind auf dem Rücken eines Elefanten in einem Vergnügungspark unterwegs sind. Nach einiger Zeit konnten sie sich tatsächlich erinnern, wie es sich angefühlt hatte, dieses Reiten auf dem grauen Koloss. Dabei war das Foto gefälscht, zum Zwecke der Wissenschaft.

Der Einfluss von Fotografien und Filmen auf unsere Erinnerungen hat stetig zugenommen.

Wie hängen die Geschichten, die wir uns erzählen und von denen wir schreiben, mit der allgegenwärtigen Bilderwelt zusammen? Was „sagen" uns Fotografien und andere Bilder?

Solche Fragen diskutierte ich mit der Gruppe von Autorinnen, die ich seit 2018 an der VHS in Oberursel bei ihrem Schreiben begleiten darf, immer freitags von zehn bis zwölf.

Schließlich hatten wir die Idee, Bilder zum Ausgangspunkt längerer autobiografischer Texte zu machen. So kam diese Anthologie zustande. Doch was heißt „Ausgangspunkt"? In manchen Fällen gibt das Bild das Thema vor, in anderen dient es zur Illustration. Manche Texte bleiben eng am Foto, kommen immer wieder darauf zurück. Andere gehen kaum darauf ein, und dennoch bilden Text und Bild eine Einheit, ergänzen sich gegenseitig.

Sehr wahrscheinlich haben Sie sich, bevor Sie dieses Vorwort gelesen haben, zuerst die Bilder angesehen. So funktioniert unsere Aufmerksamkeit. Die 13 biografischen Erzählungen, die in diesem Band versammelt sind, bieten Ihnen darum nicht nur eine große Themenvielfalt und formale biografische Bandbreite. Sie bieten Ihnen auch die Chance, zu merken, wie sich unser Blick verändert, wenn wir etwas erfahren haben. Wie der Text, den wir verstehen, auf die Bilder zurückwirkt, die wir sehen. Ein besonderes Vorher-Nachher-Erlebnis. Probieren Sie es aus.

Dr. Stefan Kappner, Mai 2021

Es begann in der alten Jahn-Turnhalle

Brigitte Amend

Die Nachrichtensendungen berichteten im Frühjahr 2020 von einem unbekannten Virus, das in der Stadt Wuhan auf einem Wildtiermarkt aufgetreten sei. Mich regte die Meldung nicht sonderlich auf. Es waren schon zahlreiche Krankheiten im fernen China ausgebrochen. Aber aus einem „weit, weit weg" wurde ein „nah und näher". Italien mit seinen Schreckensbildern von schwerkranken Patienten, Klinikpersonal am Ende seiner Kräfte. Frankreich, Spanien und Deutschland. Die Bundesregierung verhängte einen sogenannten „Lockdown" über Deutschland. Kontaktbeschränkungen, Hygieneregeln und später eine Maskenpflicht in Innenräumen wurden eingeführt und das Virus eilte um die Welt. Kein Staat, keine noch so kleine Insel blieb verschont. Nachdem ich meine Schockstarre über dieses unbekannte Ereignis überwunden hatte, fügte ich mich in die besondere Situation. Spaziergänge waren möglich. Mein Mann und ich strichen durch die Felder und Wiesen um unseren Wohnort herum. Wir genossen die Natur, die Stille, denn die Flugzeuge blieben aus. Bienen und andere Insekten summten und surrten über die vielzähligen roten, in der Sonne leuchtenden Klatschmohnblüten und tiefblauen Kornblumen. Ich ging durch die Hauptstraße, die sich durch ganz Eschborn schlängelt. Meinen Gedanken und Erinnerungen ließ ich freien Lauf. Ich hatte ja nichts vor.

Neben der katholischen Kirche, an der Kreuzung zur Straße nach Frankfurt und Wiesbaden, verteilte sich am frühen Morgen der Duft frisch gebackenen Brotes der Bäcker- und Konditorei Rapp. Brot kauften wir regelmäßig dort, aber Kuchen selten. Mutti war sparsam und backte ihren Kuchen lieber selber. Meine Freundin Ilse und ich kauften für ihre Familie ein.

In der Glasvitrine lockten leckere Obst- und Sahnetorten um die Wette. Im Nebenraum, in dem Tische und Stühle standen, klapperte Geschirr, und es strömte Kaffeeduft herüber. Die Inhaberinnen, zwei Schwestern, ältere Fräuleins, beide mit den damals modernen Dauerwellenlocken, standen hinter der Theke. Der Bäcker mit mehliger Schürze und Bäckerhut kam ab und zu aus der Backstube, um weitere süße Leckereien zu bringen. Sonntagsgäste wurden außergewöhnlich zuvorkommend bedient, auch wenn im Laden viele Kunden warteten. Nachdem die ausgewählten Kuchenstücke haargenau nebeneinander auf dem Pappteller lagen, nahm auch das Einpacken viel Zeit in Anspruch. Jedes Papierfältchen hatte seinen Platz. In Eschborn hieß die Konditorei Rapp deshalb „Café Langsam". Durch die Wartezeit steigerte sich unser Appetit, der Geruch der frischen Erdbeertorte mit Mandelsplittern steckt mir noch immer in der Nase.

Ein Stück weiter die Hauptstraße entlang hatten wir in den 1960er Jahren ein kleines Kino. Zum Treppenhaus mussten wir durch den Hof gehen. Im großen Saal des ersten Stockwerks stand, abgetrennt durch eine Glaswand, das Vorführgerät. Im Gedächtnis geblieben ist mir ein Film mit dem Titel „ Wenn die tollen Tanten kommen" mit Rudi Carrell, Ilja Richter und Chris Roberts. Männer hatten sich als Frauen verkleidet, und das führte zu komischen Verwicklungen. Während der Vorführungen wurde es regelmäßig stockdunkel. Der Film war wieder gerissen! Dann drehten sich alle

Köpfe nach hinten und beobachteten das hektische Arbeiten des Filmvorführers. Die Pfiffe der ungeduldigen und das leise Stöhnen der ruhigeren Zuschauer drangen durch die Glaswand. Aber die Reparatur ging dadurch natürlich nicht schneller.

Am Morgen
Auf der gegenüberliegenden Straßenseite befand sich die alte Jahn-Turnhalle von 1888. Sie ist inzwischen modernisiert und durch einen Glasanbau erweitert worden. In meiner Jugendzeit stand sie noch im alten Kleid. Während der Corona-Krise hatte ich angefangen, Steine, die ich beim Wandern fand, mit Motiven zu bemalen. Ich malte deshalb die Turnhalle auf einen lehmbraunen Stein. Als ich so lange draufstarrte, hatte ich das Empfinden, dass das Haus lebendig sei. Zwei runde Augen sahen mich an. Das Dach mit abgeschrägtem Giebel saß wie ein Hut darauf. Der torförmige Eingang wirkte wie ein geöffneter Mund, der Menschen aufsaugte und nach den Veranstaltungen wieder ausspuckte.

Die Jahn-Turnhalle war in den 1960er Jahren mehr als nur eine Sporthalle. Sie verfügte über einen großen Turnsaal und war der Ort, an dem die Eschborner an Wochenenden oder zu speziellen Anlässen während der Woche, etwas erleben konnten. Eine Ankündigung verbreitete sich einmal wie ein Lauffeuer: „Heinz Schenk mit dem Frankfurter Wecker" wird aus der Jahn-Halle gesendet!"

Ich war zu der Zeit Schulkind und 13 Jahre alt, als meine Freundin und ich davon erfuhren, dass diese Rundfunksendung demnächst aus Eschborn gesendet werden sollte. Der Hessische Rundfunk bot die beliebte Morgensendung in den Sommermonaten täglich aus unterschiedlichen hessischen Städten an. Moderiert wurde von Kulenkampff, Frankenfeld, Höpfner oder Schenk. Heinz Schenk wurde später mit seiner Fernsehsendung „Zum Blauen Bock" berühmt.

„Wollen wir da hin?", fragte mich meine Freundin.
„Natürlich. Aber wann ist die Vorstellung? Haben wir an dem Tag Schule?"
„Da sind schon Sommerferien."
Morgens um sechs Uhr machten wir uns auf den Weg zur Jahn-Halle. Wir hatten unsere bunten Sommerröcke und kurzärmeligen Blusen an. Damit die Röcke abstanden, trugen wir moderne Petticoats aus weißem Perlonstoff. In dem großen Saal saßen junge und ältere Menschen bunt gemischt. „Guten Morgen, guten Morgen … einen Morgen ohne Sorgen", tönte der „Frankfurter Wecker-Marsch". Das Publikum klatschte begeistert mit. Die muntere, aufheiternde Musik gefiel uns, aber sie war doch mehr etwas für die älteren Zuhörer. Für uns stand der prominente Gast, Gus Backus, im Mittelpunkt, ja er war überhaupt der Grund für uns hinzugehen. Wir warteten, bis er endlich kam. Und er enttäuschte uns nicht und sang seinen bekannten Schlager „Das ist der Häuptling, der Häuptling der Indianer, wild ist der Westen und schwer ist sein Beruf, uff". Jedes „uff" traf mitten ins Herz. Und Gus sah uns dabei direkt in die Augen, denn wir hatten es geschafft, in der ersten Reihe zu sitzen. Wir lauschten seinem wunderbaren amerikanischen Akzent, dabei glühten unsere Köpfe. Amerika, die Indianer, alles wie in einem Traum. Viel zu schnell war die Veranstaltung zu Ende. „Wenn er nur nicht durch den Hinterausgang verschwindet!", dachte ich. Wir stürzten auf die Bühne. Die anderen Besucher dagegen verließen

16

die Halle. Dass nur wenige Leute Interesse an einem Autogramm zeigten, störte uns nicht. Im Gegenteil. Wir fühlten uns besonders geehrt, als Gus uns ein Postkartenbild mit persönlicher Widmung überreichte.

Zwei wollten dabei sein

Als ich einmal nachmittags bei meiner Freundin war, überraschte mich ihre Großmutter mit einer Neuigkeit: „Zusätzlich zum ersten Fernsehprogramm wird es in Zukunft ein Zweites Deutsches Fernsehen geben. Und das Wichtigste! Die Sendezentrale wird in Eschborn errichtet werden." Ich glaubte der Oma nicht so recht. „Das wird sicher ein Spaß sein", dachte ich. Sie setzte die Lesebrille auf ihr rundes, von einem silbergrauen Lockenkopf umrahmtes Gesicht. Dann las sie aus der Zeitung vor: „In einem Staatsvertrag wurden die Grundsätze für den neuen Sender ‚Zweites Deutsches Fernsehen' festgeschrieben. Als Standort wurde für die provisorischen Sendestudios ein Grundstück in Eschborn gekauft. Auf dem Gelände arbeitete früher die Ziegelei Rübsamen. Zurzeit stehen dort noch einige einfache Gebäude, in denen einst die Ziegeleiarbeiter wohnten, und eine Scheune." Ilse und ich sahen uns mit leuchtenden Augen an: „Endlich passiert hier mal was!" „Das ist die Chance für Eschborn. Unser Dorf wird berühmt werden. Die Sendungen können Fernsehzuschauer in ganz Deutschland sehen. Und zwar jeden Tag! Die Radioübertragung des ‚Frankfurter Weckers' aus der Jahn-Turnhalle war im Vergleich dazu rein gar nichts."

In den nächsten Wochen spazierten wir an den Nachmittagen immer mal wieder zu dem beschriebenen Grundstück in der Nähe des Bahnhofs. Eines Tages rückten Arbeiter an und rissen Gebäude ab, Lastwagen luden Steinbrocken und Holzabfälle auf. Wir konnten den Baufortschritt jeden Tag begutachten, denn unser Zug zur Schule nach Frankfurt fuhr unmittelbar daran vorbei. Ein prächtiges Gebäude mit großen hellen Studios entstand. Ich sah berühmte Sänger und Schauspieler bei Probeaufnahmen in grellem Scheinwerferlicht. Der Haken daran: Das Gebäude war ein Luftschloss, das lediglich in meinen Hoffnungsträumen bestand. Die Wirklichkeit sah anders aus. Arbeiter bauten niedrige, lang gestreckte Hütten aus Holzteilen, die wie Baracken aussahen. Alles so billig wie möglich. Es sollte ja nur ein Provisorium entstehen. Nach kurzer Zeit zogen die Bauarbeiter ab und die Fernsehleute ein.

Sobald wir die Schulaufgaben fertig hatten, verließen wir schleunigst das Haus. „Wir gehen auf die Straße." Ilses Großeltern hatten nichts dagegen. Und zum Glück waren sie auch nicht neugierig. Wir liefen geradewegs zum Grundstück des ZDF. Zu gerne hätten wir einen Blick durch die niedrig angebrachten Fenster geworfen, aber an die Gebäude schloss sich eine übersichtliche Rasenfläche an und dann noch der Maschendrahtzaun. Wir konnten also nur die Leute beobachten, die von den Hütten kamen oder hin gingen. Um nicht aufzufallen, versteckten wir uns hinter Büschen. Während wir hier warteten und Ausschau hielten, reifte eine neue Idee.
„Wir dürfen uns nicht immer verstecken, wenn wir zum Fernsehsender gehen. Vielleicht werden wir ja eines Tages von einem Fernsehmann entdeckt."
Am kommenden Tag zogen wir unsere bunten Sommerröcke an und die neuen Lackschuhe.
„Schnell an Oma vorbei, dass sie nichts merkt!"

„Wir gehen ein bisschen spazieren", rief Ilse in Richtung Küche.

Die Großmutter schälte konzentriert Kartoffeln und schaute nicht auf.

„Schnell aus dem Haus!"

Da kam ausgerechnet Ilses Opa die Straße entlang. „Ihr seht aber heut fein aus", sagte er, während er seinen braunen Cockerspaniel Benni davon abhielt, uns mit seinen schmutzigen Pfoten anzuspringen. Der Feldweg, der zur Sendeanstalt führte, war nach einem Regenguss nass geworden und der typische Eschborner Lehmboden aufgeweicht. Wir schlitterten wie auf Skiern bis zum ZDF-Gelände. Hartnäckig rutschten wir mehrmals den ganzen Weg hin und her und warteten darauf, dass eine interessante Person oder sonst etwas Unerwartetes kommen würde. Vielleicht eine Filmschauspielerin oder ein Produzent? Aber es passierte nichts. Gar nichts. Als wir wieder zu Hause waren, entdeckten die Großeltern unsere lehmverschmierten neuen Schuhe. Am 1. April 1963 begann die Ausstrahlung des ZDF aus unserem Heimatdorf.

Wenn inzwischen auch unsere Hoffnung geschwunden war, fürs Fernsehen entdeckt zu werden, beobachteten wir trotzdem regelmäßig das Studiogelände, sicherheitshalber. Man konnte ja nie wissen! Einmal kreiste ein Hubschrauber darüber und warf geheimnisvolle Päckchen ab. Später las ich in der Zeitung, dass darin die neuesten Fußballfilme für das Sportstudio waren. Ein anderes Mal rutschten Mitwirkende in Gummistiefeln zu den Studios und einmal war ein Schäfer mit seinen hundert Wollschäfchen dort zu sehen. Sie fraßen die Rasenfläche um die Hütten herum ab, und es ertönte ihr zufrieden klingendes „Määh". Zu sehen, wie sie sich das Gras schmecken ließen, gefiel mir am besten von allem.

Grenzen

Unser neuer Klassenlehrer, Herr Dr. Müller, war klein und schmächtig und trug eine riesige Hornbrille auf der Nase. In der Mitte seines Kopfes befand sich ein rundes, glänzendes Nichts und drumherum ein Kranz hellbrauner, ungewöhnlich langer Haare. Er hatte ein ruhiges, sanftes Wesen und ein großes Herz für uns, was einige meiner Mitschüler anstachelte, Unsinn zu machen.

1962, ich war 14 Jahre alt, verbrachte unsere Klasse, zehn Jungen und 20 Mädchen, zwei Wochen in einem Naturfreundehaus in Bergzabern. Vormittags hatten wir zwar Unterricht, aber der war dufte! Wir sollten uns für Deutsch eine Projektarbeit überlegen, die am bunten Abend aufgeführt werden sollte. Ursel, Eva, Trüdel, Anneliese, Uschi und ich hatten uns ein kurzes Theaterstück ausgesucht, das wir selbständig einübten. Unser Arbeitsplatz war ein großer Balkon, auf dem wir bei sonnigem Wetter über die Hügel der Pfalz schauen und uns nebenbei noch bräunen konnten. Obwohl wir viel Zeit zum Herumalbern und Lachen verwendeten, kamen wir mit der Textarbeit schnell voran. An den Nachmittagen hatten wir immer freie Zeit. Wir blieben im Haus oder schaukelten auf der Doppelschaukel vor dem Gebäude. „Das ist was für Babys", sagten manche. In der Nähe befand sich ein Baggersee, in dem wir baden durften. Aber auch das verlor schnell seinen Reiz. Was konnten wir in dieser einsamen Gegend unternehmen? „Ich finde es hier langweiliger als zu Hause. Da gibt es wenigstens ab und zu ein Fest in der Turnhalle", sagte Ilse, und genau das war auch meine Meinung.

Zu unseren Schlafräumen herauf tönte eines Abends laute Schlagermusik. Mir fiel ein Hinweiszettel mit der Überschrift „Schlachtfest" ein. „Da sitzen welche unten in der Gaststube, wahrscheinlich Naturfreunde", verkündete ich. Wir sollten ab zehn Uhr eigentlich Bettruhe halten. Aber Anne war die Erste, die aufstand und anfing zu tanzen. Auch die anderen Mädchen verließen ihre Betten. Wir trugen keine langweiligen Schlafanzüge, sondern hatten alle die neuesten Baby-Doll-Shortys an.

„Ich möchte wissen, was da unten los ist."

„Ich geh mal auf die Toilette."

„Ich auch." Anne und Eva liefen durchs Treppenhaus, ein Stockwerk tiefer befand sich die Hintertür zum Schankraum und im Keller unsere Waschräume. Schnell standen alle im Flur und lauschten. Endlich wieder Schritte. Die Mädchen wurden umringt.

„Habt ihr in den Wirtsraum schauen können?"

„Steht da 'ne Musikbox?"

„Habt ihr jemanden gesprochen?"

„Wir haben einen jungen Mann im Treppenhaus getroffen."

„Wie sah er aus?"

„Blond und schlank."

„Was hatte er an?" Mehr Fragen als Antworten. Die nächsten Mädchen gingen nach unten. Alle hatten etwas Neues zu erzählen. Zum Schlafen kamen wir in dieser prickelnden Nachtstimmung lange nicht.

Am nächsten Nachmittag kehrten einige Schülerinnen und Schüler von einem Spaziergang zurück. Sie mussten etwas Interessantes erlebt haben, denn sie erzählten begeistert.

„Wir waren heute in Weißenburg. Das liegt schon in Frankreich, gleich hinter der Grenze."

„Wie seid ihr da hingekommen?"

„Das ging ganz leicht. Hinter dem Wald ist eine Landstraße. Wir haben uns an den Rand gestellt und Zeichen gegeben. Schon das erste Auto hat angehalten und uns mitgenommen."

„Ihr seid einfach so eingestiegen?"

„Klar. Zurück wieder das Gleiche. Und wir waren pünktlich zum Abendessen wieder hier, wie ihr seht."

Am nächsten Tag erzählte auch eine andere Gruppe davon, dass sie nach Frankreich getrampt sei.

„Wollen wir heute Nachmittag auch nach Frankreich fahren?", fragte mich meine Freundin.

„Ich weiß nicht so recht."

„Aber bei den anderen hat es auch gut funktioniert. Und außerdem, das machen ja alle!"

„Wollen wir uns bei Dr. Müller abmelden?"

„Lieber nicht. Wer weiß, wie er reagiert. Ich glaub' auch, der weiß gar nichts."

Mein Herz klopfte, als wir an der Straße standen und ein wenig zaghaft den rechten Daumen in die Höhe hielten. Ob bei uns auch schnell jemand anhielt? Es klappte gleich beim ersten Auto. Der Herr, der uns mitnahm, war vertrauenerweckend, gut angezogen und höflich, vielleicht ein Geschäftsmann. Er fragte uns, was wir in Weißenburg vorhätten, und wir erzählten, dass wir im Naturfreundehaus wohnten und in Frankreich ein bisschen bummeln gehen wollten. Wir sagten auch, dass wir noch nie im Ausland gewesen seien.

Vor der Grenzkontrolle hatten wir ein wenig Bedenken. Aber es gab keinerlei Schwierigkeiten. Wir zeigten nur kurz unseren Pass und wurden auch schon durchgewunken. Ich atmete tief durch. Zum ersten Mal im Ausland! Das war doch was. Aber wir befanden uns außerhalb des Stadtkerns von Weißenburg und es war wenig los. „Anders als in Deutschland sieht es hier auch nicht aus."

„Was machen wir jetzt hier?"

„Ich weiß nicht."

„Ich auch nicht. Wir wollen lieber nicht so lange wegbleiben."

„Ja, und außerdem sind wir ja jetzt schon in Weißenburg gewesen und können das den anderen berichten."

Wenig später standen wir wieder an der Landstraße und hoben die Daumen, dieses Mal schon mit deutlich weniger Herzklopfen. Als wir ins Naturfreundehaus zurückkehrten und alles unverändert aussah, waren wir erleichtert. Unser Lehrer hatte uns offensichtlich nicht vermisst. Die Mitschülerinnen kamen gleich auf uns zugestürmt. „Und, wie war`s?"

Wir berichteten begeistert von unserem Ausflug und schienen gleich ein paar Zentimeter zu wachsen. Endlich hatten wir uns auch mal an was Spannendes herangewagt.

Am Abschiedsabend fanden die Theateraufführungen statt. Unsere Geschichte handelte von früheren Zeiten im Orient: Ein Eunuch mit Turban, aus einem Handtuch gesteckt, ging mit seinen Haremsdamen auf den Markt. Ihn spielte Ursel. Wir anderen legten uns Tücher über den Kopf und wickelten weiße Betttücher um den Körper. Eine Schulter ließen wir frei und zeigten gerne die gerötete Haut, als Lohn für die Nachmittage in der Sonne. Wir fühlten uns genauso attraktiv wie die schönen Frauen aus dem Morgenland. Dafür hatten wir viel Zeit aufgewendet, die Haare in Locken gelegt und uns geschminkt. Wie herbeigezaubert, hielt Trüdel plötzlich einen Lippenstift triumphierend in ihrer Hand mit der Bemerkung: „Der ist kussecht!" Wir benutzten ihn alle. Nach den gelungenen Aufführungen mündete der Abend in ausgelassenem Tanzen, das eine Mischung aus Hopsen und Rock and Roll war. Unsere Jungen machten nicht mit. Sie saßen an den Tischen und achteten nicht auf uns.

Nach der Rückkehr von der Klassenfahrt ging unser Schulalltag weiter. Irgendetwas hatte sich aber verändert, doch ich wusste nicht, was es war. Keiner sagte zu uns Schülern etwas Kritisches über den Landheimaufenthalt. Meine Mutter sprach mit meinem Vater einmal, und ich schnappte das Wort „Aufsichtspflicht des Lehrers" auf. Der Landheimaufenthalt war zum unausgesprochenen Hauptthema geworden. Unser Lehrer wurde an eine andere Schule versetzt. Wir vermissten ihn.

Neue Schritte
Gabriele, eine Klassenkameradin, klagte im Unterricht, dass sie sich nicht gut fühle: „Ich habe Bauchweh!" Unser Fachlehrer in Erdkunde schlug vor: „Dann geh` nach Hause und trink' einen warmen Tee. Das entspannt die Magennerven", „und du, Brigitte", das war ich, „begleite Gabriele."
„Schade, ausgerechnet in Erdkunde, das ich so gerne habe", dachte ich. Mit der kranken Gaby ging ich langsam die breite Treppe nach unten und durch den langen Flur unserer Schule. Aus den Klassenzimmern waren leise Stimmen zu hören. Mir war die Situation irgendwie unangenehm. Wir gingen und alle anderen hatten Unterricht. Vor dem Schulhof mussten wir über einen Zebrastreifen laufen, dann geradeaus und einmal um die Ecke. Ich zuckte zusammen, als Gabriele mir plötzlich beichtete: „Mir geht's gut. Ich hatte einfach keine Lust auf Schule."
Am liebsten wäre ich umgekehrt, aber ich wollte nicht als doofe Streberin dastehen. Dann erreichten wir ihre

Wohnung. Gabriele schloss auf. Ihre Mutter war nicht zu Hause. Sie ging sofort in die kleine Küche und kochte einen Hagebuttentee. Der schmeckte mir aber nicht. Ich war wütend, fühlte mich aber auch als ihre Komplizin und war zu feige, meine Meinung zu sagen. Auf dem Rückweg zur Schule zeigte Gabriele auf eine unscheinbare Holztür, die zum Keller eines alten Hauses führte. Darüber in roten Buchstaben die Aufschrift „Bar". „Hier treffen sich nachmittags einige aus unserer Schule." Konnte ich ihr das glauben? Bei uns in Eschborn war es anders. Meine Freundin und ich saßen nachmittags an unseren Hausaufgaben. In den Schulpausen stand ich wie immer mit Ilse, Trüdel, Uschi oder Anneliese zusammen. Aber meine Ohren konzentrierten sich von nun an auch auf die anderen Schülerinnen unserer Klasse, besonders auf diejenigen, die um Gabriele standen, ihre Köpfe zusammensteckten und tuschelten.

Ilse fragte mich ein paar Wochen später. „Wollen wir zusammen in die Tanzstunde gehen?"

Ich fand den Vorschlag toll.

„Aber wir sind doch erst 14. Erlauben das deine Eltern?"

„Sie sind einverstanden."

Ich fragte noch am gleichen Nachmittag meine Mutter. Ob meine Eltern mit ihren Eltern gesprochen haben, weiß ich nicht. Jedenfalls bekam ich die Erlaubnis. Wir wurden in Frankfurt-Höchst bei der renommierten Tanzschule Sievers angemeldet. Als die erste Unterrichtsstunde näher rückte, freute ich mich zwar, war aber zugleich aufgeregt. Was sollten wir bloß anziehen? Wir probierten verschiedene Blusen an. Das Spiegelbild zeigte zwei krampfhaft lächelnde Teenager, Ilse mit mittelblonden Locken und mich, dunkles Haar mit Pagenkopffrisur. Ich entschied mich für einen dunkelblauen Faltenrock und eine rosa Bluse; dazu die neuen Schuhe mit hohen Absätzen. Ilse wollte ihren grauen Rock und eine hellblaue Bluse anziehen. Am Freitagabend stolzierten wir vorsichtig zum VW-Käfer, dem Auto von Ilses Eltern. Während sie uns nach Höchst fuhren, erzählte Frau Bracht von ihrer Tanzstunde als junges Mädchen. Ich hörte gespannt zu. Sie war in gewissen Dingen eine Autorität für mich. Berufstätig, als Sekretärin, ging sie morgens immer nur geschminkt aus dem Haus. Meine Eltern kamen vom Land und hatten das Tanzen in Mutters Wohnzimmer gelernt. Meine Oma Rosa hatte den jungen Leuten aus dem Dorf, die sich an den Wochenenden dort trafen, die Walzerschritte beigebracht.

Der Tanzsaal wirkte unendlich groß, und unter den hohen Absätzen der Frauen klackte der Parkettfußboden leise. Beim Blick in die riesige Spiegelwand, die sich über eine ganze Seite erstreckte, wurde mir schwindelig. Frau Sievers war gertenschlank und trug ein dezent gemustertes Kleid. Ihr strohblondes Haar war hochgesteckt. Herr Sievers trug einen dunklen Anzug und Krawatte. Er begrüßte uns und nannte die Inhalte des Kurses.

Wir Mädchen sollten uns auf die eine Seite und die Jungen auf die andere stellen. Nachdem Herr Sievers und seine Frau die Tanzschritte vorgeführt hatten, erklärten sie, es sei die Aufgabe der Herren, die Damen, aufzufordern. „Darf ich bitten?", sollten sie sagen. Die Bezeichnung Damen und Herren war völlig neu für mich. Ich befand mich wie in einer anderen Welt. Die vornehme Umgebung, die ungewohnte, laute Tanzmusik aus den Lautsprechern und die fremden Tanzpartner. „Wer wird mich auffordern?" Alle Jungen starteten gleichzeitig. Erleichtert war ich, als ein blonder Junge mit leicht gewellten Haaren auf mich zukam. „Darf ich bitten?" Ich nickte. Die richtige Tanzhaltung war unser erstes Problem und dann die Schrittfolge. Die Schuhe mit Ledersohlen waren ungewohnt glatt. Hoffentlich verliere ich nicht das Gleichgewicht. Und dann traten wir uns auch noch gegenseitig auf die Füße. „Entschuldigung." Konzentriert zählte ich im Kopf mit: Eins, zwei, Seit' ran. Meine Stirn heiß vor Anstrengung, dazu musste ich auch noch an den Schwitzfleck unter dem linken Arm denken, der sich vielleicht bildete.

Neben den Standardtänzen lernten wir auch einen modernen Tanz, den Twist, der 1961 brandneu aus den USA nach Deutschland gekommen war. „Come on, let's twist again, like you did last summer", schallte es aus den Lautsprechern. Wir tanzten völlig gelöst, jeder für sich, ohne die starre Tanzhaltung. „Well, around and round, up and down, like you did last year". Von den Gesichtern der Tanzschüler ließ sich ablesen: Das machte jetzt so richtig Spaß!

Ich kann mich noch gut erinnern, dass wir am Montag in der Schulpause, umringt von den anderen Mädchen, von unserer ersten Tanzstunde erzählten.
„Gleich in der ersten Stunde haben wir Foxtrott gelernt."
„Der Abschlussball findet im Kurhaus Bad Soden statt!"
„Wie sind die Jungen so?"
„Die wirken schon richtig erwachsen."
„Nicht kindisch wie unsere in der Klasse."
Wir standen dieses Mal so richtig im Mittelpunkt, denn wir waren die Ersten, die in die Tanzstunde gingen.

Ich durfte jedes Mal bei den Eltern meiner Freundin mitfahren, denn unsere Familie hatte noch kein Auto. Sie brachten uns nach Höchst und holten uns unmittelbar nach der Tanzstunde wieder ab. Diese Bequemlichkeit hatte aber auch einen Haken. Wenn uns die Herren beim letzten Tanz artig fragten: „Darf ich Sie nach Hause begleiten?", mussten wir ablehnen. „Wir werden gleich mit dem Auto abgeholt." Einmal nach der Tanzstunde erzählte Ilse atemlos: „Ich habe mich heute für Sonntagnachmittag mit einem jungen Mann verabredet." Natürlich war ich genauso aufgeregt wie sie. Im Auto überfiel sie ihre Eltern gleich mit der freudigen Nachricht. Die äußerten sich nicht sofort. Aber am Samstag wusste sie, dass sie zu dem Treffen gehen durfte. Wie ich sie beneidete! Für mich, die ich wie immer zu Hause saß und mich langweilte, wollte der Sonntag nicht vergehen. Am Montagmorgen fragte ich Ilse:

„Und wie war's?"

„Meine Eltern haben mich zu dem Treffpunkt gebracht."

„Und dann?" Ich war total ungeduldig.

„Bin ich mit dem Jungen im Park spazieren gegangen."

„Und dann?"

„Wir haben uns unterhalten. Er heißt Peter und wohnt in Sulzbach. Nach einer Stunde traf ich mich wieder mit meinen Eltern. Sie haben im Auto auf mich gewartet."

Meine Freundin hat sich nicht noch einmal mit diesem Jungen getroffen. Auch ich hatte niemanden in der Tanzstunde kennen gelernt. Warum eigentlich nicht? Das wurde mir damals nicht bewusst.

In den folgenden Wochen überredete ich meine Eltern einige Male, mit mir zu einer Tanzveranstaltung in die

Jahn-Turnhalle zu gehen. Meine Begründung „Ich muss das Tanzen ja jetzt üben" schien meine Eltern zu überzeugen. In Wirklichkeit hoffte ich, mich auch mal mit einem netten Jungen treffen zu können. Zum nächsten „Tanz in den Mai", der jedes Jahr angeboten wurde, gingen meine Eltern, meine Schwester und ich zusammen mit meiner Freundin und deren Eltern. Ich trug mein neues grellgelbes Kleid mit Plisseefalten. Das Orchester spielte Tanzmusik. Nach drei Stücken gab es eine kurze Pause, in der die Männer ihre Tanzpartnerinnen zu den Plätzen begleiteten oder Damen aufforderten. Zwischendurch war Damenwahl. Ilse und ich tanzten oft, aber auch unsere Eltern wagten sich aufs Parkett. Ein großer junger Mann forderte mich mehrmals auf. Seine leuchtend rotblonden Locken waren auffällig und seine Augen strahlten mich an. Er war so gar nicht mein Typ und wahrscheinlich schon über 20. Als ich wieder an unserem Tisch anlangte, flüsterte die Mutter meiner Freundin schmunzelnd: „Bei dem brennt ja der ganze Dachstuhl."
Aber zu mir war kein Funke übergesprungen. Ich hatte nicht Feuer gefangen. Die folgenden Jahre spielte das Tanzen keine Rolle. Ich verließ die Schule, und es begann ein neuer Lebensabschnitt, der mich stark beschäftigte.

Wie auf Wolken
Im August 1965 brachten mich meine Eltern in unserem braun-metallic farbenen VW-Käfer zum Flughafen. Ich freute mich, aber gleichzeitig hatte ich ein mulmiges Gefühl in der Magengegend, denn ich war noch nie geflogen.
Ob Ilse schon am Flughafen wartete? Sie hatte im Januar eine Einladung ihrer Brieffreundin aus London erhalten. Wie ich sie beneidete! Das englische Mäd-

chen, das mich letztes Jahr besucht hatte, antwortete auf meine Briefe schon lange nicht mehr. „Komm doch mit zu Kate!", meinte Ilse. „Aber ich habe ja keine Einladung!" Ihre Mutter organisierte es, dass ich trotzdem mitfahren durfte. Zu unserer Reiseplanung gehörte auch, dass wir beide ein neues Kostüm und einen Hut gekauft bekamen. Ilses Mutter hatte das vorgeschlagen. „Ihr sollt elegante junge Damen sein, auf eurem ersten Flug." Ich war begeistert, hatte das Mädchen auf der Titelseite meines Lieblingsbuches „Renates erster Flug" doch auch ein schickes Kleid an. So spazierten wir, zwei 17 Jahre alte, „behütete" Mädchen, in den farblich genau dazu passenden Kostümen durch das Lufthansa Gate. Abschiedstränen hatten wir nicht vergossen, erst in der Flugkabine wurde mir klar, dass wir zum ersten Mal vollkommen alleine unterwegs waren, und das mit einem Flugzeug! Das laute, pfeifende Geschwindigkeitsgeräusch beim Start der Maschine ließ meinen Atem stocken. Dann endlich wurde es ruhiger und wir sahen Wattewölkchen neben uns schweben. Die Stewardess teilte das Mittagessen aus. Kauend drückte ich mein heißes Gesicht an das kühle Fensterglas, um am Boden etwas zu erkennen.

Am Flughafen Heathrow holten uns Kates Eltern ab. Die Mutter war groß und schlank. „Welcome to London", sagte sie herzlich. Der Vater war indischer Abstammung, klein und untersetzt. Er hatte dunkle Augen und zeigte uns ein breites Lächeln. Er begrüßte uns freundlich. Wie die Mutter, sprach auch er reines Oxford Englisch. Ich atmete auf, hatte ich doch befürchtet, dass ich die Engländer nicht verstehen würde. Sie brachten uns in ihr Einfamilienhaus im Stadtteil Perivale. Kate lebte im Moment nicht zu Hause. Sie absolvierte ihre Ausbildung in einem Krankenhaus und war in einem Schwesternwohnheim untergebracht. Ihre Eltern waren beide berufstätig und verließen früh morgens das Haus. „Bedient euch aus dem Kühlschrank", hatten sie uns aufgetragen. Wir genossen es, das kleine Haus für uns allein zu haben. Alles war so anders als zu Hause, der starke Geruch nach Maiglöckchenparfum im Flur und die bunte Blümchentapete, sogar im WC. Im Wohnzimmer bemerkte ich sofort den großen offenen Kamin. Der Kaminsims war verziert und bot Standmöglichkeiten für vielzählige Schmuckgegenstände. Dort, wo früher vielleicht irgendwann die Holzscheite geflackert hatten, stand eine elektrische Imitation. Morgens beim Frühstück planten wir unseren Tag. Wir genossen dabei den köstlichen Sandwich-Spread, einen Brotaufstrich aus Gurken, Tomaten, und Paprika in Senfcreme, den wir in Deutschland nicht hatten. Ilse und ich leerten den Inhalt unserer Geldbörsen auf den Küchentisch und zählten Pfund und Pence, um das Bargeld einzuteilen. Danach suchten wir die Besichtigungsziele aus, die uns schon durch den Englischunterricht bekannt waren. Madame Tussaud`s war teuer, Tower und das Fahren in den Doppeldeckerbussen preiswert.

Für uns war es auch neu, unsere Mahlzeiten selbst zu planen. Einige Imbissstände, die „fish and chips" anboten, lernten wir schnell kennen. Hatten wir Probleme mit der Untergrundbahn oder fanden wir den Weg nicht gleich, fragten wir Passanten. Es folgte ein langer Wortschwall auf Englisch, den wir nur mit viel Fantasie verstanden. Abends saßen wir mit unseren Gasteltern vor dem Fernseher und schauten, wie zu der Zeit in Deutschland auch, die Serie „Richard Kimble auf der Flucht". Besonders gut fanden wir, dass die Zuschauer in England schon einige Folgen voraus waren. Unser Gastvater bewirtete uns einmal mit einem typisch indischen Menü. Obwohl ich ansonsten bei unbekanntem Essen kritisch war, aß ich mit Appetit. Besonders in Erinnerung geblieben sind mir außer dem Curryreis mit Hühnchenstreifen, die schmalen, scharf gewürzten Pommes frites aus einer Fertigpackung.

Für Samstagabend hatte uns Kate eingeladen, zusammen eine Diskothek zu besuchen. Ilse und ich fuhren mit der „Underground" zum Piccadilly Circus. Wieder oben, standen wir an dem belebt berühmten Verkehrskreisel. Die überdimensionalen Lichtreklamen an den Häusern ringsherum leuchteten, blinkten und zogen zwangsläufig unsere Blicke auf sich. Coca-Cola in roter Zierschrift, Martini in Blau. Es war so viel Werbung angebracht, dass von den Hausfassaden dahinter nichts mehr zu sehen war. Autos fuhren in Schlangen, Fußgänger kamen irgendwoher und hasteten irgendwohin. Fast ein Wunder, dass wir Kate und ihre Freundin entdeckten.

„Hallo, how are you?"

„Fine."

„And what about your work in the hospital?"

„It's o.k."

„Have you seen some sightseeings of London yet?"

„Yes, we have."

„During the whole day we are running by bus or underground from one place to another."

Wir schlenderten die Straße entlang, dann erreichten wir eine unscheinbare Eingangstür.

„That`s the Disco, we want to go to."

Wir gingen hinein und ein paar Stufen hinunter, ins Kellergeschoss. Kate voran, danach ihre Freundin, dann Ilse und zuletzt ich. Der Raum, in den wir kamen, war klein, ziemlich dunkel und die Luft voller Zigarettenqualm.

Ein einziger Scheinwerfer an der Decke beleuchtete die Tanzfläche. Sämtliche weißen Kleidungsstücke der Leute strahlten in Lila, sogar die Zähne, dann war alles wieder in rotes Licht getaucht. Die jungen Männer trugen Anzüge und die Mädchen Kleider oder Röcke mit Blusen. Die meisten tanzten. Pärchen waren in dem Durcheinander nur bei genauerem Hinsehen auszumachen. Wir vier bildeten so etwas wie einen Kreis und fingen einfach an mitzutanzen. „Yeah, yeah, yeah!", tönte es aus den Lautsprechern. Ich fühlte mich den „Pilzköpfen" aus Liverpool, den Beatles, und der ganzen weiten Welt so nah. Nur schemenhaft nahm ich die Gesichter um uns herum wahr. Viele Besucher waren dunkelhäutig und sahen fremdländisch aus, doch alle um uns herum sprachen Englisch. Auf dem Nachhauseweg verabredeten wir uns für den folgenden Montag zu einem Einkaufsbummel in einem Londoner Vorort. „There you can buy cheaper than in the City", meinte Kate. Ich kaufte mir eine rosafarbene Bluse bei C&A. Ihr Stoff glänzte, und um den Ausschnitt war ein breiter Volant aus Spitze angebracht. In den Einkaufsläden fielen mir viele ältere Frauen auf, die stark geschminkt waren.

An einem Abend sollten wir uns mit einem alten Schulfreund von Ilses Mutter treffen, der sich geschäftlich in London aufhielt. Er wollte uns London zeigen. Erinnern kann ich mich nur an einzelne Begebenheiten. Wir trafen uns mit ihm in der Innenstadt, und er lud uns in ein vornehmes Restaurant zum Dinner ein. Als Nachtisch gab es Honigmelone, die wir mit einem kleinen Löffel aßen. Solch einen süßen, intensiven Geschmack habe ich bei einer Melone nicht wieder erlebt. Es war inzwischen schon dunkel geworden. Da sagte er: „Jetzt gehe ich mit euch noch in einen typisch englischen Privatclub, in dem ich Mitglied bin."

Wir kamen in einen großen Raum. An einer Seite standen bequeme Sessel, in Sitzgruppen, jeweils um einen kleinen Tisch angeordnet. Gegenüber befand sich die Bar mit den unterschiedlichsten Spirituosen nebeneinander aufgereiht. Teppichboden und Vorhänge waren rot, Wandlampen verbreiteten gedämpftes, warmes Licht. Zur Ausschmückung dienten einige Gemälde. Was sie zeigten, weiß ich nicht mehr. Besucher waren außer uns keine da. Der Barkeeper begrüßte uns. Dann servierte er uns eine Cola. Herr Sailer trank einen Cognac. Leise Hintergrundmusik vermittelte eine lockere Atmosphäre.
„Hierher gehe ich, wenn mir mein Hotelzimmer zu eng wird. Ich kann Freunde treffen oder einfach nur lesen. Es gibt eine reichhaltige Bibliothek. Etwas zu essen kann man auch bekommen", erklärte er.
Ich fragte ihn: „Gibt es solche Clubs auch in Frankfurt?"
„Nicht dass ich wüsste. Sie sind eine typisch englische Einrichtung und manche bestehen schon seit dem 18. Jahrhundert."
Weil der Club erst um 22.00 Uhr geöffnet hatte, war es spät geworden. Die aufregenden Erlebnisse dieses Tages hatten uns so stark beeindruckt, dass wir nicht daran dachten, dass sich die Gasteltern um uns sorgen könnten. Herr Sailer rief uns ein Taxi. Auch die Fahrt war aufregend. Uns kam es vor, als sei unser Wagen ein Oldtimer. Wir saßen auf den Rücksitzen, während der Fahrer durch eine Glasscheibe von uns getrennt

war. Die bunten Lichterketten der Großstadtnacht flogen förmlich an den Autofenstern vorbei. Als wir in Perivale, dem Vorort, angekommen waren, fragte der Fahrer: „The street?" Wir sahen uns an. Der Name der Straße fiel uns nicht ein. Bisher waren wir immer zu Fuß von zu Hause weggegangen und kannten den Weg zur Untergrundbahn und zurück in- und auswendig. Hausnummer und Name der Straße hatten wir uns dagegen nicht eingeprägt. Wir versuchten, in der Dunkelheit etwas zu erkennen. Ohne Erfolg. Der Taxifahrer wusste nicht mehr weiter und rief die Polizei an. Ein Polizeiauto fuhr vor und lotste unser Taxi dann bis vor die Haustür. Erleichtert bedankten wir uns bei dem Fahrer. Wir trauten uns kaum, den Klingelknopf zu drücken. Frau Miller hatte nicht damit gerechnet, dass wir so spät nach Hause kämen, und hatte inzwischen schon in Deutschland bei Ilses Eltern angerufen. Trotzdem war sie uns nicht böse. Wir entschuldigten uns und gingen mit schlechtem Gewissen schleunigst ins Bett. Wir hörten die Wanduhr ein Mal schlagen.

Bluejeans und mehr
Für mich änderte sich 1965 vieles. Ein Jeansladen wurde gegenüber der evangelischen Kirche eröffnet. Ich hatte schon die Ausbildung zum „Bankkaufmann", wie es damals hieß, begonnen und regelmäßig mein Lehrlingsgehalt auf dem Konto gespart. Die von meiner Mutter selbst genähten Kleider trug ich zwar noch, aber wenn ich vor dem neuen Schaufenster stand und die blauen Jeans, attraktiv mit T-Shirts und Blusen dekoriert, ansah, klopfte mein Herz schneller. Ich ging hinein und fasste über den rauen und gleichzeitig weichen Stoff. Zu Hause verkündete ich: „Ich will mir eine Jeans kaufen. Alle Mädchen, die ich kenne haben

schon eine." Mutti hatte nichts dagegen, und so trug ich eines Tages meine erste original amerikanische, „stonewashed", Bluejeans nach Hause. Auf dem Heimweg öffnete ich mehrmals die Papiertüte, um mir die Farbe noch einmal anzusehen, über den Stoff zu streichen und sogar daran zu riechen. Welch wunderbarer Geruch! Der Verschluss der Hose befand sich vorne und hatte silberne Knöpfe. Und das Besondere! Die Knöpfe waren nicht einfach angenäht. Sie waren angenietet. Ich war es bisher gewöhnt, auch die Hosen, genauso wie die Röcke, links seitlich, meist mit einem Reißverschluss zu schließen. Mutti schaute sich die Jeans genau an. „Das ist ja eine Männerhose", staunte sie überrascht. Doch wann und wo sollte ich die neue Bluejeans tragen? In der Bank waren für Frauen nur Röcke oder Kleider und für die Männer nur Anzüge und Hemden mit Krawatte erlaubt. Mir fiel ein Plakat auf, das auf eine Beatparty in unserer Turnhalle aufmerksam machte. Dort könnte ich sie vielleicht anziehen! Jetzt musste ich gleich mit meinen Freundinnen sprechen.

Am nächsten Wochenende stiegen wir drei 17-jährige Mädchen erwartungsvoll die breite Treppe zur alten Jahn-Turnhalle hinauf. Vor dem Eingang standen auf beiden Seiten Grüppchen von jungen Männern, die sich angeregt unterhielten. Nach vielen Jahren habe ich noch immer meine damaligen Gefühle und Fragen im Gedächtnis. Wie wird es im Saal aussehen? Wie alt sind die Besucher? Aber besonders neugierig war ich auf die neue Eschborner Band. Von drinnen tönte die Beatmusik rhythmisch und laut heraus. „Twist and Shout", der bekannte Hit der Beatles. Zu gerne hätte ich heute ein Foto in Händen, um unsere Gesichter von damals studieren zu können und zu erfahren, wer die anderen jungen Leute waren, die mit uns auf der Treppe standen. Aber wer hätte das Foto aufnehmen sollen? Mein Vater? Was hätten die anderen von uns gedacht? „Guckt mal, der Papa ist immer dabei!" Oder so ähnlich vielleicht.

Im Vorraum wies ein auffälliges Schild zum Kellerabgang. „Zur Sektbar" stand in großen Buchstaben darauf. Aber dorthin wollten wir nicht. Wir hatten vor, zum ersten Mal eine Beatband zu erleben. Wir gingen durch die hölzerne Schwingtür. Die Beleuchtung war spärlich. Nur langsam gewöhnten sich meine Augen an das Dunkel. Die Halle schien voller junger Menschen. Manche saßen, andere standen herum, und in den Gängen war ein reges Hin und Her. Wir suchten uns Plätze an der Tanzfläche, wollten wir doch alles aus der Nähe beobachten können. Dann holten wir uns an der Theke jede eine Coca-Cola. Es wurde der bekannte Hit „Keep on running" von der Spencer Davis Group gespielt, den ich schon aus der Beat-Club-Sendung im Fernsehen kannte. Ich summte leise mit und bewegte mich rhythmisch im Takt. Wir sahen uns neugierig um. Vor uns tanzten die Pärchen. Jedes hatte seinen eigenen Stil. Manche bewegten sich nach dem 4/4-Takt des Beat hin und her, während andere auffällige und eigenwillige Tanzschritte aufführten. Auf der erleuchteten Bühne die „Flyers".
Gaby sagte etwas zu Ulla. Ich saß weiter von ihr entfernt und konnte kein einziges Wort verstehen. Ulla sagte es mir weiter. „Den Gitarrenspieler finde ich süß." „Welchen?", fragte ich zurück. Aber Gaby zuckte nur mit den Schultern. „Welchen?" rief ich lauter zu ihr hinüber. Sie schrie zurück: „Den links." Dann war uns das Reden zu schwierig. Die Musik konnte man einfach nicht übertönen. Wir verständigten uns durch

Zeichensprache. Die Band bestand aus drei E-Gitarre-Spielern, die im Vordergrund standen und zum Spiel auch sangen. Der Schlagzeuger saß etwas zurückgesetzt und ein Saxophonspieler war auch dabei. Später las ich in dem Buch „Und das Feuer brennt noch immer – Als der Beat nach Eschborn kam", dass es sich bei zweien der Gitarren um Bassgitarre und Rhythmusgitarre gehandelt hatte. Interessant war es zu erfahren, dass der damalige Wirt der Turnhallen-Gaststätte des TV 1888 das Potenzial der Flyers erkannt hatte und im Musikhaus Hummel in Verstärker und Boxen investierte. Außerdem erlaubte er es der Band, im Turnhallen-Keller zu proben. Bestens vorbereitet gastierten die Flyers 1964 mit ihrem ersten Auftritt in der Turnhalle. Es folgten über hundert weitere, z. B. bei Jugend- und Beatpartys und Fastnachtsveranstaltungen. Sogar im Hotel Intercontinental und Henninger-Turm in Frankfurt traten sie auf. In erster Linie spielten sie die allgemein bekannten Hits der Beatles, Rolling Stones und von Chubby Checker. Die Atmosphäre unterschied sich gegenüber der Londoner Diskothek durch die live spielende Musikgruppe. Dort stammten viele Besucher aus fernen Ländern. Bei uns sah ich nur Menschen aus Eschborn oder angrenzenden Dörfern. Jahre später wurde es bei uns auch internationaler. Auch die vielen Bürohochhäuser in Eschborn-Süd trugen dazu bei. Jedoch wusste ich davon noch nichts, als wir alle drei begeistert tanzten und uns nur noch von weitem sehen konnten. Als der Schlagzeuger ein Solo spielte, blieben die Tanzenden stehen und schauten bewundernd auf den explodierenden Rhythmus der unterschiedlichen Trommelinstrumente. Ein Beifallssturm folgte: nicht nur Klatschen, sondern auch Pfiffe und lautes Aufstampfen mit den Füßen. Dann spielte die Band den aktuellen

Hit „I can`t get no satisfaction". Ein aufregender Moment jagte den nächsten. Und genauso schien es weiterzugehen. Als der Abend zu Ende war, lud mich der Junge, mit dem ich den ganzen Abend getanzt hatte, zu einer privaten Party ein.

„Wo findet die statt?", fragte ich.

„Das weiß ich nicht so genau. Das Mädchen, das feiert, wohnt über der Bahnlinie, am Bahnhof vorbei, in einem der neuen Häuser."

„Und wann und um wie viel Uhr?"

„Ich hole dich einfach am Samstagabend ab."

Ich sagte zu, dachte aber: „Was werden meine Eltern dazu sagen?"

Trainingsanzug und Hessenkittel

Inge Bethke

„Willst du hier ein Zuhause haben, dann musst du in einen Verein eintreten und Sport treiben", sagte Anneliese, meine Arbeitskollegin. „Zum Beispiel in den Turnverein oder den Radfahrverein. Dann wirst du bekannt und du fühlst dich wohl bei uns."
Anneliese war das Herz und die Seele des TV Stierstadt. Ohne sie ging nichts. Sie führte auch die Gymnastikgruppe. Ich folgte ihrem Rat – und sollte es nicht bereuen.

In Ostpreußen und nach unserer Übersiedlung war Tanzen unsere Leidenschaft gewesen. Mein Mann und ich tanzten auf jedem Ball in Stierstadt und Umgebung. Oft nahmen wir nicht einmal einen Sitzplatz in Anspruch, denn wir tanzten den ganzen Abend.
Zum Tanzen kam jetzt das Turnen, später auch Radfahren und Leichtathletik – im Sport machte ich alles mit, was angeboten wurde. 20 Mal erhielt ich das Sportabzeichen in Gold.

In Annelieses Gymnastikgruppe trainierten wir immer montags. Manchmal einfach so, um uns fit zu halten. Doch von Zeit zu Zeit schlug uns Anneliese vor, an größeren Sportveranstaltungen teilzunehmen. Das motivierte uns zusätzlich. »So Mädels«, sagte sie etwa. »Jetzt müssen wir fürs Gauturnfest üben. Wir nehmen an einer Vorführung teil.«

Es gab Übungen mit Bällen, Reifen, Schirmen und Bändern. In vielen Turnvereinen der Region studierten die Turnerinnen das gleiche Programm ein, so dass am Ende alle Schrittfolgen übereinstimmten und sich im Stadion ein Gesamtbild ergab, an dem wir und die Zuschauer Freude hatten. Ein halbes Jahr lang trainierten wir für eine solche Vorführung. So waren wir immer beschäftigt.

Das Deutsche Turnfest in Berlin 1987

Im Jahr 1986 sagte Anneliese: »Ich möchte euch einen Vorschlag machen. Nächstes Jahr findet in Berlin die 750-Jahr-Feier statt. Darum ist auch das Deutsche Turnfest dort, Anfang Juni. Da möchte ich mitmachen. Alle Turner aus ganz Hessen sollen das gleiche Programm üben. Wollen wir mitmachen?«

Natürlich sagten wir „Ja".

„Wer möchte, kann auch an Wettkämpfen teilnehmen. Wir müssen uns jetzt anmelden, dann bekommen wir einen Sportlerpass".

Geübt wurde in der ganzen Region – auf eigene Kosten trafen wir uns in Weiskirchen, Rosbach, Oberursel, Ober-Eschbach und Ober-Erlenbach, in Darmstadt, Marburg, Bad Homburg, und einmal sogar in Kassel. Wir bekamen azurblaue Trainingsanzüge, dazu weiße Turnschuhe. Unser Gerät war ein orangefarbener Ball. Für den Umzug mussten wir blaue Hessenkittel nähen. Einige Frauen brachten Nähmaschinen in die Turnhalle, eine Mitturnerin arbeitete bei Hertie und besorgte den Stoff. So ging's an die Arbeit.

Fahren wir mit dem Bus oder fliegen wir nach Berlin? Die Sportler aus Weiskirchen entschieden sich für den Bus, wir für den Flug, um die DDR-Kontrollen zu vermeiden. Die Sportler aus Weiskirchen übernachteten in einer Turnhalle, wir buchten eine Pension. Alle freuten sich auf die Reise.

Doch das Jahr 1987 begann dramatisch für mich. Mein Mann Heinz war schon seit zehn Jahre krank. Seit acht Jahren benötigte er ein Sauerstoffgerät. Nun musste er wieder ins Krankenhaus! Seine Atemnot wurde immer schlimmer. Er hatte keine Chance. Am vierten Januar 1987 um 18 Uhr verstarb er in meinen Armen. Es schneite draußen. Erst zwei Wochen zuvor hatte ich meinen Führerschein gemacht und war noch unsicher am Steuer, als ich ins Krankenhaus fuhr. Nun saß ich bei meinem Schatz, die Glocken läuteten, er schlief ruhig ein. Ich war bei ihm, doch ich konnte nichts tun, nur noch seine Hand halten und seine Brust streicheln. Er musste nicht mehr leiden. Ich weinte nur noch. In dieser Situation, dachte ich, kann ich nicht nach Berlin fahren. Ich war nur noch traurig.

Eines Tages, einige Wochen nach dem Tod meines Mannes, klingelte es an der Tür. Drei Mitturnerinnen standen davor. Ich erschrak: „Was ist los?", fragte ich. „Inge", antworteten sie, „du kannst das Turnfest nicht absagen. Heinz wollte, dass du mitmachst. Er bat deine Mutter, aus Hamburg zu kommen, um ihn zu versorgen. Weißt du noch?"
Schließlich überzeugten sie mich. Und Ende Mai war ich so weit, mitzufliegen.

Der Flug war toll. Als wir in Berlin angekommen waren, behauptete ein Mitturner aus unserer Gruppe, dass er sich auskenne. Er wollte uns zeigen, wie wir zu unserer Pension kämen. Doch er war nicht auf dem neuesten Stand. Viel zu früh stiegen wir aus der U-Bahn aus und liefen viele Straßen ab, bis uns ein Einheimischer in die Trautenaustraße führte, zwischen Wilmersdorf und Schöneberg, wo unsere Pension lag. Das Haus war alt, hoch und schmal. Die Zimmer waren sauber, doch der Balkon voller Spinnweben. Auch die Wirtin war gewöhnungsbedürftig. Als ich ihre Hände sah, war ich froh, dass wir in der Pension nur Frühstück gebucht hatten. Die Ware war verpackt, die Brötchen kamen direkt aus der Tüte.

Wir erforschten Berlin gründlich, jedenfalls den Westen der Stadt. In den S- und U-Bahnen ging es lustig zu. Im Stadion sollten 100 Turnerkapellen spielen, so dass die Stadt voller Musiker war. Manchmal reichte nur eine Trommel, eine Trompete, um Stimmung zu verbreiten. Die Frauen tanzten und schunkelten. Einmal hörten wir eine Durchsage: »Bitte verhalten Sie sich ruhig. Wenn Sie schunkeln, kann die Bahn aus den Schienen stürzen.« Alle erschraken und niemand bewegte sich mehr. Nur die Musik spielte weiter. Die ganze Woche waren wir ausgelastet. Wir nannten uns „Maulwürfe", weil wir fast nur unterirdisch unterwegs waren.
Auf dem Messegelände fanden die Wettkämpfe statt, auch viele Vorträge in Sachen Sport. Wir hatten die Sportlerpässe bekommen, von denen Anneliese gesprochen hatte. Nach jedem Wettbewerb, den wir mitmachten, bekamen wir einen Stempel in unsere Pässe. Weitsprung, Kugelstoßen. Neu war mir Seilspringen: Es wurde bewertet, wie oft wir pro Minute springen konnten. Beim 2000-Meter-Lauf hatten sich sonst nur Männer angemeldet. Ich erinnere mich daran, wie ich alleine auf der Bahn lief, die Herren waren viel schneller. Ich kam als Letzte ins Ziel – und hatte doch eine gute Zeit erreicht.
Das Turnfest war für alle Sportler: Kinder, Jugendliche und Senioren waren dabei. Ich war nur ein wenig erschüttert, als ich hörte: „Jetzt kommen die Senioren", denn das waren alle Frauen über 35 Jahre.

Nach den Wettkämpfen machten wir Berlin unsicher. Einmal gingen wir ins Jahn-Stadion, wo ein Konzert stattfand. Es war voll und jemand trat einem Turnfreund in die Sandalette, so dass er nur noch das obere Teil am Fuß hatte, die Sohle war fort. Er musste sich neue Schuhe kaufen. So ein Sportfest ist nur zu empfehlen.

Am ersten Abend aßen wir beim Griechen. Was er auftrug, war bescheiden. Erst als der Wirt erfuhr, dass wir eine Woche blieben und häufiger kommen wollten, tischte er richtig auf. Einige in der Gruppe meckerten nach vier Tagen griechischer Küche. Sie wollten in ein deutsches Lokal. Gut, wir taten es. Doch es war ein Reinfall – danach ging's wieder zum Griechen und alle waren einverstanden.

An einem Morgen mussten wir zur Generalprobe im Olympiastadion. Eine von uns packte den Rest des Frühstücks ein, auch die gekochten Eier. »Das brauchst du doch nicht«, sagte jemand. „Im Stadion gibt es doch zu essen." In der Bahn setzte sich eine Turnkollegin aus Versehen auf die Tasche und zerdrückte die Eier. Die Generalprobe dauerte sechs Stunden. Jedes Bundesland würde im Stadion ein anderes Bild präsentieren. Es regnete und wir jammerten: »Hoffentlich regnet es nicht bei der Abschlussveranstaltung.«
Eine Mitreisende erzählte einen Witz. Wir lachten darüber. Da sagte eine: „Oh, die lustige Witwe."
Sie meinte mich. Die Übrigen guckten schockiert. Das war nicht schön, und der Vereinskollegin, die es gesagt hatte, wurde das lange nicht verziehen.
Zu essen gab es nichts. Wir waren glücklich, dass wir etwas dabei hatten. Sogar die zerdrückten Eier schmeckten.

Auf einer Reklametafel überraschte mich die Aufschrift: „Aktiv erleben: KRAFT". Das war meine Firma, Käse-Kraft in Eschborn, bei der ich seit einer Weile beschäftigt war. Sie unterstützte den Breitensport.

Wieder in der Pension angekommen, ging's in die Dusche. Das war ein Trubel! Die Mädels liefen in kurzen Höschen über den Flur. Plötzlich stand ein Herr im dunklen Anzug, mit Hut und weißem Schal vor uns. Er guckte erstaunt und fragte nach der Wirtin. »Die ist in der Küche«, sagte ich und wartete neugierig vor der Tür, hinter der er verschwand.

„Was ist hier los?", hörte ich ihn fragen.

„Das sind Sportler. Gerade ist doch das Deutsche Turnfest in Berlin. Sie müssen jetzt wieder gehen. Nächste Woche haben wir wieder geöffnet."

Oh je, dachte ich. Unsere Pension war eigentlich ein Bordell.

Am vorletzten Tag des Turnfestes fand der Festumzug statt. Turnverbände aus vielen Nationen nahmen mit ihren Fahnen teil. Fünf Stunden lange liefen wir in unseren Hessenkitteln auf der dreieinhalb Kilometer langen Strecke, an der Siegessäule vorbei bis beinahe zum Brandenburger Tor. Abends gab es auf dem Kurfürstendamm eine „Fressmeile" mit allem, was das Herz begehrte.

Am 7. Juni war die Abschlussveranstaltung im Stadion. Der große Tag unserer Vorführung. Und das Wetter machte mit! Viele Sportler hatten keine weißen Schuhe dabei, obwohl es vorgeschrieben gewesen war. Darum kam eine Durchsage: „Alle ziehen die Schuhe aus. Wir turnen barfuß!" Berge von Schuhen lagerten irgendwo im Olympiastadion. Die orangenen Bälle holten wir aus einem leeren Schwimmbecken.

Alles ging geordnet vonstatten. Wir waren diszipli-
nierte Turner. Die Platznummer, die ich mir merken
musste, war die 92. Als die Vorführung begann, liefen
Sportler in allen Abgängen auf den Rasen. Jeder wusste, wo sein Platz war. In der Sonne fühlte sich die Tar-
tanbahn warm und weich an. Ich lief wie betäubt,
überwältigt von unserem Schauspiel. Die Sonne
schien, die Kapellen spielten, ich stand auf meinem
Platz und hatte ein seltsames Gefühl. Plötzlich rief eine
Mitturnerin: „Mein Ball ist weg. Ich kann nicht mitmachen."
„Ach, mach mit. Wir sind Tausende Sportler. Kein
Mensch merkt, dass du keinen Ball hast."
So war es. Niemand fiel auf, dass sie alle Übungen
ohne Ball machte.

Auf dem Rückflug waren wir uns einig: Bei den
Deutschen Turnfesten wollten wir auch in Zukunft
mitmachen.

Nie mehr ganz so schön
Eines Tages erreichte uns eine traurige Nachricht: Anneliese war schwer erkrankt. Sie konnte nicht mehr
mit uns turnen. Zum Glück übernahm Ingrid die Organisation der Montagsturnstunden.

Kurz nach Annelieses Geburtstag gab es in meiner Firma, KRAFT, günstige Eintrittskarten für eine Turngala
in Frankfurt. Ich kaufte einige Karten – und auch eine
für Anneliese. Damit besuchte ich sie. In ihrem Haus
standen auf jedem Treppenabsatz Blumen. Ich schau-
derte, denn es sah aus wie auf einer Beerdigung. Zunächst sagte sie, sie wolle nicht mitkommen. Doch wir
unterhielten uns eine Weile, und plötzlich änderte sie
ihre Meinung: „Ich komme doch mit!"

Als wir nach der Turngala wieder zu Hause waren, bedankte sie sich: „Das war ein einmaliges Erlebnis." Es freute uns, dass es ihr gefallen hatte.

Zu den nächsten Turnfesten mussten wir leider ohne sie fahren. 1990 fand das Deutsche Turnfest in Dortmund und Bochum statt, 1994 in Hamburg, 1998 in München, 2002 in Leipzig, 2005 noch einmal in Berlin. Und schließlich 2009 in Frankfurt. So viele Jahre, so viele Erlebnisse. Obwohl es nie mehr ganz so schön war wie beim ersten Mal in Berlin, habe ich doch vieles in guter Erinnerung.

1990 war das erste gesamtdeutsche Turnfest. Die Sportler aus dem Osten trugen noch eine Fahne mit der Aufschrift „Deutscher Turnverband DDR".

In Hamburg 1994 trugen wir neue Turnanzüge in Rot und Blau, mit dem Aufdruck »TV Stierstadt«. Die DDR-Fahnen waren jetzt ganz verschwunden. Ich fühlte mich wohl am Hafen und am Fischmarkt. Das viele Wasser machte mich glücklich, es erinnerte mich an die alte Heimat Masuren. Unsere Gruppe nahm an einer Wanderung teils, durchs »Alte Land« und auf der Elbinsel Finkenwerder. Nach der Hälfte der Strecke bekamen wir etwas zu essen, leider nicht viel, nur ein Brötchen mit einem halben Hering. Wir wanderten an Häusern vorbei, auf deren Wäscheleine Fische zum Trocknen hingen. So etwas sahen wir zum ersten Mal. Als wir unser Ziel erreichten, stürzten wir in die nächste Bäckerei und schlugen tüchtig zu.

Der Weitsprung sollte nicht mehr aus dem Stand ausgeführt werden, nur mit Anlauf. Hedi, eine Turnerin aus unserer Gruppe, stürzte im Stadion auf der Treppe und brach sich das Handgelenk. Als sie aus dem Krankenhaus zurückkam, erzählte sie: „Dort sind viele Frauen, die sich beim Weitsprung am Rücken verletzt haben." Darum wurde diese Regel wieder rückgängig gemacht.

Beim 2000-Meter-Lauf rannten alle los wie wild, ich war die Letzte. Die Zuschauer am Rand riefen: „Die Letzten werden die Ersten sein." Nach einiger Zeit überholte ich die ersten Läuferinnen aus unserer Gruppe. Einige jammerten wegen Seitenstechen. „Ich habe es euch gesagt. Lauft mit mir", sagte ich. Die Erste im Ziel war eine Läuferin aus den neuen Bundesländern, die einen eigenen Betreuer dabei hatte, die Zweite war eine Stierstädterin, die schon lange joggte, die Dritte war ich – super!

In München 1998 nahmen von uns nur sechs Erwachsene und ein kleiner Junge teil. Dessen Uroma, Lisbeth Zentgraf, hatte schon die Olympischen Spielen 1936 erlebt. Sie war die Älteste in unserer Gruppe.

Wegen der vielen Bauarbeiten in der Stadt mussten wir uns beim Umzug auf Nebenstraßen aufstellen, das lief chaotisch ab. Auf dem Markt nahm eine Mitturnerin einen Apfel in die Hand, da brüllte die Marktfrau: »Hier wird nicht gestohlen!« Und als wir in einem Lokal etwas trinken wollten, gab es nur kübelgroße Gläser. Kleinere wollte man uns nicht geben. Beim Stockfischessen in einem Park saßen auch einheimische Sportler. Wir beschwerten uns, dass die Bayern so unfreundlich seien. Da sagte eine Sportlerin: „Naa, des sinn ned die Bayern, des sinn die Münch'ner!"

2002 fuhren wir mit der Bahn nach Leipzig. Vor dem Bahnhof waren Stände mit gutem und günstigem Essen für die Turner aufgebaut. Eine Straßenbahn nach der anderen fuhr ab, in alle Richtungen und immer pünktlich. Doch unsere Pension, das wussten wir nicht, lag schon außerhalb der Stadt. Zu Fuß kamen wir bei Feldern an. Wir fragten ein Mädchen auf Rollschuhen, ob wir auf dem richtigen Weg seien: „Ja, Sie müssen aber noch ein ganzes Stück laufen."

Als wir das „Motel Loberaue Rackwitz" endlich erreichten, stellten wir fest: Es war ein Hotel für Lkw-Fahrer. Glücklicherweise erfuhren wir, dass es noch eine andere Bahnstation in der Nähe gab, so dass wir nicht jedes Mal so weit laufen mussten.

Viele Veranstaltungen fanden in der Leipziger Messe statt, sportliche Darbietungen und Lehrgänge. Unsere Vorführungen zeigten wir nur auf Nebenplätzen, nicht im großen Stadion, was wir schade fanden.

2005 in Berlin waren wir nur noch wenige in unserer Montagsturngruppe. Einige waren bereits verstorben, andere krank. Weil ich nicht auf meine Teilnahme verzichten wollte, übte ich mit Turnern aus Oberursel und Ober-stedten. In Berlin waren wir bei Verwandten untergebracht. Zum ersten Mal kam ich nun nach Ost-Berlin. Ich sah das Rote Rathaus, das Nikolaiviertel und noch viel mehr. 100.000 Sportler aus 33 Ländern nahmen am Internationalen Deutschen Turnfest teil, doch ins Olympiastadion durften lediglich die Leistungssportler. Auch hier fanden alle unsere Vorführungen nur auf Nebenplätzen statt. Zusammen mit einer Turnerin aus Oberursel sollte ich in der ersten Reihe turnen: „Komm, du machst das so toll!", spornte sie mich an.

2009 nahm ich zum letzten Mal teil. Im nahen Frankfurt wollte ich nicht fehlen, auch wenn meine alten Mitturnerinnen nicht mehr mitmachten. Ich war zugleich Helferin und Teilnehmerin. Wir Sportler aus der Region trugen rote Hemden mit der Aufschrift »Turngau Feldberg«, weiße Hosen und weiße Turnschuhe – doch nicht alle hielten sich an diese Kleiderordnung. Wieder gab es Wettbewerbe und Vorführungen. Und ein Fest im Grüneburgpark, wo wir bei Spaßwettbewerben mithalfen.

Ich assistierte beim Würstchentest. Dabei stellten wir Hindernisse auf und jeder Teilnehmer musste einen Löffel nehmen, eine Wurst darauflegen und die Hindernisse überspringen. Dabei stoppten wir die Zeit. Das war sehr lustig. An einen Herrn kann ich mich noch gut erinnern: Schicke Schuhen, dunkler Anzug, Aktenkoffer. Er legte die Jacke ab, stellte den Koffer hin und nahm sich einen Löffel mit Würstchen. Es war nicht zu fassen: Andere hatten das Würstchen schon nach dem ersten Sprung verloren, aber dieser Herr lief Rekordzeit und sein Würstchen blieb auf dem Löffel. Mit so viel Spaß beendete ich meine Deutschen Turnfeste.

Sport in meinem Leben

Auch außerhalb von Turnfesten hat der Sport immer eine wichtige Rolle für mich gespielt. Mit dem Radfahrverein »Fahr Wohl« Stierstadt unternahm ich viele Radtouren, von Ostfriesland bis Holland oder rund um den Kaiserstuhl. Und beim Volksradfahren war ich alljährlich dabei.

Mein Arbeitgeber Käse-Kraft unterstützte den Breitensport und machte auch im Betrieb Reklame für das Sportabzeichen. Einmal meldeten sich viele Mitarbeiter an. Die Wettkämpfe wurden in Steinbach durchgeführt. Nach einigen anderen Disziplinen und dem

1000-Meter-Lauf kam ich zur Kugelstoß-Grube. Ich fragte: »Darf ich noch mitmachen?«
Die Kollegen wunderten sich. Ich nahm die Kugel, stellte mich auf: Ein Stoß, und die geforderte Weite war erreicht.

»Da kommt die mit Schläppchen vom Lauf hierher, stößt die Kugel und ist schon fertig«, hieß es.
Einige Herren machten nicht weiter, sie hatten plötzlich eine Sitzung. Ich war schon stolz auf mich. Schließlich trieb ich nicht nur Sport, wenn die Firma dafür Reklame machte.

Als ich 1992 in Rente ging, rief ich eine private Wandergruppe ins Leben, mit der ich bis heute unterwegs bin. Jeden Mittwoch nehmen wir zehn oder mehr Kilometer unter die Sohlen, auch mit unseren 70 bis 83 Jahren. Einige Jahre lang organisierten wir Wanderungen von einer Woche, in Thüringen, im Schwarzwald, der Eifel, in der Röhn und vielen anderen Mittelgebirgen – so lerne ich Deutschland kennen. Mit dem Tanzen ging's los und heute ist das Wandern meine Hauptsportart. Mit 83 Jahren ist das auch gut so.

Meine lebenslustigen Eltern

Dr. Andrea Diehl

Wenn meine Freunde mich fragen: „Wie waren denn deine Eltern?", zeige ich ihnen gerne ein Foto. Ich fand es beim Aufräumen in einem besonderen Album.

Kleidertausch
Es war ein Urlaub im Winter 1944. Meine Mutter Ilse schenkte meinem Vater Heinz fast ein Jahr später eine selbst gemachte Erinnerung:
„Meinem lieben Heinz zu seinem Geburtstage im Jahr 1945! Von seiner Frau. Teilausschnitt von unserer Hochzeitsreise."

Die liebevoll mit einem rotweißen Kordelbändchen zusammengehaltenen Seiten hatte sie neben und unter den Schwarz-Weiß-Fotografien mit Text versehen. Die Schreibmaschine hebt die schwarzen Buchstaben unterschiedlich stark hervor. Die Ausrufezeichen und Punkte am Ende der Sätze sind fett und fast erhaben. Der Text ist im Gegensatz zu den Bildern fast verblasst. Das dicke Büttenpapier ist inzwischen 75 Jahre alt und ich schlage die Seiten sehr vorsichtig um, damit sie nicht auseinander fallen. Das vergilbte Papier mit den aufgeklebten Fotos gab mir meine Mutter in den 90er Jahren.

Das Foto zeigt die beiden vor der Pension Pitze hoch über Sölden. Daneben steht:
„Weihnachten und Silvester fielen auch in die Zeit unseres Aufenthaltes. Zu diesem Zweck und gleichzeitig zum Abschied hatten wir uns einen Scherz ausgedacht. Aber was

soll das? Ich bin ich und er ist er! Eine Verkleidung, wie sie verrückter nicht sein kann."

Zwei Übermütige auf einem Bild! Sie ist 19 und er 22 Jahre alt. Er trägt ihren Pelzmantel, sie seine Uniform! Es ist nicht Karneval, sondern Hochzeitsreise nach Sölden. Es ist Krieg.

Das Foto zeigt ihn in ihrem knielangen Pelzmantel, mit feinen dunklen Strümpfen und schwarzen Schuhen, die seine schlanken, damenhaften Beine zeigen. Seinen Kopf ziert ihr Tuch. Es sieht aus, als habe er Lippenstift aufgelegt. Er blickt lächelnd in den Himmel wie ein naives Mädchen.
Sie trägt seine Uniform mit schweren Schnürstiefeln und die dazugehörige Kappe. Seine dunkle Sonnenbrille lässt sie kess aussehen, sie lacht in die Kamera. Sie wirken auf mich wie zwei Verliebte, händchenhaltend auf der Alm, das Stadtleben hinter sich lassend. Sie sehen fröhlich und humorvoll aus. Die beiden haben Spaß! Trotz allem! Sie lachen, wirken ein bisschen verfroren, auf dem Weg vor ihnen liegt Schnee.

Über die Verpflegung schrieb meine Mutter:
„ ....unter der Führung des Meisters Pitz und Meisterin Pitze wurden wir dick und rund. Und wir bedurften deshalb auch einer ausgiebigen sportlichen Tätigkeit, um nicht an Verfettung zu Grunde zu gehen! Doch Frau Pitzes Essen lockte uns immer wieder an den heimatlichen Herd zurück.... Ein dickes Gesicht nebst Fettpölsterchen am Kinn sind der Erfolg Frau Pitzes."

Es kann sich nur um gefühlte Pölsterchen gehandelt haben, denn auf dem Bild sieht man zwei „dünne Hemden in Verkleidung".

Das junge Paar ist in Urlaubsstimmung. Und dies, weil oder obwohl es wusste, dass meine Mutter im dritten Monat schwanger war. Denn Anfang Juli 1945 wurde meine Schwester Monika geboren. Wahrscheinlich war die Schwangerschaft verbunden mit ihrer Hochzeit der Grund für den dreiwöchigen Fronturlaub.

Das Foto löst in mir viele Fragen aus: Wie haben sie es geschafft, so locker zu sein und Scherze zu machen? Wird hier eine schöne Welt produziert, die es so für die meisten zu dieser Zeit nicht gab? Freuten sie sich auf ihr Kind? War es der Anlass für die Hochzeit oder wären sie auch ohne Schwangerschaft zusammen geblieben?

Der Frauenarzt attestierte meiner Mutter die unerwartete Schwangerschaft mit einem lautstarken: „Heil Hitler, Sie bekommen ein Kind!" Als sie entsetzt fragte, ob sie das Kind bekommen müsse, antwortete der Arzt nur: „Natürlich, der Führer braucht Soldaten!" Er versicherte ihr, dass sie zur Verstärkung des großen Reiches sicher einen Sohn gebären würde. Öffentlich glaubte man noch immer an den Endsieg. Daran zu zweifeln war Verrat. Der Krieg war noch nicht vorbei.

Sie beide kannten Todesangst! Während einer Bombennacht im Luftschutzkeller glaubte meine Mutter, ihr letztes Stündlein habe geschlagen. Sie war nur knapp mit dem Leben davon gekommen. Bei einem Einsatz in Rumänien stand mein Vater im Wald einem jungen Soldaten gegenüber. Beide hielten Gewehre in der Hand und hätten ihrem Leben gegenseitig ein Ende bereiten können. Doch sie schüttelten den Kopf, drehten sich um und liefen in entgegengesetzte Richtungen davon.

Wie konnten die beiden es schaffen, nach solchen Erlebnissen so gut aufgelegt zu sein? Weil ich selbst keine Kriegszeiten kenne, habe ich Vermutungen und Spekulationen. Vielleicht unterschätze ich den starken Überlebens- und Vergnügungswillen der Menschen, speziell der Jugend? Ein Ereignis, von dem meine Mutter immer wieder berichtete, zeugt davon: Sie brauchte als 16-Jährige spezielle Schuhe zum Stepptanzen. Ihr Vater kaufte ihr die sehnlichst erwünschten roten Schuhe für 16 Reichsmark, ein Vermögen zu Kriegszeiten. War ein „trotzdem" oder „jetzt erst recht" die Motivation für diesen Kauf? Wollte meine Mutter gegen den Krieg antanzen? Ist der Übermut auf dem Söldener Foto der Ausdruck von Widerstand gegen die Realität? „Seht her, wir lassen uns nicht unterkriegen! Wir trotzen den Verhältnissen!"

Vom Übermut blieb der Mut
Nach der Hochzeitsreise ging es zurück nach Düsseldorf. Das junge Paar zog zu den Eltern des Bräutigams Hubert und Margarete Rahrbach, auch Opa und Oma Düsseldorf genannt.

Meine Mutter hatte eigentlich in Germersheim ein Dolmetscher-Studium beginnen wollen, musste es aber, wie in der damaligen Zeit üblich, für ihre neue Familie aufgeben. Oma und Opa Düsseldorf überließen ihnen ein Dachzimmer in ihrem großen, alten Bürgerhaus im guten Zoo-Viertel. In diesem roten Backsteinhaus aus den 20er Jahren mit den typischen hohen Räumen wohnten auch der zwei Jahre jüngerer Bruder meines Vaters, mein Onkel Hans-Walter, seine acht Jahre jüngere Schwester, meine Tante Erika, und meine über 90-jährige Uroma Lilly. Zur Unterstützung des Haushalts kam täglich Else, eine ältere Frau mit dem Charme eines Besens. Sie begleitete die Familie Rahrbach seit Generationen. Die untere Etage war mit Mietern belegt.

Opa Düsseldorf betrieb im flachen Hinterhaus eine Drahtseilgroßhandlung. Seine Söhne halfen ihm, solange sie nicht in den Krieg ziehen mussten. In den letzten Kriegsmonaten hielt sich mein Onkel dort versteckt, weil er nicht mehr zurück an die Front wollte.

Meine Schwester Monika wurde in diese entbehrungsreiche Nachkriegswelt hineingeboren. An allem bestand Mangel, auf vieles musste verzichtet werden. Der Onkel trank ihre dringend benötigte Milch. Mit ihren stahlblauen Augen flößte Oma Düsseldorf meiner Schwester große Angst ein. Es ging hoch her im Hause Rahrbach. Man war im Umgang nicht zimperlich, zankte und schrie. Meine Schwester fürchtete, dass die Männer sich im Streit umbringen würden. Die Konkurrenz der Brüder untereinander war Dauerthema. Mein Vater fühlte sich vom größer gewachsenen, gutaussehenden, jüngeren Bruder ausgebootet. Mein Onkel war ein begabter Alleinunterhalter und begnadeter Witzeerzähler. Noch in ihren 30ern mussten die Brüder einen Vertrag unterschreiben, der ihnen untersagte, sich in der neu gegründeten Firma zu prügeln.

Als Tochter eines Jugendrichters konnte meine Mutter den Wechsel vom beschaulichen Beamtenhaushalt in das von Höhen und Tiefen geprägte Unternehmerleben mit ständigen Rivalitäten nur schwer ertragen.

Nach vier Jahren hielt sie es in dieser Familie nicht mehr aus und reichte 1949 die Scheidung ein. Wie sie sagte, seien es vor allem die Umstände gewesen, die sie dazu gebracht hatten. Der Humor der früheren Jahre war ihr gründlich vergangen. Mit 24 Jahren war sie zu jung, um sich in ihr Schicksal zu ergeben.

Vom Übermut des Fotos blieb nur der Mut! Den brauchte sie, um sich in diesen Zeiten scheiden zu lassen. Die Rechtslage erforderte nach dem Schuldprinzip einen Schuldigen. Meine Mutter nahm die „Schuld" auf sich, obwohl es keinen anderen Mann gab. Sie wollte wieder frei sein.

Für schuldig Geschiedene gab es keinen Unterhalt. Meine Mutter musste sich um einen Verdienst kümmern. In einer Hotelfachschule am Tegernsee fand sie einen Ausbildungsplatz zur „Kaltmamsell". Sie war für kalte Speisen und Buffets zuständig. Das Umgangsrecht mit ihrer Tochter wurde ihr mit der Scheidung abgesprochen. Als Alleinstehende war sie nicht mehr erziehungsberechtigt. Meine Schwester war vier Jahre alt, als mein Vater sie zunächst bei seinen Eltern, dann in verschiedenen Kinderheimen unterbrachte. Sie kann sich nicht erinnern, bei welchen „Tanten" sie in diesen Jahren gewesen war.

Die Eltern meiner Mutter, Paula und Heinrich Coßmann aus Neuss, kurz Oma und Opa Neuss, rieten ihr, sich einen neuen Ehemann zu suchen, dann würden für sie die Chancen steigen, ihre Tochter wiederzusehen. Darum heiratete sie einen gewissen Herrn Huber, den niemand aus meiner Generation je zu Gesicht bekommen sollte. Diese Ehe währte nur kurz, dann passierte das Unerwartete!

Mein Vater kam wieder in ihr Leben und eroberte sie mit seinem Charme zurück. Sie waren einander doch noch tief verbunden. Ging es ihnen wie Richard Burton und Elisabeth Taylor? Verband sie eine Hassliebe, in der es nicht ohne, aber auch nicht mit dem anderen ging?

Wie konnten sie sich das Geschehene verzeihen? Jedenfalls setzte sich die positive Stimmung auf dem Foto durch. Die beiden wollten sich nicht von den Nachkriegsumständen bezwingen lassen. Alles wurde auf Neuanfang gestellt: Opa Düsseldorf plante eine größere Firma im 20 Kilometer entfernten Industriestädtchen Heiligenhaus. Es herrschte Aufbruchstimmung.
Meine Mutter ließ sich von Herrn Huber scheiden. Meine Eltern heirateten ein zweites Mal und meine Mutter wurde erneut schwanger. Als ich 1953 geboren wurde, waren sie 28 und 31 Jahre alt, meine Schwester acht. Die Familie hatte wieder zusammengefunden und mit ihrem zweiten Nachwuchs auch eine neue Zeit eingeläutet. Und dann kam das „Wirtschaftswunder".

Die Lebenslust setzt sich durch
Mit der Gründung der Firma „H. Rahrbach & Sohn" für Schlösser und Beschläge wurde alles anders! Der Wohlstand brach aus. Die Firma brachte viel Geld ein, unsere Familie konnte sich vieles leisten. Vor dem Fabrikgelände stand das neu erbaute große Wohnhaus. Die eine Hälfte gehörte meinem Vater Heinz, die andere meinem Onkel Hans-Walter. In den oberen Etagen wohnten die beiden Familien, im Erdgeschoss befanden sich die Büroräume. Heinz bediente die Auslandsgeschäfte und war in der ganzen Welt unter-

wegs. Hans-Walter war zuständig für die Technik und den reibungslosen Ablauf der Produktion. Skeptisch beäugte er die verrückten Ideen seines Bruders. Er fand die Investitions- und Expansionsvorschläge meines Vaters weit überzogen.

Mein Vater fand immer neue Möglichkeiten, um mit den vorhandenen Maschinen weitere Produkte herzustellen. Ich denke an den „Kleidertausch" auf dem Foto. Nur wer seine Identität zuweilen verlässt, kann Neues entdecken! Er wollte sich gelegentlich „verrücken", um sich neu zu erfinden. Er kombinierte und probierte, vertauschte die Vorlagen und erfand das zuvor Ungedachte. Er zeigte sich sehr kreativ. Er entwickelte den Prototypen einer „Schwanenhals"-Stehlampe, deren aufklappbare Plastikblüten die Glühbirne hielten. Damit brach er in seinem geliebten Kamelhaarmantel nach Amerika auf. Nach erfolgreichen Geschäftsabschlüssen kehrte er mit neuen Lieblingsworten zurück: „clever" und "keep smiling".

Die Wirtschaft boomte! Auch auf unserem Fabrikhof hinter dem Wohnhaus wurden die Waren auf die Lastwagen verladen und in die ganze Welt gebracht. Internationale Gäste kamen zu uns nach Hause. Die Welt wurde immer kleiner: Reisen zu den Geschäftspartnern nach Schweden, Amerika, Israel und Italien waren an der Tagesordnung.

Die Ehe lief gut, solange es genug Ablenkung gab. Eine Party folgte auf die andere, man lud ein und wurde eingeladen. So, als wollte man die verlorene Jugend nachholen. Wie auf dem Söldener Foto verkleidete man sich, vor allem zu Karneval, zu dem mein Vater ebenfalls gerne „als Frau" ging. Die unter das rotweiß gestreifte Ringelhemd gesteckten Apfelsinen dienten als Busen. Seidenstrümpfe betonten seine schlanken Beine auch 20 Jahre nach dem aufgenommenen Foto. War er es gewesen, der die Idee zum Kleidertausch gehabt hatte?

Auf ihren Partys konsumierten sie großzügig Alkohol. In den 50er und 60er Jahren bevorzugte man harte Getränke wie Cognac, Whisky und Martini. Die Sektkorken knallten und alle hatten ordentlich „einen sitzen". Wenn meine Eltern im Rausch ein Kind gezeugt hätten, hätte es den Namen „Gin" bekommen. Obwohl ich immer wieder Zuckerstückchen auf die Fensterbank gelegt hatte, brachte der Klapperstorch nicht das von mir ersehnte Brüderchen. Der Rauch von „HB", „Ernte23" und dicken Havanna-Zigarren vernebelte die Luft. Alle flirteten heftig. Tante Carola, eine enge Freundin der Familie, antwortete auf die Frage, ob mein Vater „fremd gegangen" sei: „Aber natürlich!"

Zeichen der prosperierenden Nachkriegszeit waren auch der neue rote Porsche meines Vaters, der Mercedes als Familienauto, dann noch das erste Goggomobil für meine Mutter. Dieses musste gelegentlich von einem Firmenmitarbeiter auf der steil ansteigenden Straße im schneereichen Winter angeschoben werden. Später ersetzte das türkisfarbene Karmann-Ghia Cabrio das Goggomobil. In diesem chauffierte sie mit offenem Verdeck mit einem Kopftuch à la Grace Kelly durch das kleine Industriestädtchen. Fahrten nach Düsseldorf in die bunte Welt der Mode boten Abwechslung. Für den Lieblingssport Skilaufen kauften meine Eltern Anfang der 60er Jahre ein Apartment in St. Anton am Arlberg, das auch für den Wanderurlaub im Sommer genutzt wurde. Es wurde zu meiner zweiten Heimat.

Als ich neun Jahre alt war, kam ich in ein „Internat für höhere Töchter" zu den katholischen Schwestern vom Heiligen Kreuz. Meine Eltern glaubten, mir einen Gefallen zu tun, indem sie mich vom gefährlichen Firmengelände wegbrachten. Zudem versprach das von Nonnen geführte Gymnasium eine gehobene Schulbildung. Für monatlich stolze 365 Mark erkauften sie sich ihre Freiheit. Meine Schwester hatte schon einige Jahre in diesem Internat verbracht. Im Gegensatz zu mir war sie gerne gegangen. Als sie mit 18 Jahren zum Studium nach München zog, waren meine Eltern ab sofort frei! Drei Jahre später hatte ich meine Eltern überzeugt, mich wieder nach Hause zu holen.

Sie unternahmen eine Weltreise. Postkarten aus New York, San Francisco und Tokio sorgten für Interesse und Aufregung im Internat. Meine Mutter begleitete meinen Vater auch auf vielen Geschäftsreisen. Sie waren oft unterwegs. Wenn ich an meine Kindheit zurückdenke, sehe ich das Bild einer Frau im Chanel-Kostüm, die, eingehüllt in eine Parfumwolke, schick frisiert aus der Tür geht.
Wieder muss ich an das gemeinsame Foto denken: Das aufregende, verrückte Leben, das das Foto erahnen lässt, konnten sie nun verwirklichen. Die Lebenslust setzte sich durch. Die zwei waren für alles offen, die weite Welt lockte und sie konnten an ihr teilhaben.

Vom Übermut getrieben
Mein Vater war Flieger. Das außergewöhnliche Hobby passte zu ihm. Er war ein Hoch-Risiko-Mensch, der die Gefahr liebte. Er filmte den Sonnenuntergang am

Steuer seines mit 120 Stundenkilometer fahrenden Mercedes. Die Familie saß im Auto.

Als ich 13 Jahre alt war, nahm er mich mit auf einen seiner Flüge. Er wollte mir mit einem Looping imponieren, davon konnte ich ihn gerade noch abhalten. Lachend setzte er zu einem steilen Sinkflug an, den ich irgendwie überstand. Mir war dieses ganze Unterfangen nicht geheuer. Ich war heilfroh, als ich wieder aussteigen konnte. Sein Flugzeug, eine „Falko", war klein und besonders schnell. Das familiäre Sonntagsvergnügen bestand daraus, bei selbst gebackenem Kuchen unserem über der Terrasse kreisenden Vater zuzuwinken.

Das absolute Highlight waren für ihn die Rallyes für Flieger aus verschiedenen Fliegervereinen. Im Jahr 1967 brach er zu einer „Nordmeer-Rallye" auf. Die Route führte über Finnland nach Russland und zurück über Norwegen nach Deutschland. Er wechselte sich mit seinem Flieger-Kamerad als „Pilot" und „Franser" (Kartenleser) ab.

Meine Mutter nutzte die Zeit zum Entspannen auf einer Schönheitsfarm, und ich verbrachte die Ferien auf dem nahe gelegenen Bauernhof bei Tante Leni. Eines Nachmittags fuhr meine Mutter in ihrem Karmann-Ghia vor. Sie wollte mich erst eine Woche später abholen, wieso kam sie verfrüht? Auf der Fahrt nach Hause sagte sie zu mir: „Dein Vater wird vermisst, er ist gestern bei schlechtem Wetter in Norwegen nicht notgelandet. Jetzt wird er gesucht."

Die nächsten Tage waren unerträglich. Besuche von Verwandten und Freunden wechselten sich ab. Alle redeten uns gut zu, dass er sicher notgelandet sei und bald gefunden werde. Das sei im unwegsamen Gelände der Lofoten eben schwierig.

Am zweiten Tag nach der Vermisstenmeldung erreichte uns eine Postkarte von meinem Vater aus Leningrad, die er schon eine Woche zuvor geschrieben hatte.
Am darauffolgenden Tag überbrachte mein Onkel die Nachricht, dass ein Suchtrupp das Flugzeug gefunden habe. Es habe sich im Anflug auf einen Berg befunden, dessen Höhe im schnell aufziehenden Nebel nicht mehr zu erkennen gewesen war. „Das haben sie nicht überlebt."

Wir fragten uns: Warum war er nicht wie alle anderen Rallye-Teilnehmer notgelandet? Hatte er die Berge und den plötzlichen Wetterumschwung in den Fjorden unterschätzt? Hatte er geglaubt, mit seinem schnellen Flugzeug unbesiegbar zu sein? War es der auf dem Foto sichtbare Übermut, der ihn getrieben hatte? Sein intensives Leben hatte ein jähes Ende gefunden. Er wurde nur 44 Jahre alt!

Mein Vater hinterließ eine große Lücke. Es fühlte sich an, als wäre ein Haus eingestürzt und ein tiefer Krater hätte sich in der Erde aufgetan. „Plötzlich und unerwartet" – dieser Tod entsprach ihm und seiner Lebensweise. Es war eine große Beerdigung. Als international tätiger Unternehmer hatte er überall Freundschaften und Bekanntschaften gepflegt.

Ein schönes Leben
Meine Mutter war 42, meine Schwester 22 und ich 14 Jahre alt, als mein Vater aus unserem Leben gerissen

wurde. Meine Mutter blieb trotz des Schicksalsschlags in jeder Hinsicht bodenständig. Ihren Lebensmut hatte sie nicht verloren. Sie ließ sich nicht unterkriegen.

Nur einmal im Leben habe ich diese starke Frau weinen sehen. Das war, als sie mir erzählte, dass ihre Mutter gestorben sei, kurz nachdem sie von deren Krankenbett weggefahren war. Sie machte sich Vorwürfe, nicht bei ihr geblieben zu sein.

Der übermütige Kleidertausch zeigte schon in jungen Jahren, dass sie lebensfroh und neugierig „ihren Mann" würde stehen können. Die Uniform schreckte sie nicht. War das ein Hinweis auf ihre späteren Fähigkeiten? Auf die Verantwortung, die sie einmal zu tragen hätte?

Tatkräftig und entscheidungsfähig, wie sie war, teilte sie mir am Tag nach der Beerdigung mit, dass wir nach Düsseldorf ziehen würden. Sie wollte die Firma und das Leben in der industriellen Kleinstadt so schnell wie möglich hinter sich lassen. Wir bezogen eine moderne Wohnung in einem fünfstöckigen Haus im Zoo-Viertel. Dort wohnten wir nur zwei Häuser entfernt von Oma und Opa Düsseldorf. Die Nähe zu den Großeltern war tröstlich. Das Haus hatte sich mein Vater kurz vor seinem Tod schon interessiert angesehen, als es noch im Bau gewesen war. Das war für meine Mutter ein Zeichen, mit dem Kauf der Wohnung das Richtige zu tun.

Das neue Leben tat ihr gut. Sie trauerte, schaute aber gleichzeitig nach vorn. Bis alles seinen Platz gefunden hatte, ich mich im neuen Gymnasium eingelebt, und wir uns auf ein Leben zu zweit eingestellt hatten, verging ein Jahr. Meine Schwester studierte inzwischen in Bonn und lebte bereits in einer festen Bindung mit ihrem zukünftigen Mann.

Später sagte meine Mutter einmal im Kreise der Familie: „Die Jahre mit Andrea in Düsseldorf waren meine schönsten." Aus der Sicht meiner Schulkameradinnen lebten meine Mutter und ich fast wie Freundinnen: Wir unternahmen viel mit den Freunden meiner Mutter, wurden Oma und Tante, besuchten die kleine Familie meiner Schwester in Aachen, gingen auf Konzerte von Hildegard Knef und Esther & Abi Ofarim, trafen Freunde in der Düsseldorfer Altstadt und fuhren zum Skifahren und Wandern immer wieder nach St. Anton. Meine Mutter liebte „schicke Musik", womit sie Astrud Gilberto mit ihren südamerikanischen Rhythmen, Udo Jürgens mit seinen berührenden Texten oder Sammy Davis, Jr. mit seiner unverwechselbaren Stimme meinte. Einladungen und die Bewirtung von Gästen waren ihre Spezialität. Ihre Ausbildung zur „Kaltmamsell" am Tegernsee kam ihr dabei zu Gute. Kein Aufwand war ihr zu viel. Sie ließ ihre Kleider bei Lore Lang, der beliebtesten Schneiderin Düsseldorfs, nähen und „belebte damit die Wirtschaft", wie sie gerne sagte. Einmal kam sie aus der Stadt nach Hause und verkündete: „Andrea, heute habe ich viel Geld gespart! Das neue Abendkleid hat statt 2000 nur 1000 Mark gekostet." Nicht umsonst kann man in ihrem Horoskop die „Stellung der Diva" finden.

Meine Gedanken kehren zum Foto zurück. Die darauf gezeigte Lebensfreude konnte jetzt wieder ausgelebt werden! Zum spontanen Kleidertausch bereit, war Initiative ihr Zauberwort, Fröhlichkeit, Sport und Bewegung ihr Lebenselixier. Sie meldete uns im Golf-Club an, und Golf wurde zum Sport, der uns viele Jahre begleiten sollte. Sie unterstützte meine Reiselust, ich durfte die große, weite Welt erobern. Sie ermunterte mich zum Studium in Freiburg, Wien und Amerika. Erfahrungen machen, das Leben entdecken und etwas unternehmen. Dies zu fördern, war ihre Stärke.

Nach einigen Jahren trat erneut ein Mann in ihr Leben. Mit ihm verbrachte sie weitere 35 Jahre, bis sie mit fast 85 Jahren starb. Kurz vor ihrem Tod sagte sie zu mir: „Andrea, ich will sterben! Ich habe ein schönes Leben gehabt, jetzt ist es genug." So mutig, wie sie als junge Frau auf dem Foto wirkte, so mutig ging sie ihrem Ende entgegen.

Die Löwin

Roswitha Gabriele Feldgen

In meinem Wohnzimmer, vor weißer Wand ein weißer Ledersessel, darüber das Bild meiner Großmutter. Sechs Kinder umringen sie, ein weiteres hat sie auf dem Schoß. Das Bild in Postergröße hat einen silbergrauen Rahmen mit rötlichen Sprenkeln; blendfreies Glas schützt es.

Du, liebe Mutter, kannst das nicht sehen. Ob der Rahmen dir gefallen würde? Als das Bild noch über deiner Couch hing, war es barock umrahmt.

Du bist es, die auf dem Schoß deiner Mutter sitzt, aufrecht wie sie. Wie deine älteren Geschwister beobachtest du die Szene vor euch.

Ein Mann versteckt sich unter einem schwarzen Tuch, ihr müsst stillhalten. Es dauert lange, bis er wieder hervorkommt und ihr vom Ausharren erlöst seid.

Du: Daran kann ich mich nicht erinnern. Von Paula weiß ich, dass unsere Mutter sich ärgerte, dass das Kindermädchen die Unterhosen von Tilly und Paula nicht hochgezogen hatte. Die Rüschen gucken raus. Und bei beiden ist der rechte Strumpf runtergerutscht.

Ich: Ihr drei Mädchen blickt abwartend. Eure Mutter hält mit ihrer Linken Tillys Hand und mit der Rechten Paulas. Hinter Tilly steht Fritz, euer jüngster Bruder; er schaut skeptisch. Hinter Paula der nächst ältere Sohn, Emil, wirkt konzentriert, der blonde Karl dahinter lacht fröhlich. Leo, der Erstgeborene, sieht ernst aus.

Du: Das Foto muss 1905 gemacht worden sein. Es war ein Weihnachtsgeschenk für unseren Vater.

Ich: Vielleicht hatte eure Mutter entschieden, dass die Familie nun komplett war. Geheiratet hatten deine Eltern am 3. September 1892 in Lochau bei Bregenz. Sie mussten ihre Taufscheine vorlegen. Darin stand:
„Johanna Pauline Zürn, geb. am 28.3.1870, getauft am 8.5.1870 in der katholischen Stadtkirche St. Eberhardt, Stuttgart.
Drittes Kind der Eheleute Johannes Zürn und Elisabeth, geb. Bacher, beide katholisch."
Und: „Friedrich Carl Matthiae, geb. am 1.8.1866, getauft am 22.8.1866 in Bad Kreuznach.
Eltern sind die Eheleute Leonard Matthiae und Maria, geb. Schmidt."
Die Konfession wird hier nicht erwähnt. Ich weiß aber, dass Großvater evangelisch war. Du sprachst von „Hugenottenadel".

Du: Mein Vater kam aus Bad Kreuznach. Er war Seifensieder. Nach seiner Lehrzeit hatte er seine Fähigkeiten und Kenntnisse in verschiedenen Fabriken erweitert. Er arbeitete zwei Jahre in einer Seifenfabrik in Eckartsberga in Sachsen, anschließend ein halbes Jahr in Weilburg an der Lahn. Wahrscheinlich erwarb er danach seinen Meisterbrief. Im Oktober 1890 nahm er eine Stelle in Lochau bei Bregenz an. Dort lernte er unsere Mutter kennen. Im Oktober 1892, einen Monat nach der Hochzeit, zog er mit ihr zurück nach Bad Kreuznach.

Ich: Ich habe ein wenig recherchiert. Durch die Leiterin des Stadtarchivs von Bad Kreuznach habe ich erfahren, dass Großvater 1897 zusammen mit einem Emil Hörner eine Seifenfabrik gegründet hat. Von dieser Fabrik hattest du zwei gerahmte Fotografien. Ich kann mich gut daran erinnern. Dein Vater steht mit seinem Teilhaber davor. Du hattest diese Fotos Gerd, dem jüngeren Sohn von Tante Paula, geschenkt. Er war in Großvaters Fußstapfen getreten. Leider hat er die Fotos samt Rahmen bei einer Aufräumaktion weggeworfen.

Du: Ich habe mich geärgert. Wenn ich gewusst hätte, wie wenig er sie zu schätzen weiß, hätte ich sie ihm nicht gegeben.

Ich: Er hat es später bedauert. Aber das hast du nicht mehr erlebt, du bist schon lange tot. Gerd war mein Lieblingscousin. Sein Tod vor zwei Jahren hat mich sehr getroffen. Er war trotz seiner 92 Jahrer und der Rückenprobleme immer noch fit und hilfsbereit. Dass ich ihn nicht noch mehr über früher ausgefragt habe, bedaure ich. Die Aufzeichnungen, die er auf meine Bitten hin gemacht hat, nutze ich gerade. Ich schließe daraus, dass ihr alle in Bad Kreuznach geboren seid.

Du: Als erstes Kind kam Leo im Juli 1894 zur Welt. Jeweils zwei Jahre später folgten Karl, Emil und Fritz. Wir drei Mädchen sind im Einjahrestakt geboren. Paula 1902, Tilly 1903 und ich 1904. Anstrengend für meine zarte Mutter.

Ich: Du hast deine Mutter bewundert.

Du: Ich liebte ihren Anblick; die dunkelbraunen Augen und das schwarze Haar.

Ich glich ihr am meisten. Wahrscheinlich deshalb hatte unser Vater einen Narren an mir gefressen. Bei Tisch wollte er, dass ich neben ihm sitze, und nur mir schob er manches Mal ein Stückchen von seinem Fleisch auf den Teller, wenn keiner guckte. Wir Kinder bekamen sonst nur Kartoffeln und Gemüse. Das Lieblingskind unserer Mutter war Paula. Die bekam alles von ihr. Und natürlich Leo, er war ihr am nahsten. Merkwürdig, dass wir Lieblingskinder die mit den braunen Augen waren.

Ich: Von meinen Onkeln habe ich nur die jüngeren Brüder Emil und Fritz kennengelernt.

Du: Leo ist 1918, im letzten Kriegsjahr, gefallen. Karl hatte einen leichten Klumpfuß. Er starb fünf Jahre nach Leo an Tuberkulose.

Ich: Onkel Emil war unverheiratet. Es hieß, er hätte nicht geheiratet, um es sich wegen nur einer Frau nicht mit allen anderen zu verderben. Ich kann mich an einen Besuch von ihm bei uns erinnern. Ich mochte ihn. Wenn er lachte, blitzte sein Goldzahn mit den Augen um die Wette.

Du: Emil sah gut aus und war ein guter Friseur geworden. In Wiesbaden war er als „der schöne Emil" bekannt. Er war ein Frauenschwarm und Frauenschwärmer. „Es gibt nichts Schöneres als eine gut geschminkte Frau", sagte er. Der Besuch, an den du dich erinnerst, war sicher der 1948, als dein Bruder ein Jahr alt war und du fünf. Wolfgang hatte schon mit neun Monaten laufen gelernt, ist aber oft noch gekrabbelt. Onkel Emil und ich unterhielten uns. Plötzlich ein zorniger Schrei; wir sprangen auf. Wolfgang lag bäuchlings vor der Vitrine, sein Kopf war darunter verschwunden. Er konnte ihn nicht herausziehen. Er brüllte lauter, schriller, wütender; vor Verzweiflung begann ich selbst zu schreien.

Ich: Ich erinnere mich. Du hast geschrien und immer wieder gerufen: „Mein Bub, mei Bubche, Emil, so tu doch was, du musst die Vitrine hochheben!"
Und zugleich das fröhliche Gelächter von Onkel Emil. Ich wusste nicht, wem ich glauben sollte.

Du: Ich war wütend auf ihn und packte ihn am Arm. Dann endlich hat er die Vitrine an der Seite hochgehoben. Jetzt konnte ich Wolfgang herausziehen, ihn in die Arme nehmen, ihn beruhigen. Emil hat weiter gelacht. Logisch, dass du dich daran erinnerst, Roswitha.

Ich: Tante Paula, die älteste von euch Schwestern, hat uns oft von Düsseldorf aus besucht. Du hast mir erzählt, dass sie mir meinen Vornamen gegeben hat.

Du: Als ich ihr 1943 geschrieben habe, dass ich schwanger bin, schimpfte sie: „Mitten im Krieg ein Kind zu kriegen, und das mit fast 40 Jahren. Das ist doch nicht dein Ernst, Liesl, das kannst du nicht austragen, das ist verantwortungslos!" Sie hat sich beruhigt und zuletzt gefreut. Ein paar Tage vor deiner Geburt kam sie nach Frankfurt. Dein Onkel Hellmuth und deine beiden Cousins konnten sich eine Weile allein versorgen. Helmut und Gerd waren 19 und 17 Jahre alt. Tante Paula wollte mir beistehen und für deine Schwester sorgen. Doris war erst 14 und allein zu Hause, während ich beim Konsum in der Metzgerei gearbeitet habe. Wir hatten Krieg. Bombenalarm gab es inzwischen so häufig, dass ich deine Schwester zu

Hause behalten habe. Ich hatte Angst um sie. Sie sollte nicht mit der Straßenbahn zur Schule unterwegs sein, wenn es einen Angriff gab.

Ich: Ihr habt mir erzählt, dass Tante Paula bei ihrer Ankunft am Hauptbahnhof meinen Namen gefunden hat. Sie hörte eine Mutter ihr goldiges kleines Mädchen „Roswitha" rufen und war begeistert von dem Namen. Euch gefiel er genauso gut. Papa war im Krieg. Er konnte nicht gefragt werden.

Du: Wieder ein Mädchen! Ich hatte so sehr auf einen Jungen gehofft. Den hätten wir aber nicht „Roswitha" nennen können.

Ich: Tante Tilly war die mittlere Schwester. War das manchmal schwer für sie?

Du: Tilly war ein anderer Typ als Paula und ich. Ihre Haut war hell und die Augen blassblau. Sie verschlug es nach Bacharach. Dort lernte sie ihren Mann kennen und bekam sechs Kinder. Die Älteste nannte sie Anneliese, nach mir. Fritz und ich sind in Frankfurt gelandet.

Ich: So, wie ihr auf dem Foto zu sehen seid, habt ihr noch einige Jahre in Bad Kreuznach gelebt. Euer Vater hatte für angemessenen Wohnraum, einen großen Hof zum Spielen und Personal gesorgt.

Du: Es waren glückliche, unbeschwerte Jahre. Wir lebten in einem großen Haus. Es gab eine Köchin, ein Kindermädchen, einen Fuhrmeister und Gärtner und natürlich eine Wasch- und Bügelfrau. An eine Putzfrau kann ich mich nicht erinnern. Sie muss vormittags geputzt haben, wenn wir in der Schule und Kinderschule waren.

Meine Brüder verwöhnten mich. Aber sie haben mich auch geärgert. Sie hatten ihren Spaß, wenn ich wütend wurde. Dann standen meine Haare in die Höhe. „Dich haben die Zigeuner* im Galopp verloren", riefen sie, und wenn ich sie boxte: „Guckt mal, die klaa Gewalt!" Manchmal setzten sie mich in einen Holzwagen und hängten ihn unseren zwei Dobermännern an, die mit mir im Hof herum zogen. Wenn ich vor Angst schrie, und die Zornestränen mir die Wangen herunterliefen, lachten sie. Doch wenn unsere Mutter mich befreite, weil sie das Gejohle bis ins Haus gehört hatte, war ich wieder versöhnt.

Ich: Weshalb Großvater sich nach einer anderen Wirkungsstätte umsah, konnte ich nicht herausfinden. 1910, als deine Einschulung bevorstand, zog er voraus nach Schwabach bei Nürnberg, bereitete alles für den Umzug vor und ließ euch nachkommen.

Du: Bayern war für uns neu und aufregend. Wie die Leute sprachen! Wir haben sie anfangs nicht verstanden. Die Mutter schickte mich zum Bäcker. Ich sollte Eier kaufen. Das verstand die Bäckersfrau scheinbar nicht. „Wos mogst?", hat sie gesagt. „Bei uns hoaßt dös Gaggeli." Das war mein erstes bayerisches Wort.

Ich: Du kamst dann ziemlich bald in die Schule.

Du: Ich kannte kein einziges Kind und wurde in die letzte Reihe gesetzt. Die Besten saßen in der ersten. Innerhalb eines Vormittags wanderte ich von ganz hinten nach vorn. Eines Tages kam eine Ballettlehrerin in die Schule, sie suchte Nachwuchs. Ich wurde ausgewählt und bekam kostenlosen Ballettunterricht. Vater durfte das nicht erfahren, er hätte es nicht erlaubt.

Ich: Im Internet habe ich herausgefunden, dass der Seifenfabrikbesitzer Fritz Ribot war. Er muss schon krank gewesen sein und deinem Vater deshalb die Leitung der „Königlich Bayerischen Hofseifenfabrik" übergeben haben. Eine Traueranzeige in der „Frankfurter Zeitung und Handelsblatt" vom 28. Juli 1914 meldet, dass der

„Kgl. bayerische Kommerzienrat Fritz Ribot
Rittmeister a. D. und Ehrenbürger *der Stadt Schwabach*
heute Vormittag 11 Uhr im 62. Lebensjahr verschieden ist.
Schwabach, den 27. Juli 1914"

Er selbst hatte zu Lebzeiten dafür gesorgt, dass noch eine kleine Anzeige daneben erschien:

„Bei meinem Abscheiden in das unbekannte
Jenseits gedenke ich nochmals aller meiner
vielen, lieben Freunde und Bekannten
und rufe ihnen, dankend für alle Lieb' und Treue, ein

‚herzliches Lebewohl!'
zu
Fritz Ribot *(Kreuz)*
Schwabach"

Ich: Mit Fritz Ribots Tod übernahmen dessen Nachfahren die Fabrik, und die Familie Matthiae zog noch im August 1914 nach Stralsund.
Du hast oft von Stralsund und Rügen geschwärmt. Die Sehnsucht nach der See hast du mir mitgegeben.

Du: Die Ostsee war so schön. Das Wasser ist flach, man muss weit reinlaufen, wenn man schwimmen möchte. Deshalb haben wir es auch nicht gelernt. Im Sommer waren wir den ganzen Tag an der frischen Luft. Mit dem Trajekt setzten wir rüber nach Rügen und blieben am Strand. Unsere Haut war dunkelbraun. In der Schule war ich so gut, dass ich in eine Begabtenschule kam. Paula bestritt das immer, weil sie auch dort war und mich nicht bemerkt habe. Sie wäre lieber die Einzige gewesen. Mein Lieblingsfach war Französisch. Und ich hatte einen Freund, Adam.

Ich: Drei Jahre habt ihr an deinem Lieblingswohnort verbracht, von 1914 bis 1917. Ob die Seifenfabrik in Stralsund der GEG gehörte, lässt sich nicht feststellen. Das würde aber erklären, warum ihr dann nach Düsseldorf zogt, an den Hauptsitz der GEG. Oder waren es der Krieg und die Sorge, dass Stralsund nicht mehr sicher sei? Leo war eingezogen worden. Es gab heftige Proteste gegen die Fortsetzung des Krieges.

Du: Ende Oktober 1917 mussten wir uns von unseren Freunden verabschieden. Adam winkte mir weinend nach. Er wollte mich einmal heiraten und jetzt nicht weiter leben.
Auch wir haben geweint, Paula, Tilly und ich.

Ich: Von Düsseldorf hast du nie gesprochen. Nach dem schönen letzten Sommer und Herbst in Stralsund in das neblig-triste Düsseldorf zu kommen, war bestimmt ein Schock. Deine Konfirmation war überschattet vom Tod Leos, deines Lieblingsbruders. Er war am 26. März 1918 mit 24 Jahren gefallen. Deine Mutter wurde krank vor Kummer. Sie bekam Kopfrose und starb sechs Monate später, am 7. Oktober.

Du: Das war das Ende meiner Kindheit. Paula war 16, Tilly 15 und ich 14 Jahre alt. Ich weiß nicht warum, aber wir mussten die Schule verlassen, dabei hatte ich lauter Einsen. Paula brachte unser Vater in Düsseldorf bei einer Schneiderin unter. Das war eine Hexe.

Tilly blieb zu Hause und hatte sich um den Haushalt zu kümmern. Als Vater ein zweites Mal heiratete, gab er Tilly in die Lehre zu einer Schneiderin in Bacharach. Mich schickte er mit Fritz nach Frankfurt zu seinem Bruder Otto. Der hatte eine gut gehende Schweinemetzgerei in der Kalbächer Gass, nahe der Freßgass. Dort musste ich in einer unbeheizten Dachkammer schlafen und wurde um sechs Uhr früh geweckt.

Fritz und ich halfen im Laden. Fritz wurde zum Metzger ausgebildet, ich wurde zum Beliefern von Kunden im Westend eingesetzt. Dort wohnten vornehme Juden, die mir ein schönes Trinkgeld gaben.

Im Laden und in der Wurstküche schaute ich mir alles ab. Ich merkte mir, wie die Metzgergesellen Hinterviertel ausbeinten, Eisbein einlegten, wie sie Wurst machten und wie die verschiedenen Fleischstücke heißen. Vom Onkel lernte ich, wie man vom Knochenschinken hauchdünne Scheiben abschneidet und konnte es bald genauso gut.

Ich: Du kanntest dich bald so gut aus, dass du eine Verkäuferin ersetzt hast.

Du: Acht Jahre ohne Lohn! Man hat mich auf keine Schule geschickt, mir keinen Lohn bezahlt, mich nicht versichert. Aber die Metzger und die Kundschaft waren nett zu mir. Man nannte mich das Sternchen von der Freßgass. Schon bald habe ich perfekt Frankfurterisch gesprochen. Dass ich kein „Frankfurter Schlüppchen" war, merkte niemand. Zweimal im Jahr ist unser Vater aus Düsseldorf gekommen, um nach uns zu sehen und für Kleidung und Schuhe zu sorgen.

Ich: Du hast aber auch erzählt, dass du mit deinem Cousin Karl die Tanzstunde besuchtest und oft in der Oper warst. Ihr habt fast alle gängigen Opern gesehen.

Du: Ich sog die Musik und den Gesang in mich hinein, und beim Tanzen schwebte ich auf Wolken. Mit 20 Jahren durfte ich mit auf den Metzgerball. Als mich euer Vater aufforderte, flirtete ich heftig mit ihm. Ich wollte Carl Wieland, den Bruder meiner Freundin Erna, eifersüchtig machen; der gefiel mir und hatte noch nicht mit mir getanzt. Ein Tanzspiel wurde ausgerufen: auf einem Tisch Walzer linksrum tanzen. Willi Schneider holte mich. Er war 30 Zentimeter größer als ich und konnte phantastisch tanzen. Wir gewannen, Carl Wieland war passé.

Ich: Eure kirchliche Hochzeit wurde am Zweiten Weihnachtsfeiertag 1926 gefeiert. Da warst du 22 Jahre alt.

Du: Willi hat gesehen, dass ich in der Metzgerei meines Onkels ausgenutzt wurde. Er wollte, dass ich so schnell wie möglich zu ihm und seinen Eltern ziehe und in der Metzgerei Schneider in der Hanauer Landstraße arbeite. So machten wir es. Die Matthiaes guckten dumm. Ihr Geschenk zu unserer Hochzeit war schäbig. So wie an Weihnachten. Karls Verlobte wurde mit Geschenken überhäuft, und ich, die Blutsverwandte, bekam ein paar Handtücher.

Ich: Papas Eltern hießen Philipp und Luise Schneider. Großmutter war eine geborene Wieland. Ein Mädchen, das nach Papa gesund zur Welt gekommen war, starb nach einem Jahr. Später haben sie noch einen Sohn bekommen, meinen Onkel Philipp.

Du: Philipp war neun Jahre jünger als Papa und noch in der Lehre bei Verwandten deiner Großmutter. Die Firma Wieland & Söhne hatte im Nordend eine Wurstfabrik und einen Laden. Willi und Philipp waren Cousins der Wielandschen Kinder Carl, Karl-Heinz und Erna.

Meine Schwiegereltern hatten mich gleich in ihr Herz geschlossen, der Schwiegervater besonders. Er war nur einmal böse, als ich mein langes Haar abschneiden ließ und mit einem Bubikopf heimkam. Das war die große Mode damals.

Seine Pferdewetten waren ein Problem. Das Geld dafür hat er aus der Kasse genommen. Was von den Einnahmen blieb, hat nicht mehr gereicht für die Schwiegereltern, Philipp und uns. Wir konnten das nicht länger hinnehmen und eröffneten einen eigenen Laden.

Ich: Das Geschäft lief gut. Ihr habt die Schwiegereltern finanziell unterstützt.

Du: Wir konnten endlich arbeiten, wie wir es für richtig hielten. Was wir einnahmen, gehörte uns, und davon konnten wir den Eltern gut abgeben. So konnten sie ihr Geschäft noch ein paar Monate behalten.

Ich: Ihr habt immer noch bei Papas Eltern gewohnt.

Du: Wir hatten noch nicht genügend Geld für eine Wohnung. Mit dem Erfolg im eigenen Geschäft konnten wir dann eine mieten.

Als deine Schwester Doris im Mai 1929 zur Welt kam, wohnten wir noch bei den stolzen Großeltern. Sie waren ganz aus dem Häuschen. Mein Säugling wurde von ihnen versorgt, mir blieb fast nur das Stillen. Bald konnte ich wieder in unseren Laden.

Ich: Vor Weihnachten habt ihr die 15-jährige Anni bei euch aufgenommen.

Du: Als wir in die eigene Wohnung gezogen waren, habe ich Anni zu uns geholt, als Kindermädchen. Sie tat mir leid. Ihre Mutter war gestorben. Der Vater war nicht gut zu ihr. Auf sie war Verlass und so wuchs Doris behütet heran. Bis wir abends aus dem Laden kamen, war es meist acht Uhr, auch samstags. Manchmal sagte mein Kind zu mir: „Mama, lang net sehn." Das tat weh. Ein paar Jahre lebten wir gut und glücklich.

Ich: Dann kam Hitler an die Macht, 1933.

Du: Als die Machtergreifung Deutschland erschütterte, hatten wir noch andere Sorgen. Meine Schwiegermutter war an Brustkrebs erkrankt, es waren schwere Monate. Sie hat nicht mehr lange gelebt. Am 2. März 1934 starb sie mit 65 Jahren. Wir kümmerten uns um Großvater, so gut es ging. Philipp war 24 und lebte zum Glück noch bei ihm. Am 9. Februar 1937 wurde mein geliebter Schwiegervater von einem Lastwagen überfahren. Er sei sofort tot gewesen, hieß es. Die Unfallursache wurde nicht weiter untersucht, der Fahrer des Lastwagens war ein wichtiges Parteimitglied.

Ich: Dann ging es auch noch mit dem Laden bergab. Ich konnte nicht feststellen, wann ihr euer Geschäft aufgeben musstet – wann es „einging", wie du gesagt hast.
Du: Das Problem war, dass das Gros unserer Kundschaft aus Juden bestanden hatte. Anfangs fiel nicht

auf, dass einige nicht mehr kamen. Doch der Druck, Juden nicht mehr zu bedienen, wurde stärker, die Nazis warfen unsere Schaufensterscheibe ein. 1938 mussten wir das Geschäft schließen. Doch wir hatten Ersparnisse, und dein Papa konnte eine Zeitlang wie Philipp bei Wielands arbeiten.

Aber Anni konnten wir uns nicht mehr leisten. Sie hatte einen Freund, der sie heiraten und mit ihr nach Idstein ziehen wollte. Schweren Herzens nahmen wir Abschied. Sie hatte acht Jahre zu unserer Familie gehört, Doris war ihr Ein und Alles. Zu mir hat sie Mutti gesagt.

Ich: Das Leben ging weiter. Philipp heiratete seine Gertrud, ein Mädchen aus Wetter bei Marburg.

Du: Wie ich bei meinem Onkel in der Metzgerei gearbeitet hatte, so war Gertrud Mädchen für alles in der Bäckerei ihres Onkels. Die beiden bekamen eine Wohnung im Haus ihrer Tante in der Gartenstraße in Sachsenhausen.

Ich: Am 1. September 1939 überfiel Deutschland Polen, der Zweite Weltkrieg begann. Wann Papa eingezogen wurde, konnte ich nicht herausfinden. Er war zu Kriegsbeginn schon 38 Jahre alt.

Du: Papa war wichtig für die Truppenversorgung, er war ja Metzgermeister. Zuerst kam er nach Holland. Doris und ich waren nun allein. Sie kränkelte. Ich gab unsere Wohnung auf und zog zunächst zu Verwandten von Papa nach Schwanheim. Ich hoffte, dass die gesunde Waldluft ihr guttun würde.

Weil die Metzger alle eingezogen worden waren, nahm die Konsummetzgerei mich mit Kusshand.

Ganz in der Nähe konnte ich in der Silcherstraße eine Parterrewohnung mieten.

Ich: Du warst so gut, dass sie dir bald die Leitung der Metzgerei in Niederrad anboten.

Du: Ich wäre am liebsten in die Luft gesprungen vor Freude. Mehr Verantwortung, Nähe zur Stadt und trotzdem gute Luft! Die Mieter einer großen Wohnung in der Rennbahnstraße wollten sich verkleinern. Ich fand eine Wohnung für sie, deren Bewohner in meine in der Silcherstraße ziehen wollten. Ein Ringtausch musste organisiert werden. Ein Kinderspiel für mich. Dem Fahrer des Lieferwagens vom Konsum versprach ich meine Fleischration und alles lief perfekt. An einem sonnigen Tag im September zog er uns um.

Ich: Die Wohnung gegenüber der Rennbahn hatte viereinhalb Zimmer, eine große Küche, ein Bad mit Kohleofen, eine extra Toilette, einen großen Vorplatz, eine Veranda mit Blick auf die Rennbahn und einen Balkon nach hinten. Sie war fürstlich für damalige Verhältnisse.

Du: Papa hat gestaunt, als er zum Weihnachtsurlaub nach Hause kommen durfte. Die Folgen kennst du ja! Im Oktober habe ich dich zur Welt gebracht. Deine Geburt war nicht nur für uns eine Freude in diesen Kriegsjahren.
Tante Paula war gekommen und kümmerte sich um dich. Sie schickte Doris zu mir ins Geschäft, um mich zum Stillen zu holen, wenn du vor Hunger geweint hast.
Als Tante Paula abgereist war, hat Doris dich mit Hingabe versorgt, du warst ihr Püppchen. Damit wir nur

ein Zimmer heizen mussten, schliefen wir alle zusammen, du in der untersten Kommodenschublade.

Ich: 1943 wurde Frankfurt bombardiert. Vor allem nachts gab es Alarm. Ihr musstet vom dritten Stock in den Luftschutzraum im Keller.

Du: Bald forderte man alle Mütter auf, die Stadt zu verlassen. Tante Tilly war die Einzige, die uns aufnehmen konnte. Mit einem Viertel Schwein, gut versteckt unter deiner Kinderwagenmatratze, erreichten wir mit viel Glück noch am selben Tag Bacharach. Die Freude über das Fleisch war fast größer als die über das Wiedersehen.

Ich: Ihr wart aber auch bei Anni in Idstein, hast du erzählt.

Du: Im März 1945 wollte ich wieder nach Hause. Unterwegs erfuhr ich, dass das Haus in der Rennbahnstraße beschädigt, die Wohnung unbewohnbar geworden war. Deshalb fuhren wir erst mal nur bis Idstein. Die Freude von Anni, als sie Doris sah, ließ uns alle in Tränen ausbrechen. Doch Anni war auch ausgebombt. Sie hauste mit ihren Kindern in einer großen Halle. Dort kamen auch wir unter. Als Abgrenzung der einzelnen Bereiche waren Seile gespannt und Decken aufgehängt.
Dann, am 8. Mai, hisste man weiße Fahnen, die Amerikaner zogen ein. Sie gaben ein großes Lebensmittellager frei, jeder konnte sich holen, was er am dringendsten brauchte und tragen konnte.

Ich: Du hast nur einen Sack Salz genommen. Das war schlau.

Du: Kriegsende, endlich! Ich wollte so schnell wie möglich nach Hause, wissen, wie beschädigt die Wohnung war. Das Salz konnten wir im Kinderwagen transportieren. Beim Beschaffen von Ziegeln für das Dach und Material für die eingestürzten Zimmerdecken waren ein paar Gramm Salz ein gutes Tauschmittel. Doris und ich haben die Dachziegel vier Stockwerke hoch bis auf den Dachboden geschleppt und im kleinen Zimmer gewohnt. Dich hatten wir samt Lebensmittelkarte zu Tante Gertrud nach Sachsenhausen gebracht. Monate später wollte sie dich nicht mehr hergeben. Sie selbst hatte keine Kinder.

Ich: Papa wurde vor Weihnachten 1946 aus dem Gefangenenlager in Lorient nach Hause entlassen. Du warst 42 und bald noch einmal schwanger. Endlich ein Junge, Stammhalter Wolfgang, geboren zu Hause in der Rennbahnstraße 42. Es ging wieder aufwärts, dachtet ihr.

Du: Die schlechte Nachricht kam bald. Papa hatte sich bei einem Mitgefangenen mit Tuberkulose angesteckt. Er aß von seinem Teller, was übrig war. Weil wir es die ersten Monate nach seiner Heimkehr nicht wussten, wurde auch Doris krank. Zehn schwere Jahre haben wir mit der Krankheit gekämpft - und verloren. Immer wieder hatten wir gehofft, die beiden würden gesund.

Ich: Du musstest das Geld verdienen und für uns zwei Kleine sorgen.

Du: Die Metzgerei Hühnergart in der Bruchfeldstraße brauchte eine Verkäuferin, das war mein Glück. Dort gab es zwar einen Geschäftsführer, aber der war kein

Metzger, hatte keine Ahnung vom Fleisch. Da war ich die Chefin. Die Arbeit war Ablenkung von den Sorgen um meine Kranken.

Ich: Wenn Papa niemanden anstecken konnte, wenn er „zu" war, durfte er auch arbeiten.

Du: Ja, bei Fritz in der Wurstküche. Im Laden war es nicht erlaubt. Fritz hatte im gleichen Jahr wie wir geheiratet, meine Freundin Erna Wieland. Er war nicht eingezogen worden.

Ich: Wurde er verschont, weil im Ersten Weltkrieg schon ein Sohn der Familie fürs „Vaterland" sein Leben gelassen hatte?

Du: Das kann es nicht sein, denn Emil war im Krieg. Fritz arbeitete in der Wurstfabrik von Wielands. Wahrscheinlich hat man ihn als unentbehrlich für die Versorgung der Bevölkerung gemeldet. Jedenfalls eröffnete er nach dem Krieg eine Metzgerei in der Großen Eschenheimer Straße, nahe dem Eschenheimer Turm. Dort wohnte die Nitribitt. Ihretwegen stand Fritz 1957 in der Zeitung. Rosemarie Nitribitt war Kundin bei ihm. Sie wollte nur von ihm bedient werden, und manchmal hätte sie nichts unter ihrem Nerz angehabt. Nach ihrer Ermordung hat man Fritz befragt, wann sie die Leber für ihre Katze gekauft habe. Die lag noch in ihrem Kühlschrank. Da montags geschlachtet und die Leber nur dienstags verkauft wurde, wusste man nun, dass die Tat frühestens Dienstagnachmittag geschehen sein konnte.

Ich: Wenn Papa nicht angestellt werden konnte, sorgte er tagsüber für uns. War er im Krankenhaus oder zur

Kur, betreute uns Doris. Sie waren selten beide zu Hause. Du bist sonntags mit dem Zug zu den Lungenkurorten gefahren und hast Doris oder Papa besucht.

Du: Sie waren nicht ein einziges Mal im selben Krankenhaus oder derselben Lungenheilstätte. Wenn beide gleichzeitig weg waren, konnte ich immer nur einen an einem Sonntag besuchen. Die Bahnfahrten in den Taunus, nach Mammolshain, Köppern oder Bad Schwalbach dauerten zu lange.

Ich: Ich weiß, wenn du mich mitnahmst, musste ich im Garten vor dem Sanatorium auf dich warten. Ich langweilte mich sehr. Weiße Bänke auf den Kieswegen, Rasen, der nicht betreten werden durfte, und Blumenbeete boten keine Spielmöglichkeit.

Du: Die freien Zimmer habe ich sofort an Studenten vermietet. Dadurch ging es uns wenigstens finanziell etwas besser.

Ich: 1954 kam ich in die Mittelschule. Da war Papa zu Hause. Eines Abends nach der Arbeit bei Onkel Fritz brachte er eine Nachricht mit, die euch Freudentänze aufführen ließ; ihr konntet euer Glück kaum fassen.

Du: Hans Müller, ein früherer Metzgergeselle meines Onkels, hatte sich bei Fritz nach mir, dem „Sternchen" erkundigt. Er wollte sich zur Ruhe setzen und seine Metzgerei in bester Lage in der Freßgass an mich verpachten. Es gab aber ein Problem: Ich hatte keinen Meistertitel, und Papa durfte wegen seiner Krankheit keinen Laden führen. Nach vielem Hoffen und Bangen hatten wir eine Lösung gefunden. Die gefiel Herrn Müller aber nicht. Carl Wieland, du weißt, mein früherer Schwarm, wollte das Geschäft liebend gerne übernehmen. Das Schild „Metzgerei Müller" sollte durch „Wieland & Söhne" ersetzt und als Filiale der Wurstfabrik mit mir als Filialleiterin besetzt werden. Herr Müller wollte, dass weiterhin „Metzgerei Müller" über dem Laden stehen sollte. Er traute Carl Wieland nicht, glaubte, dass er mir Vorschriften machen würde, wie ich den Laden zu führen, Ware nur von ihm zu beziehen hätte. Nach langen Verhandlungen willigte er aber ein, unter der Bedingung, dass ich „mein eigener Herr" sein durfte.

Ich: Ihr wart so glücklich, so hoffnungsvoll, habt das Geschäft in Schwung gebracht. Du hast sehr viel gearbeitet, bist morgens um sechs im Laden gewesen und kamst erschöpft, aber froh abends um acht nach Hause. Papa fuhr stundenweise ins Geschäft und arbeitete hauptsächlich in der Wurstküche. Ich durfte in den Ferien morgens mit dir kommen und helfen. Manchmal kam ich auch samstags nach der Schule zu dir und bediente die Kunden, die „e Vertel warm Fleischworscht" wollten. Kassieren durfte ich auch, nur die elektrische Schneidmaschine habt ihr mir verboten, nachdem ich mir fast die Daumenkuppe abgeschnitten hatte. Doris war wieder nach Hause gekommen. Sie betreute uns und bekam einen schwarzen Sealmantel, weil sie immer fror. Und sonntagmorgens im Bett gab's Pralinen.

Liebe Mutter, Mutti, Anneliese, amtlich Anna Elise, Liesl, Koller, Klaa Gewalt und Sternchen von der Freßgass, du hast sehr viel geschafft in deinem Leben! Du warst auch verzweifelt bei Tiefschlägen. Manchmal sagtest du dann zu mir: „Wenn ich euch nicht hätte, …" Aber immer hast du einen Weg gefunden, aus dem Tief herauszukommen. Deine Kraft war unerschöpflich. Ich vermute, dass dich die glückliche Kindheit für dein Leben stark gemacht hat. Mir fällt jetzt erst auf, dass du nie krank warst. Eine Erkältung hat dich nicht am Arbeiten gehindert. Mit einem Messerstich im Bauch hast du das Krankenhaus ohne Behandlung verlassen, weil man dich zu lange warten ließ.

Du: „Auf eigene Verantwortung", hat man mich eindringlich gewarnt. Um drei Uhr musste ich den Laden wieder öffnen; ich konnte meine Kunden doch nicht davor warten lassen. Das Messer war mir beim Ausbeinen abgerutscht.

Ich: Du hast den Schnitt einfach mit Pflastern zusammengeklebt. Viel später sind die Ärzte auch auf diese Art der Versorgung gekommen. Mit 54 Jahren wurdest du Witwe. Wolfgang und ich waren zehn und 14 Jahre alt. Du und ich, wir pflegten Doris zu Hause, bis sie zwei Jahre später auch starb. Sie wurde nicht einmal 30. Ich weiß niemanden, der deine Probleme besser hätte bewältigen können. Du warst eine Frohnatur und stark, wie es dein Sternzeichen vorgibt, eine Löwin. Bravo!
Du wärst stolz auf deine elf Urenkel und würdest in jedem von ihnen etwas entdecken, das dich an deine Geschwister erinnert, wie sie dort zu sehen sind, auf dem Familienfoto an der weißen Wand über meinem weißen Ledersessel.

Anmerkungen
Trajekt = Eisenbahnfährschiff
GEG = Großeinkaufs-Gesellschaft deutscher Consumvereine m.b.H.- GEG

*Ich halte nichts von der Verwendung des Begriffs „Zigeuner". Da es sich aber um ein direktes Zitat handelt (aus einer Zeit vor 1910), taucht er hier trotzdem auf.

Ein Schnappschuss in einem Restaurant.
Ganz links im Bild ist eine Frau mit stattlicher
Figur zu sehen, die Brille hat sie in ihr gewelltes,
brünettes Haar geschoben. Zu einer schwarzen Hose
trägt sie ein schwarzes, goldbedrucktes Shirt.

Rechts im Bild steht eine mittelgroße Frau mit
graumeliertem, dichtem Haar, es ist raspelkurz geschnitten. Sie ist elegant gekleidet mit Bluse, Pullover und Blazer, auch in Hosen. An ihrer rechten
Hand sticht ein Ring mit einem auffallenden
Stein ins Auge.

In der Mitte dieser Frauen steht eine weitere, die
kleinste der drei. Sie trägt als Einzige Ohrringe
und ein rotes Kleid. Ihr silberblondes Haar ist zu
einem Bob geschnitten. Alle wirken entspannt und
genießen sichtlich ihr Beisammensein.

Das Bild, das nie gemacht wurde

Ingrid Johanna Fischer

„Du sammelst Menschen wie andere Leute Briefmar-
ken", lächelte meine Mutter. Dieser Satz brachte mich
zum Nachdenken. Ist das so? Sammele ich Menschen?
Nun, jedenfalls nicht bewusst, aber da ich Einzelkind
bin und mir immer Geschwister gewünscht habe, sind
Freunde in der Tat wichtig für mich. Im Laufe meines
Lebens kreuzten viele interessante Menschen meinen
Weg. Mit einigen verbindet mich eine eher lockere,
mit anderen eine intensive Freundschaft. Zwei Frauen
begleiten mich seit unserer gemeinsamen Schulzeit
und obwohl wir uns nur selten sehen und unterschiedlicher kaum sein könnten, pflegten wir unsere
Freundschaft über all die Jahre und haben Freud und
Leid miteinander geteilt. Ein unsichtbares Band verbindet uns und in unserer WhatsApp-Gruppe Kleeblatt halten wir regen Kontakt.

Meine „kanadische" Freundin
Simones Eltern waren Anfang der 1950er Jahre nach
Calgary in Kanada ausgewandert, nach zehn Jahren
übersiedelten sie zurück nach Frankfurt. Wir wurden
beide 1956 geboren und an Ostern 1963 eingeschult.
Simone sprach fließend Deutsch, obwohl sie erst seit
drei Jahren in Deutschland lebte. Auf unserem ersten
Schulbild ist die Klasse 1a in der Eingangshalle aufgestellt und blickt zu dem Fotografen auf der Empore.
Simone mit leicht mürrischem Blick, den Kopf mit
dem dicken, streng geflochtenen Zopf in den Nacken
gelegt. Ich mit kurzen, fransigen Haaren, dunklen
Schatten unter den Augen und ernstem Gesicht. Wieso

95

schauten wir nicht fröhlich in die Kamera? Ich vermute, wir hatten schon damals keine Lust, fotografiert zu werden, und es gibt bis heute nur sehr wenige Fotos von uns.

Als Kind war ich oft krank. Oma wollte nicht, dass ich einen Kindergarten besuche, und deshalb betreuten mich meine Großeltern zu Hause. Ich wuchs sehr behütet auf, musste in der Schule schnell lernen, mich durchzusetzen. Immer war ich die Kleinste. Wo andere sich mit Robustheit durchsetzten, trug ich meine Kämpfe meist verbal aus, denn ich hatte ein flinkes Mundwerk.

Unsere Mütter meldeten uns mit acht Jahren zum Musikunterricht an. Ich hätte gerne Klavier oder Schlagzeug gespielt, musste aber Flöte lernen. „Das macht nicht so einen Lärm", meinte Mama. Simone sollte Gitarrenunterricht nehmen. Sie konnte den Lehrer nicht leiden und weigerte sich, weiterhin den Unterricht zu besuchen. Aber mit ihrer Mutter war nicht zu verhandeln, schließlich hatte sie den Kurs bezahlt. Simone schwänzte, saß stattdessen bei uns in der Küche und wir erledigten gemeinsam unsere Hausaufgaben. Das brachte meiner Mutter Simones Achtung ein, denn sie hat nichts von unserer Vereinbarung verraten und das Geheimnis gehütet. Auch ich hatte keine Freude am Flötenspielen. Der Unterricht fand in meiner Grundschule statt und wir wohnten auf Sichtweite. Schwänzen kam daher für mich nicht in Frage, aber ich durfte am Ende des Kurses aufhören.

Haben Simone und ich jemals nur zu zweit gespielt? Ich glaube nicht. Anfangs buhlten wir um die Gunst unserer gemeinsamen Freundin Gabi und waren ein wenig eifersüchtig, wenn die andere mehr Zeit mit ihr verbrachte. Wir Kinder trafen uns in kleinen Gruppen fast täglich, damals klappte das auch ohne Telefon. Im Frühjahr liefen wir gerne Rollschuh an der Frauenfriedenskirche und übten Pirouetten. Durch die riesige Marienstatue mit den bunten Mosaiken über dem Eingang, fühlte ich mich beschützt. Hatte Maria uns doch genau im Blick. Im Sommer verbrachten wir die heißen Nachmittage im Brentano Freibad in Rödelheim. Anfangs begleitete uns eine Mutter. Erst als wir mit zwölf Jahren unsere Schwimmprüfungen erfolgreich bestanden hatten, durften wir allein losziehen. Endlich erfüllte sich unser Wunsch nach mehr Freiheit.

Im Herbst streiften wir durch die Grünanlagen und wetteiferten, wer die meisten Kastanien und Eicheln sammelte. Daraus bastelten wir zu Hause Ketten oder Tiere. Meine Sammlung auf der Fensterbank wurde täglich größer. Im Winter freuten wir uns über den ersten Schnee und lieferten uns Schneeballschlachten, bis wir nass und durchfroren den Heimweg antreten mussten. Manchmal nahmen wir auch die Straßenbahn zum Waldstadion, um bis zum Einbruch der Dämmerung Schlittschuh zu laufen.

Simones Mutter arbeitete halbtags in der Stadtbücherei. Mit zehn Jahren war ich bereits eine Leseratte und mindestens einmal pro Woche bei ihr, um mir neue Bücher auszuleihen. Ich entdeckte die Bücher von Astrid Lindgren und bewunderte die Furchtlosigkeit von Pippi Langstrumpf.

Flügge werden
Mit dem Schulwechsel wurden Simone und Gabi in die Parallelklasse eingeschult. Wir blieben weiterhin in der gleichen Clique, trafen uns auf dem Schulhof und verabredeten uns für den Nachmittag.

Simone und ich sind beide Einzelkinder. Während ich mich oft einsam fühlte und mir immer Geschwister wünschte, genoss Simone die Rolle der einzigen Tochter. Wo ich unsicher war, trumpfte Simone mit Selbstbewusstsein auf. Sie akzeptierte die Regeln ihrer Eltern nicht mehr, während ich mich nicht traute zu rebellieren, aus Angst vor Liebesentzug.

Mit 15 Jahren hatte Simone sich gegen ihre Mutter behauptet und änderte ihre Frisur: „ Endlich habe ich keine Kopfschmerzen mehr von dem blöden Zopf", strahlte sie. Ein Pixie-Schnitt à la Audrey Hepburn betonte ihr apartes Gesicht und sie setzte durch, ihre Kleidung von nun an alleine kaufen zu dürfen. Auch ich konnte meine Mutter davon überzeugen, dass sie bei einem Jeanskauf nicht mehr gebraucht wurde. Voller Freude fuhren wir mit der Straßenbahn zur Konstablerwache, stöberten in dem angesagten Jeansladen, bis wir die passende Hose gefunden hatten, und kehrten stolz mit der begehrten Tüte nach Hause zurück. Meine Mutter war entsetzt, weil ich den Reißverschluss meiner Cordjeans nicht schließen konnte. „Du wirst später mal keine Kinder bekommen können, du klemmst dir ja die Eierstöcke ab!", schimpfte sie.
Papa zwinkerte mir zu: „Leg dich mal auf den Boden, das haben wir gleich." Er holte eine kleine Zange, zog den Reißverschluss damit hoch und die Hose saß perfekt. Damals gab es noch keinen Elasthan-Anteil und die Hosen aus reiner Baumwolle wurden durch das Tragen schnell zu weit. Deshalb kauften wir sie eine Nummer zu klein und mussten sie erst einmal „eintragen". Um meine Jeans wieder in Form zu bringen, badete ich in heißem Salzwasser, immer darauf bedacht, nicht von Mama erwischt zu werden.

1971, im vorletzten Schuljahr, meldete ich mich mit meinen Freundinnen bei der Tanzschule Wernecke an. Dort lernte ich Michael kennen, er wurde bald mein ständiger Tanzpartner. Mir gefiel sein Äußeres, er war groß, sehr schlank und seine dunklen Haare reichten bis knapp zur Schulter. Er trug am liebsten Jeans und T-Shirt. Michael tanzte gut und ich mochte ihn, aber außer dem Tanzen, hatten wir kaum Gemeinsamkeiten und wir wurden kein Paar. Simone fand ihn absolut unattraktiv.

Ich erinnere mich an einen kleinen Blonden mit aufdringlichem Rasierwasser. Er trug meist braune Anzüge, hatte kurz geschnittenes Haar und war sehr von sich überzeugt. Er tanzte wundervoll und Simone verliebte sich in ihn.

Erwachsen sein

Nach der Mittleren Reife trennten sich die Wege unserer Clique. Simone entschied sich für die höhere Handelsschule mit anschließender Banklehre und ich mich für meine Ausbildung zum Reisebürokaufmann. Die weibliche Form „Kauffrau" war damals noch nicht üblich. Ein- oder zweimal organisierten wir ein Klassentreffen, aber unsere Freundschaften hatten keinen Bestand und wir verloren uns bald aus den Augen.

Erst mit 21 Jahren traf ich Simone zufällig in Bockenheim wieder und wir gingen spontan einen Kaffee trinken. Sie wollte endlich den Führerschein machen und ich meldete mich mit ihr an. Wir waren zwar beide nicht autoaffin und fuhren lieber mit der Straßenbahn oder dem Taxi, aber einen Führerschein „mussten" wir besitzen. Wir büffelten nur mäßig und brachten unseren Fahrlehrer an manchen Tagen zur Verzweiflung. Uns fehlte der nötige Ernst, aber wir bestanden die Prüfung. Ein Jahr später rief sie mich im Büro an: „Ich habe meinen Wagen eben mit Vollgas an die Mauer auf dem Parkplatz der Bank gefahren. Verletzt habe ich mich zum Glück nicht, aber mein Vater soll ihn abholen lassen. Autofahren ist nichts für mich, es stresst mich." Sie blieb bis heute bei ihrer Entscheidung.

Unser Lebensstil war schon damals sehr unterschiedlich. Simone lebte noch einige Zeit bei ihren Eltern, fuhr gerne mit ihnen in Urlaub und war Stammgast im „Fidelio" an der Alten Oper und in der „Tangente" auf der Bockenheimer Landstraße. Dummerweise verliebte sie sich meist in die falschen Männer und ihr Herz wurde mehr als einmal gebrochen. 1975 war ich bereits mit Peter, meinem heutigen Ehemann, in eine gemeinsame Wohnung gezogen und feuerte ihn am Wochenende auf dem Fußballplatz an.

An einem Herbsttag 1978 bummelte ich durch die Goethestraße, sah im Schaufenster einen bürotauglichen Pullover und betrat die Boutique „Riffel". Der abschätzige Blick der Verkäuferin scannte mich von Kopf bis Fuß. Meine legere Kleidung, Jeans mit dicker Strickjacke, fand offenbar keine Gnade vor ihren Augen. Nur unwillig zeigte sie mir das gewünschte Modell, es kratzte. Frustriert von ihrem unfreundlichen Verhalten, verließ ich ohne Einkauf den Laden. Einige Wochen später erzählte ich meiner Freundin Simone von diesem Erlebnis. „So eine Frechheit, was meinst du, wollen wir diese dumme Nuss ein wenig ärgern?", schlug sie vor. Wir verabredeten uns an einem Samstagmorgen, betraten beide sorgfältig geschminkt und gut gekleidet, die Boutique. Sofort erkannte ich die unfreundliche Verkäuferin. Sie stürzte sich auf uns

und Simone legte los: „Zeigen Sie mir doch bitte diesen Pullover. Gibt es den auch noch in anderen Farben? Haben Sie zu dieser Hose auch die passende Bluse?" Freudig wurde ihr jedes gewünschte Teil vorgelegt und die Verkäuferin hoffte offensichtlich auf einen erfolgreichen Abschluss. Doch der eine Pullover war zu hell, der andere kratzte. Eine Bluse war zu dunkel, die andere hatte zu wenig Pep. Nachdem sich ein kleiner Berg auf dem Tisch angehäuft hatte und das Lächeln der Verkäuferin mittlerweile eingefroren war, meinte Simone: „Dankeschön, aber hier ist absolut nichts für mich dabei. Einen schönen Tag noch."
Kaum standen wir wieder auf der Straße, brachen wir beide in Lachen aus. Den Vormittag beendeten wir mit einem ausgiebigen Frühstück in unserem Lieblingscafé.

Ich erinnere mich an ein Gespräch in den 1980er Jahren: „Ich bin so wütend, die verlangen doch allen Ernstes von mir, nach Bonn zu reisen, um meinen kanadischen Pass zu verlängern. Ich glaube, ich behalte nur noch den deutschen, ich will sowieso nicht in Kanada leben", motzte Simone.
„Bist du denn verrückt geworden? Weil du alle paar Jahre mal nach Bonn musst, wirst du deine Staatsbürgerschaft nicht leichtfertig aufgeben. Du weißt nicht, wie sich die politische Lage entwickelt, und vielleicht bist du eines Tages froh, diesen Pass zu haben!"
Ich verstand sie nicht. Ein langes Für und Wider wurde diskutiert. Sie raffte sich auf, fuhr nach Bonn und verlängerte ihren Pass. Mittlerweile ist sie froh über diese Entscheidung, denn dank ihrer doppelten Staatsbürgerschaft durchläuft sie die Zoll- und Passkontrollen in Nordamerika zügig und wird bei gemeinsamen Reisen mit ihren Eltern viel schneller ab-

gefertigt als diese. Auch heute noch verbringt sie ihren Urlaub gerne mit ihrem Vater. Er war ein erfolgreicher Geschäftsmann, ist nun ein begeisterter Hobbykoch und kennt sich bestens mit Weinen und edlen Spirituosen aus. Im hohen Alter ist er noch immer attraktiv und trägt stets modisch elegante Kleidung. Dazu versprüht er einen unwiderstehlichen Charme. Ich freue mich immer über eine Begegnung mit Simones Eltern.

Wir gehören beide nicht zu den Frauen, die täglich mit der besten Freundin telefonieren. Oft hören wir wochenlang nichts voneinander. Aber kaum sehe ich ihr Bild auf meinem Smartphone, hebt sich meine Stimmung. Bislang konnte nichts unsere Verbundenheit beeinträchtigen, und wenn eine von uns Kummer hat, sind wir füreinander da. Sie ist wie eine Schwester für mich und ein wichtiger Mensch in meinem Leben. Ich mag ihre witzigen Kommentare und das Blitzen in ihren Augen, bevor sie in Lachen ausbricht. Als junge Frauen liebten wir es, auf der Fressgass' zu sitzen und Passanten zu beobachten. Machten ein Spiel daraus, den unpassendsten Mann für die andere auszusuchen, und amüsierten uns prächtig. Manchen Männern waren wir suspekt. So saßen wir an einem Abend in einer kleinen Bar in ein angeregtes Gespräch vertieft. Plötzlich schob sich ein Mann zwischen uns: „Na ihr Süßen, was wollt ihr denn trinken?" Wir fühlten uns belästigt und hatten keinerlei Lust, auf seine plumpe Anmache einzugehen. Er ließ nicht locker, bis wir ihm unmissverständlich klar machten, dass wir unser Gespräch ungestört fortführen wollten. Daraufhin beschimpfte er uns als „lesbische Zicken" und ließ uns endlich in Ruhe.

Simone liebt Friseurbesuche. Jahrelang staunte ich über die mal dunkelgrün, mal orange gefärbten Strähnchen in ihren Haaren. Selbstverständlich wurden diese Kunstwerke von einem Frankfurter Edelcoiffeur gezaubert. Wenn sie mir erzählte, dass er ihr den Mantel auf- und zuknöpfte und ihre Handtasche zum Sitz trug, stellten sich mir die Nackenhaare. Im Gegensatz zu ihr, freue ich mich, dass mir eine Freundin meine Haare zu Hause schneidet, und ernte von Simone Komplimente über meine Frisur.

Kinder und Karriere
Mit Ende 20 war ich verheiratet, hatte zwei Kinder und stieg erst wieder ins Berufsleben ein, als meine Töchter eingeschult wurden. Während ich Kindergeburtstage organisierte, Würstchen und Kuchen bei Sportwettkämpfen verkaufte und mich im Elternbeirat einbrachte, konzentrierte sich Simone auf ihre Arbeit, wurde Abteilungsleiterin bei einer amerikanischen Bank und verbrachte ihre Freizeit in Clubs und Kinos.

Obwohl meine freie Zeit knapp bemessen war, trafen wir uns weiterhin einmal im Monat und streiften mit Touristenaugen durch Frankfurt. So entdeckten wir winzige Läden mit wunderschönen Kaleidoskopen oder handgezogenen Kerzen. Besuchten Kunsthandwerksmärkte oder saßen in einer Kirche und genossen die Stille. Wir tolerierten unsere unterschiedlichen Bedürfnisse, diskutierten Meinungsverschiedenheiten und unsere Treffen waren stets harmonisch.

Mit Mitte 30 veränderte sich Simone. Sie zog sich immer mehr zurück, aus meiner lebenslustigen Freundin wurde eine oft in sich gekehrte, stille Frau. Sie umgab sich mit einer immer dickeren Wand, meidet bis heute Treffen im größeren Kreis und lebt zurückgezogen als Single. Stets stilvoll gekleidet, entwickelte sie eine Vorliebe für extravagante Schuhe. Die Zeit mit ihr genieße ich, aber manchmal treibt sie mich auch in den Wahnsinn mit ihrem Eigensinn. Ich erinnere mich an einen sonnigen Frühlingstag, wir waren zu einem Spaziergang am Main verabredet und Simone erschien mit quietschgrünen, geschnürten Lackschuhen. Skeptisch betrachtete ich ihr Schuhwerk: „Wieso trägst du denn an einem warmen Tag so feste Schuhe?"

„Du hast ja keine Ahnung, diese Schuhe sind nagelneu und handgearbeitet und noch ein wenig eng. Die muss ich jetzt einlaufen!"

Nach wenigen Hundert Metern lief sie sich Blasen und wir beendeten den Nachmittag auf der Terrasse des nahegelegenen Restaurants im Nizza. Ich hatte mich auf unseren Spaziergang gefreut, aber böse sein konnte ich ihr nicht.

Jahrelang „mussten" wir mindestens zweimal im Jahr auch zu „Elfie Weigelt". Simone schaute nicht mal auf den Preis und ich staunte nicht schlecht, wenn die Rechnungssumme genannt wurde. Mit Tüten beladen war sie glücklich. Als das kleine Geschäft geschlossen wurde, fanden unsere Kronberger Ausflüge ein Ende. Aber bis heute ist unser Besuch auf dem Kronberger Weihnachtsmarkt fester Bestandteil der Adventszeit und Simone nahm es mir übel, als ich einmal just an diesem Wochenende verreiste.

Wir trafen uns in unregelmäßigen Abständen und diese Zeit war kostbar für mich. In einem heißen Sommer verabredeten wir uns an der Hauptwache und als Erstes beschied sie: „Ich muss mir dringend einen Toaster kaufen."

„Das ist jetzt nicht dein Ernst", entrüstete ich mich. „Wir treffen uns so selten und einen so schönen Sommernachmittag verbringe ich ganz bestimmt nicht wieder in irgendeinem Laden."

Sie konnte frei über ihre Zeit verfügen. Ich musste Familie, Beruf und Haushalt unter einen Hut bringen. Stets versuchte ich, ihre Terminwünsche zu erfüllen. Musste ich umdisponieren, warf sie mir vor: „Du bist nicht flexibel!"

Zum ersten Mal weigerte ich mich, sie zu begleiten. Die Stimmung war angespannt und ich bezichtigte sie des Egoismus. Mein Protest hatte langfristig Erfolg. Heute treffen wir uns an schönen Orten und genießen die gemeinsame Zeit. Gerne denke ich an unseren Besuch im Palmengarten. Wir streiften durch die illuminierten Wege der Ausstellung „Winterlichter", entdeckten ein farbenfrohes Mandala auf dem dick verschneiten Rasen, ein in Rosatönen angestrahltes Himmelbett schaukelte sanft in einem Baum. Der Park wirkte verzaubert und wir genossen unser Zusammensein, waren unbeschwert fröhlich und machten unser erstes „Selfie".

Herbst des Lebens
Jahrelang weigerte sich Simone, ein Smartphone zu kaufen. Sandra, meine schreib-unwillige „italienische" Freundin, und ich stehen durch die kurzen WhatsApp-Infos in regem Austausch. Nun endlich hat sich auch Simone ein Smartphone zugelegt. Es musste das neueste von Apple sein und darauf wartete sie dann gerne auch länger. Als frischgebackene Besitzerin schickt sie witzige Filmchen, nutzt mit Vorliebe die

Emojis und wir kommunizieren nun zu dritt in unserer Gruppe Kleeblatt miteinander.

Simone und ich sind völlig gegensätzlich. Sie fühlt sich am wohlsten im kühlen Herbst mit Nebel, ich liebe Sonnenschein und Wärme. Sie fliegt am liebsten mit ihrem Vater nach New York und steigt dort im Hotel Waldorf Astoria ab. Ich reise gerne mit meinem Mann nach Neuseeland, um Land und Leute kennen zu lernen und stundenlang an menschenleeren Stränden zu wandern. Sie geht noch immer gerne shoppen und liebt das Stadtleben. Ich bin mittlerweile ganz gut im Reduzieren, lebe möglichst umweltbewusst im Vordertaunus und habe keinen Sinn für Statussymbole. Sie ernährt sich einseitig, ich lege Wert auf gesunde, abwechslungsreiche Ernährung. Bei einem Besuch im Bioladen meinte Simone: „… und ich dachte immer, du bist geizig, aber du gibst ja ein Vermögen für Lebensmittel aus!"

Simone ist ständig müde, gestresst und die Arbeit wächst ihr über den Kopf. Deshalb verabreden wir uns nur noch, wenn sie ein paar Tage frei hat. Simones Krankheiten nehmen von Jahr zu Jahr zu. Sie verkriecht sich in ihrer Arbeit, lässt sich nur in Notfällen krankschreiben und bei jedem Gespräch beklagt sie sich über den zunehmenden Stress. Ihr Arbeitsplatz wird immer häufiger neu definiert, enger getaktet, und neue EDV-Systeme bewältigt sie nicht mehr so schnell wie die jungen Kollegen. Dazu schläft sie nur zwei, drei Stunden am Stück. Einige Kuren linderten für kurze Zeit ihre Beschwerden, aber immer wieder sagt sie ein Treffen ab, weil sie zu erschöpft ist, um das Haus zu verlassen oder mich zu treffen. Ich erinnere mich, ihr einmal leicht über die Hand gestrichen zu haben, sie zuckte zusammen und erklärte mir, wie empfindlich ihre Haut geworden sei und dass sie oft Schmerzen habe.

Einladungen im Familienkreis lehnt sie stets ab, obwohl sie meine Familie sehr mag. Zu meinem 60. Geburtstag habe ich sie „zwangsverpflichtet". Simone wohnt mittlerweile in der Nähe meiner Mutter und die beiden fuhren gemeinsam mit dem Taxi zum Restaurant. Aber bereits auf der Hinfahrt wollte sie mit meiner Mutter eine Uhrzeit für den Heimweg vereinbaren. Wir verbrachten einen entspannten Abend mit Familie und Freunden in einem italienischen Restaurant, aber Simone blieb in sich gekehrt und fühlte sich offensichtlich nicht wohl. Auch die Anwesenheit unserer gemeinsamen Freundin Sandra, meinem Überraschungsgast aus Italien, änderte nichts daran.

Stunden haben Peter und ich schon damit verbracht, sie zu bitten, endlich mehr auf ihre Gesundheit zu achten, oder weniger zu arbeiten. Sie hält sich kaum an der frischen Luft auf, selbst den kurzen Weg ins Büro legt sie grundsätzlich mit der U-Bahn zurück. Simone ist manchmal stur wie ein Maulesel und mürrisch. Aber sie hat ein großes Herz und ich vertraue ihr. Mitte nächsten Jahres will sie endlich in den vorgezogenen Ruhestand gehen und ich hoffe sehr, dass sie nicht zusammenbricht, wenn ihr Körper zur Ruhe kommt.

Wenn ich heute über unsere lange Freundschaft nachdenke, zeichnet sie sich vor allem dadurch aus, dass wir uns tolerieren, wie wir sind, und den gleichen Sinn für schrägen Humor teilen. Trotz aller Gegensätze geht uns nie der Gesprächsstoff aus. Oder vielleicht gerade deshalb?

Sandra, unser drittes „Kleeblatt", lernten Simone und ich auf der Realschule kennen. Während unserer Schulzeit hatten sie und Simone nur wenige Berührungspunkte. Erst einige Jahre nach Beendigung unserer Ausbildung fanden wir zusammen. Dummerweise haben wir nie daran gedacht, bei einem unserer seltenen gemeinsamen Abendessen ein Foto zu machen.

Meine „italienische" Freundin
Im September 1969 stand unser Grüppchen kichernd auf dem Schulhof und beobachtete eine Neue. Sie lehnte mit verschränkten Armen schräg an der Hauswand, die Füße gekreuzt, eine große Sonnenbrille verdeckte die Hälfte ihres Gesichts. Mein Bauchgefühl meldete sich: An ihrer Stelle hätte ich mich unsicher und verloren gefühlt und so schlenderte ich zu ihr.
„Hallo, ich bin Ingrid, bist du neu hier?"
„Ja. Ich heiße Sandra."
„In welche Klasse kommst du denn?"
„In die 7a zu Herrn Egermann."
„Prima, dann sind wir in der gleichen Klasse."

Unser Äußeres hätte nicht verschiedener sein können. Sie im rosa Leinenkleid, dazu goldfarbene Sandaletten mit kleinem Absatz und ein goldener Haarreif in ihrem langen kastanienbraunen Haar. Sie überragte mich um fast einen Kopf und ihre Sonnenbräune bildete einen starken Kontrast zu meiner üblichen Blässe. Ich trug einen karierten Faltenrock, eine weiße Bluse und flache Schuhe. Ich fand sie bildhübsch und fühlte mich neben ihr unscheinbar. Ich wusste nicht so recht, was ich nun machen sollte. Meine Freundinnen warfen uns amüsierte Blicke zu, gesellten sich aber nicht zu uns. Plötzlich fühlte ich mich von ihnen ausgegrenzt, blieb aber trotzdem bei Sandra und begleitete sie in unseren Klassenraum. Sie wurde auf den letzten freien Platz verwiesen.

Ich kann mich nicht mehr daran erinnern, wann auch die anderen Mädchen Sandra in unseren Kreis aufnahmen. Sie war beliebt, aber bei Klassenpartys saß sie oft in einer Ecke und unterhielt sich, statt zu tanzen. Die Jungs trauten sich nicht, sie zum Tanzen aufzufordern. Sie wirkte so viel erwachsener als wir.

Eine andere Welt

Wir wohnten in einem Mehrfamilienhaus in einem belebten Stadtteil und Papa fuhr abends mehrere Runden, bis er endlich einen Parkplatz fand. Mein erster Besuch bei Sandra zu Hause führte mich in eine andere Welt. Sie wohnte in einer ruhigen Villengegend mit gepflegten Vorgärten und eigenen Garagen. Sie bat mich herein und ich stand in einer hohen Eingangshalle mit schwarz-weißen Fliesen. Eine breite Treppe führte in den ersten Stock in Sandras geräumiges Zimmer. Auf ihrem Bett thronte ein schneeweißer Königspudel. „Das ist King", lächelte sie. Er ließ sich von mir kraulen, während sie Limonade und Kekse aus der Küche holte. Dann schwatzten wir drauf los: „Erzähl mal, was du in den Ferien gemacht hast", wollte ich wissen.

„Wir waren wie immer in unserem Haus in Italien, an der Riviera." „Wie, ihr habt noch ein Haus?", fragte ich ungläubig. Ich kannte niemanden, der ein Haus am Meer besaß. „Und wo hast du deine Ferien verbracht?" „Wie immer auf dem Bauernhof in Osttirol, wir fahren zweimal jährlich dorthin und ich darf im Stall helfen und kenne alle Kinder aus dem Dorf."

Nach einer Weile führte mich Sandra herum. Alles war so viel größer als bei uns. In der Küche waren die gleichen Fliesen wie im Eingang verlegt, im Badezimmer gab es vergoldete Wasserhähne und flauschige rosa Handtücher und Badematten.

Als ich Sandra diesen Text vorlegte, lachte sie: „Wieso schreibst du über goldene Wasserhähne? Im ganzen Haus gab es bei uns keine goldenen Wasserhähne!" Komisch, noch heute sehe ich es ganz deutlich vor mir. Aber sie muss es ja schließlich wissen.

Das Esszimmer grenzte an den Wohnraum und breite Terrassentüren gaben den Blick in den Garten frei. Ein hoher Walnussbaum stand auf dem gepflegten Rasen, umgeben von Blumenrabatten, und ein Weg führte hinab zur Nidda. „Und hier ist noch der Swimmingpool." Sandra deutete auf ein Glasdach. Wir stiegen die Kellertreppe hinunter, es roch leicht nach Chlor, die blauen Fliesen, das angenehm warme Wasser. Welch ein Luxus. Ich kam aus dem Staunen gar nicht mehr heraus. Ihre Mutter lud mich zum Abendessen ein. Ich rief Mama an und bat um Erlaubnis. Genehmigt. Als Frau Sattler sich erkundigte, was ich trinken möchte, antwortete ich: „Bizzelwasser, bitte."
Sie lachte: „Das habe ich ja noch nie gehört, was ist das denn?"
Verlegen murmelte ich: „Mineralwasser, bitte."
Von dem Tag an hatte ich meinen Spitznamen weg. Ich war bis an ihr Lebensende zuerst Fräulein, später dann Frau Bizzel.

Frau Sattler war eine beeindruckende Erscheinung. Hochgewachsen, langbeinig, das blonde Haar perfekt frisiert, dezent geschminkt und elegant gekleidet. Ihre

tiefe, leicht rauchige Stimme mit dem badischen Singsang machte sie mir auf Anhieb sympathisch. Obwohl
ich auch ein wenig eingeschüchtert von ihr war. Eine
solche Mutter hatte ich noch nicht kennen gelernt.
Sattlers waren Unternehmer in der Möbelbranche und
Sandras Vater oft auf Geschäftsreisen. Ihr Bruder war
wesentlich älter als sie und wohnte schon nicht mehr
zu Hause. Als Nesthäkchen wuchs auch sie wie ein
Einzelkind auf.

Pubertät
Sandra und ich wurden Seelenverwandte. Uns verbindet noch heute die Fähigkeit, uns, trotz aller Gegensätze, ineinander einzufühlen. Auch sie ist eine enge
Bezugsperson für mich geworden.
In der Schule waren wir unzertrennlich und bis zum
Schulabschluss verteidigten wir unsere Plätze in der
letzten Reihe. Wir glänzten in Deutsch, Französisch
und Englisch, waren aber beide lausig in Physik und
Mathematik und halfen uns gegenseitig durch die
Klassenarbeiten. Einmal entdeckte Herr Egermann
unsere Mathe-Spickzettel und wir wurden beide mit
einer Sechs „belohnt". Es blieb die einzige Sechs unserer gesamten Schulzeit.

Mit beginnender Pubertät kreisten unter dem Tisch
Liebesbriefchen oder die Bravo. Einmal auch ein Por-
noheft.
„Huch", entfleuchte es Sandra, ein strenger Blick von
Herrn Egermann und schon hatte ich das Magazin auf
dem Schoss. Kaum drehte er sich zur Tafel, gab ich es
schnell weiter. Bloß nicht damit erwischt werden! Wir
Mädchen fühlten uns abgestoßen, die Jungs fanden es
spannend und die Fotos waren dann auch Pausenge-
spräch.

Sandra war mir immer eine Nasenlänge voraus. Während ich noch mit meiner Zahnspange kämpfte und viel Zeit mit meinen Eltern verbrachte, feierte sie schon Partys mit ihren älteren Freunden. Sie schminkte sich mit fünfzehn und ich sah ihr fasziniert zu, wie sie geschickt Rouge, Eyeliner und Lidschatten auftrug. Einzelne Wimpern klebte sie mit einer Pinzette in Windeseile und ihre Augen wirkten dadurch riesengroß. Nur mit Mühe hatte ich meiner Mutter Wimperntusche, einen hellen Lippenstift und transparenten Nagellack abgerungen. Als ich endlich die Tanzschule besuchen durfte, hatte Sandra bereits alle Kurse absolviert und sprang für Herrn Wernecke als Tanzdame ein.

Täglich telefonierten wir stundenlang miteinander und es gab kaum etwas, das wir uns nicht anvertrauten. Unsere Schulabschlussfahrt führte uns Anfang Oktober 1971 nach Viareggio in Italien, dort wohnten wir in einem kleinen familiengeführten Hotel. Sandra hatte Heimvorteil, sie beherrschte die Sprache bereits sicher. Ich sehe uns noch heute in unserem Zimmer. Sie in einem schicken Sommerpyjama, ich in einem weißen, bodenlangen Flanellnachthemd. Mama hatte mal wieder auf Zuwachs gekauft. Das Hemd war viel zu warm für die lauen Nächte, zwei Nummern zu groß und würde mir noch heute nicht passen.

Obwohl strengstens untersagt, schlichen sich abends einige Schulfreunde in unser Zimmer. Wir spielten Karten, rauchten am offenen Fenster. Dann hörten wir Schritte. Herr Egermann war auf seiner abendlichen Runde. Blitzschnell verschwanden unsere Besucher unterm Bett und hinter der Tür. Sandra und ich drapierten uns mit einem Buch in der Hand auf dem Bett.

Die Tür wurde ohne anzuklopfen aufgerissen, wir schrien beide lauthals und Herr Egermann fuhr erschrocken zurück: „Oh, Entschuldigung", stammelte er mit hochrotem Kopf, als er uns in Nachtwäsche sah. Schnell zog er die Tür wieder zu und wir mussten uns sehr beherrschen, um nicht laut loszuprusten. Von nun an waren wir abends noch vorsichtiger und versuchten, leiser zu sprechen.

An den Vormittagen absolvierten wir das Kulturprogramm in Florenz und Pisa. Es gibt ein Foto von Sandra und mir vor dem „Schiefen Turm". Ich musste schmunzeln, als ich es bei meinen Recherchen hervorholte, denn unser Größenunterschied ist enorm. Ich bringe es gerade mal auf 158 Zentimeter, Sandra misst immerhin stolze 1,78 Meter. Nachmittags hatten wir frei, durften an den Strand oder das Städtchen erkunden. Ich hatte ein unangenehmes Erlebnis mit einem aufdringlichen Jungen. Weil ich mir irgendwann nicht mehr zu helfen wusste, warf ich ihm ein italienisches Schimpfwort, das Sandra mir beigebracht hatte, an den Kopf. Zwar hatte sie mir strengstens verboten, es jemals zu benutzen, aber mir fiel kein anderes ein. Wie nicht anders zu erwarten, eskalierte die Situation. Der Junge bedrohte mich, denn ich hatte seine italienische Männlichkeit geschmäht. Glücklicherweise kamen mir einige meiner Klassenkameraden zu Hilfe. Die restlichen Tage setzte ich mich am Strand immer in die Nähe meiner Freundinnen.

An unsere Abschlussfeier kann ich mich nicht mehr erinnern, aber Sandra erinnert sich gut, dass unsere Eltern gemeinsam an einem Tisch saßen und sich blendend verstanden. Nach dem Realschulabschluss im Sommer 1972 sahen wir uns nur noch selten. Sandra wechselte aufs Gymnasium, ich begann meine Ausbildung im Reisebüro. Monatelang hatten mein Vater und sie mich bekniet, Abitur zu machen. Aber ich hatte Angst, die Prüfungen in den Naturwissenschaften nicht zu bestehen. Lieber wollte ich raus ins Leben und dachte, im Reisebüro winkten die Freiheit und viele Reisen. Ich sollte mich irren.

Weit entfernt

Die häufigen Telefonate behielten wir bei, aber erst im Herbst 1975 trafen wir uns auf dem Abschlussball der Tanzschule Wernecke im Palmengarten. Sandra arbeitete noch immer als Tanzdame. Peter und ich hatten unseren ersten Kurs abgeschlossen und ich hatte mir ein pinkfarbenes, bodenlanges Abendkleid mit Tüllspitze an Taille und Ärmeln gekauft. Sandra hatte eine Ausbildung zur Schneiderin bei einer Frankfurter Modeschöpferin begonnen und für diesen Abend hatte sie sich aus einem Seidenunterrock ihrer Mutter ein „kleines Schwarzes mit Fransen" genäht. Dazu trug sie ein Stirnband mit Strass, High Heels und eine Zigarettenspitze. Sie hatte eine gewisse Ähnlichkeit mit Prinzessin Caroline von Monaco und die Männer himmelten sie an.

Peter und Sandra mochten sich auf Anhieb und wir tanzten uns an diesem Abend die Füße wund. Als wir eine Sektpause einlegten, trat ein Fotograf an den Tisch und bat mich: „Rücken Sie doch bitte mal nach links." Ich rückte nach links und schaute erstaunt zu, wie oft er Peter und Sandra fotografierte. „So, nun möchte ich aber auch noch ein Foto mit meinem Freund", warf ich irgendwann ein. Er blickte ungläubig zu Peter: „Das ist ihre Freundin?"

Ich lachte mit den anderen, aber insgeheim versetzte mir diese Frage einen schmerzhaften Stich. War ich unattraktiv? Warum hatte sich dann Peter in mich verliebt? Gegen Sandras Schönheit und Extravaganz fühlte ich mich unscheinbar und bieder. Mein heutiges Selbstbewusstsein musste ich mir erst noch mühsam erarbeiten.

Ortswechsel
Sandra plante nach ihrer Ausbildung ein Mode Design Studium. Aber dann verliebte sie sich in Guido, einen Industriedesigner aus Turin, heiratete, zog nach Italien und nahm ihr Studium gar nicht erst auf. Stattdessen führte sie in Turin den Haushalt, kochte zweimal täglich, kümmerte sich um das Ferienhaus und pendelte zwischen Turin und Frankfurt, um ihre verwitwete und mittlerweile kranke Mutter zu unterstützen. Wenn sie anrief, ließ ich alle Termine sausen und verbrachte einen oder zwei Abende mit ihr. Ab und an gesellte sich auch Simone zu uns.
Ich erinnere mich an ein Abendessen in der „Tomate" auf der Fressgass. Wir tranken Wein, lachten viel und der Kellner warf uns genervte Blicke zu. Als dann noch meine Handtasche vom Stuhl fiel, sich der Inhalt auf dem Boden verstreute und wir einen Lachkrampf bekamen, wurde es Zeit zu zahlen.

Als Peter und ich eine geräumigere Wohnung suchten, bot Frau Sattler an, für wenig Miete zu ihr in die Dachgeschosswohnung der Villa zu ziehen. Einzige Bedingung: Wir sollten regelmäßig den Garten pflegen. Die Verlockung war groß, aber Peter wollte in seiner Freizeit Sport treiben, statt Rasen zu mähen, Laub zu rechen oder frühmorgens schon Schnee zu schippen.
1981 fanden wir eine passende Wohnung und zogen nach Steinbach. Als 1983 unsere Zwillingstöchter ge-

boren wurden, besuchten Sandra und Guido uns und die beiden verliebten sich auf Anhieb in unsere Babys.

Wir sahen uns nun noch seltener. Erst als unsere Töchter fünf Jahre alt waren, verbrachten wir unseren Sommerurlaub bei ihnen. Großzügig räumte Sandra ihr Schlafzimmer, verwöhnte uns mit ihren Kochkünsten und ich genoss die warmen, sonnigen Frühstücksstunden mit ihr auf der Terrasse mit Blick auf das Meer. Den Geschmack ihrer Aprikosenmarmelade aus Früchten ihres Gartens, schmecke ich noch heute auf der Zunge. Guido war ganz vernarrt in unsere blondgelockten „due gemmelini" und brachte ihnen täglich neue italienische Wörter bei. Die Unterhaltung mit ihm ist bis heute etwas schwierig. Er spricht italienisch und französisch, ich deutsch und englisch. Sandra ist überzeugt, dass er alles versteht, aber keine Lust hat, sich auf Deutsch zu unterhalten.

In den Herbstferien 1991 war ich zu Besuch bei ihnen in Turin. Morgens stieg ich in die Lufthansa Maschine, meine Töchter wurden von meinen Eltern betreut, und ich war zum ersten Mal seit Jahren wieder allein unterwegs. Ich fühlte mich unendlich frei. Diese Woche in Turin festigte unsere Freundschaft aufs Neue. Bei gutem Essen und Espresso unterhielten wir uns stundenlang, besuchten das Ägyptische Museum und Sandra führte mich zu ihren Lieblingsplätzen. Abends sahen wir einen Film mit Sean Connery. Ich musste schmunzeln. „Warum grinst du denn?", fragte Sandra. „Naja, Sean Connery spricht doch nicht italienisch", kicherte ich.
„Aber deutsch, gell?"
Wir konnten uns nicht mehr halten vor Lachen, der Rest des Films war völlig uninteressant und Guido

konnte nicht glauben, dass zwei erwachsene Frauen so albern sein konnten.

Zum Abschied lud er uns ins sein Lieblingsrestaurant ein. Er orderte ein siebengängiges Menu mit wechselnden Weinen. Da ich noch nie viel Alkohol getrunken habe, war ich schnell beschwipst. Wieder zuhause bei Sandra, fragte sie mich: „Seit wann sprichst du denn italienisch?"
„Wie kommst du denn darauf?"
„Und wieso hast du dich dann mit dem Wirt an der Bar unterhalten? Der kann weder Deutsch noch Englisch."
Ich hatte einen Filmriss und konnte mich an nichts erinnern. Nüchtern konnte ich auf Italienisch gerade mal meine Bestellung im Restaurant aufgeben. Vielleicht hatte ich in einem früheren Leben in Italien gelebt?

Streitgespräch
Nach einem Unfall 2008 hatte ich eine schwere Gehirnerschütterung. Bei einem Telefonat jammerte Sandra über ihre ausweglose Situation. Ich bot ihr Alternativen an. Sie wollte oder konnte nicht von ihrer Vorstellung abweichen. Unser Gespräch drehte sich seit einer Stunde im Kreis. Meine Kopfschmerzen wurden immer heftiger und genervt meinte ich irgendwann:
„Ich kann dir jetzt wirklich nicht weiter zuhören. Entweder du veränderst endlich etwas oder wir sprechen besser gar nicht mehr darüber. Ich muss jetzt Schluss machen, mein Kopf platzt gleich."
Nach diesem Streitgespräch zog sich jede zurück und wartete auf eine Erklärung der anderen. Zwar gratulierten wir uns per Karte zu Geburtstagen und schickten Weihnachtsgrüße, aber drei lange Jahre telefonier-

ten wir nicht miteinander. Im selben Jahr schickte ich Sandra einen Brief zu ihrem Geburtstag. Drückte meine Enttäuschung, meinen Schmerz aus und versicherte ihr, wie sehr sie mir fehlte. Wochenlang kam keine Rückmeldung. Dann eine Karte: „DANKESCHÖN für deine lieben Worte."

An Frau Sattlers Geburtstag besuchten Peter und ich sie. Sie liebte weiße Blumen und wir hatten einen üppigen Strauß besorgt. Ich war angespannt, wie würde meine Begegnung mit Sandra werden? Sie öffnete die Tür: „Schön, dass ihr da seid." Luftküsschen rechts, Luftküsschen links. Nach einigen Minuten ließen wir Peter und Frau Sattler im Wohnzimmer zurück und setzten die Kaffeemaschine in Gang. Nun hatten wir etwas Zeit für uns alleine. „Danke für deinen wundervollen Brief, ich habe sehr geweint."
„Warum hast du mich denn danach nicht angerufen?"
„Du weißt doch, dass ich mich nicht entschuldigen kann", antwortete sie verlegen.
„Dann hättest du nie mehr etwas von dir hören lassen, ohne meinen Brief? Ist dir unsere Freundschaft denn nicht wichtig genug, um mal über deinen Schatten zu springen?"
Ich war enttäuscht. Einige Tage später trafen wir uns in einem Restaurant, um endlich zu besprechen, wie es zu dieser Eskalation hatte kommen können. Wir versprachen uns, niemals wieder zuzulassen, dass eine Meinungsverschiedenheit unsere Freundschaft zerstört.

Im Jahr darauf starb Frau Sattler. Auf dem Hauptfriedhof hatten sich nur wenige Trauergäste eingefunden. Wir standen in einer kalten Halle, die nackte Urne ohne jeglichen Blumenschmuck auf einem Ständer, und warteten. Der Friedhofswärter erschien: „ Sie haben noch einige Minuten Zeit, um sich zu verabschieden."

Wo blieb denn der Trauerredner? Peter und ich waren irritiert. Kurze Zeit später erschien der Mann wieder, nahm die Urne und schlurfte los. Wir folgten ihm zu einer kleinen Grube. Er versenkte die Urne, kippte etwas Erde drauf, verneigte sich und ging. Sprachlos blieben wir zurück. Sandra schluchzte: „Wie konnte sie mir das nur antun?"

Nun verstand ich gar nichts mehr und schaute sie fragend an. „Meine Mutter hat entschieden, sich anonym, ohne jegliches Brimborium beerdigen zu lassen, und hat das auch notariell beglaubigen lassen, ohne mit mir darüber zu sprechen."

Nach der Beerdigung fuhren wir zu einem Imbiss in ihr Elternhaus und mussten diesen Schock erst einmal verkraften. Hätte Sandra sich über den Wunsch ihrer Mutter hinwegsetzen sollen? Guido war entsetzt: „In Italien würde niemals jemand wie ein Hund verscharrt werden. Ohne Pfarrer, ohne Musik und Blumen, das ist einfach würdelos", schimpfte er.

Wie Recht er hatte. Wir überlegten ernsthaft, abends auf den Friedhof zu schleichen, um die Urne wieder auszugraben. Sandra und Guido wollten sie in ihrem Garten in Italien feierlich bestatten. Guido hatte sich vorsorglich die Koordinaten notiert, um die Urne wiederfinden zu können. Ein guter Freund und Anwalt der Familie riet uns dringend davon ab. Wenn wir erwischt würden, wären die rechtlichen Folgen enorm. Sandra brauchte Jahre, um das Erlebte zu verarbeiten, und bis heute kann sie es ihrer Mutter nicht verzeihen.

Nach Frau Sattlers Tod kam Sandra nur noch zu Arztbesuchen nach Deutschland. Mittlerweile haben sie und Guido das Ferienhaus komplett renoviert und vermieten zwei Wohnungen an Freunde und gute Bekannte. Zeit ist ein Fremdwort für Sandra. Ständig pendelt sie zwischen Turin und ihrem Domizil am Meer, kocht noch immer zwei warme Mahlzeiten täglich und versorgt zusätzlich ihre gebrechlichen Schwiegereltern. Dazu komplettiert seit einiger Zeit Hermine die Familie, eine putzige Cairnterrier Hündin mit ausgeprägtem Willen, die sie ständig auf Trab hält.

Gemeinsames Treffen?
Meine Versuche, meine „Kleeblätter" Sandra und Simone an einem Ort zwischen Frankfurt und Turin für ein paar Tage zu vereinen, sind bislang gescheitert. Die eine ist familiär stark eingespannt, die andere fühlt sich ausgelaugt durch ihren Job und zieht sich immer mehr zurück. Ein gemeinsamer Kurzurlaub liegt momentan noch in weiter Ferne. Dabei wäre es schön, mal wieder in Ruhe zu reden und sich gegenseitig in den Arm zu nehmen.

An meinem Schreibtisch frage ich mich, ob es ein entspanntes Treffen werden würde? Wir haben alle unsere Eigenheiten und sind im Alter nicht mehr so flexibel wie zu unserer Schulzeit. Sandra steht früh morgens auf, reist nur mit ihrer verwöhnten Hundedame und übernachtet nicht in einem Hotelzimmer. Simone hat Schlafstörungen, steht grundsätzlich nicht vor Mittag auf und lehnt eine Ferienwohnung ab. Auch ich bin ein „früher Vogel" und stehe oft schon um fünf, halb sechs morgens auf, weil ich keinen Schlaf mehr finde. Nicht einfach, aber ich bin sicher, wir würden die gemeinsame Zeit mit viel Gelächter füllen, und einen Versuch wäre es mir auf jeden Fall wert.

Als ich ein gemeinsames Foto für diese Geschichte suchte, wurde ich nicht fündig. Noch immer wartet es darauf, gemacht zu werden. Aber bei unserem nächsten Treffen werde ich auf jeden Fall endlich das gemeinsame Foto schießen.

Ich, der Expat Dog Luna

Sibyl Jackel

Am heutigen Tag im Herbst 2020 regnet es fast ohne Unterbrechung und meine Gassigänge möchte ich nicht unnötig ausdehnen, sondern nur auf das Nötigste reduzieren. Meine morgendliche Runde wurde leider nicht abgekürzt, sodass ich und mein Frauchen Sibyl klitschnass sind. Jetzt habe ich gefressen, liege gemütlich in meinem Körbchen unter dem Schreibtisch und inspiriere Sibyl beim Schreiben. Eigentlich wollte sie einen Text über ein ganz anderes Thema verfassen, aber ich schaue sie lange aus meinen treuen, braunen Hundeaugen an. Diesem Blick kann sie nicht wiederstehen. Ich möchte gerne, dass sie meine Geschichte aufschreibt, damit mein Rudel unsere gemeinsame Zeit nicht vergessen wird und sich vielleicht auch andere Leser daran erfreuen können.

Wo fange ich am besten an zu erzählen? In meinem Hundeleben passiert jeden Tag so viel Spannendes. Am besten beginne ich mit dem holprigen Start in mein Leben.

Der Beginn meines abenteuerlichen Lebens
Eigentlich hätte ich nicht bei Sibyl, sondern in einem anderen Rudel leben sollen. Ich wurde mit neun Wochen von meiner ersten Familie mit einem kleinen Mädchen bei meiner Hundemutter abgeholt. Sie gaben mir den Namen „Lisa". Es ging nicht lange mit uns gut, denn als quirliger Bodercolliemix-Welpe bekam ich nicht genug Aufmerksamkeit und machte viel Unsinn. Sie erzählten, dass ich die Spielsachen des

nervigen Mädchens geklaut, zerbissen und es sogar gezwickt haben soll. Daran kann ich mich nicht erinnern, ich habe nur gespielt und wusste nicht, wie gefährlich es für einen Welpen sein kann, wenn Menschen Plastikteilchen auf dem Boden liegen lassen. Daran hätte ich schon ganz früh sterben können! Außerdem warf mich mein gemeines Herrchen zur Strafe in mein Körbchen, wo ich vor Schreck Pipi machte und dafür noch einen Klaps bekam. Ich hatte so ein Glück, dass die erste Familie mich nach nur vier Wochen zu meiner Hundemutter zurück brachte. Fast wäre ich schon abgehauen, denn bei ihnen wollte ich nicht leben. Ich wünschte mir so sehr eine Familie, der ich vertrauen konnte, die mich umsorgte, mich so liebte, wie ich bin, und mit der ich fröhlich und glücklich zusammen leben konnte.

Helmut und Sibyl wollten auf keinen Fall einen Hütehund wie mich in ihrem Rudel aufnehmen, sondern einen Hund einer anderen, ruhigeren Rasse. Dieser erkrankte schwer am Herzen, bevor sie ihn abholen konnten. Traurig für den Hund, aber gut für mich! Hütehunde sind für das Bewachen von Schafen gezüchtet worden und auch ich hüte gerne mein Rudel ein. Durch lautes Bellen zeige ich ihnen an, dass sie enger zusammen bleiben sollen. Ich lerne schnell, brauche viel Bewegung und Auslauf, sonst bin ich unausgelastet und zwicke manchmal, damit sie sich beeilen. Ich bin auch sehr loyal und kuschelbedürftig. Ich folge aufs Wort, außer wenn ich Hunde treffe, die ich nicht mag, dann verbelle ich sie. Alles das wusste mein Rudel noch nicht, bevor es mich aufnahm.

Zu meinem Glück entdeckte Sibyl, nachdem sie den kranken Hund nicht aufnehmen konnten, im Internet

Fotos von mir und meinen vier niedlichen Geschwistern. Als sie dort anrief, antwortete die Züchterin: „Was denken Sie? Ich hatte schon mehr als 200 Anfragen wegen der Welpen. Die sind seit Wochen weg. Da hätten Sie schon früher anrufen müssen." Drei Tage später rief sie Sibyl zurück: „Eine Hündin wurde zurückgebracht, weil die Familie nicht mit ihr zurechtkommt. Sie ist noch keine vier Monate alt. Sind Sie noch interessiert? Wenn ja, müssen Sie morgen kommen. Der Hund, das Körbchen, der Impfpass und das Restfutter kosten 250 €." Sibyl wollte erst abwarten und Helmut fragen, aber die Züchterin meinte: „Entweder holen Sie den Hund morgen ab oder ich rufe jemanden anderen an." Sibyl sagte zu!

Helmut kam früher von der Arbeit nach Hause, um mich abzuholen, und natürlich kamen auch die anderen Rudelmitglieder mit: Anouk, damals zwölf Jahre alt, und Thatie, damals neun Jahre alt. Als sie mich sahen, war es Liebe auf den ersten Blick. Sibyl musste nicht lange überlegen. Die Züchterin erlaubte nur einen kurzen Blick auf meine Hundemama, aber keiner durfte ins Haus gehen. Helmut empfand die Umgebung „kafkaesk", was auch immer das heißen mag, aber sicher nichts Gutes. Als er das Geld übergab, war ich schon auf Sibyls Arm und wollte nicht mehr zurück schauen. Die ehemalige Familie gab wenigstens noch einen Zettel mit, auf dem stand: „ Lisa ist ein ganz lieber Hund. Kann schon ‚Sitz' und gut an der Leine laufen. Schweren Herzens müssen wir sie weggeben, denn es klappt nicht mit unserer kleinen Tochter. Wir wünschen ihr eine liebe neue Familie."

Im Auto sagte Helmut: „Grauenvoll, wer gibt seinem Hund solch einen Namen. Ich stelle mich doch nicht ins Feld und rufe Lisa hiiiieeerrr." Er hat mich umbenannt, jetzt trage ich den schönen Name Luna. Der 1. Oktober 2010 war mein Glückstag, das weiß ich heute. Es war der Beginn meines abenteuerlichen, glücklichen neuen Lebens!

Mein neues Zuhause

Mein neues Zuhause – es sollte das erste von drei mit meinem neuen Rudel sein – hat mir gut gefallen. Das Reihenhaus hatte ein Wohnzimmer mit zwei großen Ecksofas, einen Wintergarten, einen mittelgroßen Garten mit Rasen und vielen Büschen zum Verstecken und war natürlich von einem Zaun umgeben, damit mich keiner stehlen konnte. Mein Körbchen stand in der Ecke an der Garderobe, wo nicht jeder direkt vorbeilief und ich mich ungestört ausruhen konnte. Direkt gegenüber meinem Körbchen ging eine gefährliche Treppe nach oben. Sie bestand nur aus offenen, dunkelbraunen Holzstiegen, durch die ich als Welpe leicht hätte durchfallen können. Also blieb ich auch nachts im Erdgeschoss, bis auf die wenigen Male, an denen mich eines der Mädchen vorsichtig nach oben trug. Runterzulaufen war kein Problem. Einmal habe ich mich mutig in den Keller gewagt, weil ich dabei sein wollte, als Anouk mit ihren Freunden dort eine Übernachtungsparty feierte. Leider haben sie mich nicht reingelassen und ich musste lange, sehr lange jaulen, bis Helmut und Sibyl nach Hause kamen und mich befreiten. Danach lief ich nie mehr in den Keller. Doch das war nicht mein schlimmstes Erlebnis, es sollten noch ganz andere folgen. Gut, dass ich das damals noch nicht wusste.

Stehe ich vor dem Spiegel, sehe ich darin einen weißen Hund mit einigen großen schwarzen Flecken am Rücken. Mit meinem langen, buschigen Schwanz kann ich heftig wedeln, wenn ich mich freue. Mein schwarzer Kopf wird durch eine weiße Blesse geteilt wie ein Streifen von der Stirn bis zur Schnauze, und meine dreieckigen schwarzen Klappohren hängen mir zum Glück nicht bis in den Futternapf, wenn ich fresse. Menschen streicheln gerne über mein weiches, kurzes Fell. Verglichen mit meiner Dackelfreundin Kathie bin ich ganz schön groß. Ich reiche bis zu Sibyls Knie, allerdings kann ich meinen Kopf nicht, wie mein Labrador-Freund Balou auf den Esstisch legen.

Abends wurde ich immer noch einmal richtig fit und lebendig. Man nennt das „Welpenwahn" oder „die fünf Minuten", erklärte die Hundetrainerin Sibyl. Ich wollte nur spielen und fand es sehr lustig, von einem zum anderen Sofa zu springen und Sibyl in die Seite zu zwicken. Das war die Aufforderung zum Mitspielen, allerdings verstand sie das als Mensch nicht richtig. Sie wurde böse, schimpfte laut mit mir und scheuchte mich vom Sofa. Das war aber auch ein lustiges Spiel und ich wurde noch wacher. Da nahm sie mich an die Leine und band mich am Treppengeländer fest. Das war kein schönes Ende. Schlimmer wurde es, als ihr die Trainerin beim nächsten Mal empfahl, mich als Strafe für mein lustiges Spiel in die kleine Gästetoilette zu sperren – zum Glück bei Licht. Das hat mir bald die Lust am abendlichen Spiel verdorben. Ich machte auch noch Pipi in mein Körbchen, worauf Sibyl genervt und verzweifelt reagierte. Aber die Trainerin erklärte Sibyl: „Luna ist seit dem frühesten Welpenalter durch die schlimmen Erlebnisse in ihrer ersten Familie traumatisiert. Es wird nicht einfach für sie werden, das zu verarbeiten. Auf dich und deine Familie kommt viel Arbeit zu, damit sie lernt, wieder Vertrauen zu ihrem Rudel aufzubauen. Aber das werdet ihr mit eurer Liebe schaffen!"

Meine erste und beste Freundin heißt Molly. Sie ist ein Jahr älter als ich und auch ein Hütehund, etwas größer als ich, mit langem, hellbraunem Fell, das ihr über die Augen fällt. Ihr Frauchen Tine ist auch mit Sibyl befreundet, sodass wir uns oft morgens zum Spaziergang treffen konnten. An einem Novembermorgen waren wir auf dem Steinbacher Feld und tobten vergnügt umher, doch plötzlich waren Sibyl und Tine verschwunden. Um mich herum war es jetzt grau und verschwommen. Unheimlich! Ich blieb dicht bei Molly. Ich hörte Sibyl nach mir rufen, aber woher kam ihre Stimme bloß? Sibyl hörte sich an, als hätte sie einen Ball im Mund, und ihr leises Rufen kam von allen Seiten. Molly und ich waren im Nebel gefangen. Molly rannte nur im Kreis, ich wollte sie nicht verlieren und blieb dicht bei ihr. Wo war Sibyl? Was sollten wir tun? Da durchdrang ein heller, schriller Pfeifton den Nebel. Noch einmal etwas länger ertönte er, und jetzt hörten wir, aus welcher Richtung er kam. Wir liefen eng beieinander, bis wir endlich Sibyl und Tine sahen. Vor Freude sprang ich an ihr hoch, obwohl ich das eigentlich nicht darf. Sibyl hatte die Pfeife kurz zuvor beim „Rückruftraining" von der Trainerin erhalten und schon mit mir geübt, sodass ich mir den Ton genau gemerkt hatte. Das war unsere Rettung. Dafür bin ich ihr unendlich dankbar. Wie es ausgegangen wäre, wenn sie die Pfeife nicht dabeigehabt hätte, möchte ich mir nicht vorstellen.

Mein Rudel zu beschreiben ist einfach: Helmut ist der große „Leitmensch", er beschützt uns alle, ist souverän und vertreibt Angreifer mit seiner tiefen Stimme und seiner ruhigen Art. Regt er sich auf, dann muss etwas Schlimmes passiert sein. Sibyl vertritt Helmut, wenn er tagsüber nicht da ist. Sie ist genauso dynamisch und hektisch wie ich. Spricht sie mich mit ihrer hohen Stimme an, neige ich oft den Kopf schräg nach rechts oder links und schaue sie intensiv an. Darüber freut sie sich. Ich habe schnell gelernt, ihre Stimmlage und Töne richtig einzuschätzen. Sagt sie laut und mit tieferer Stimme zu mir „Finis!" oder „Ici!", dann soll ich etwas sein lassen oder ganz schnell kommen. Meistens ist sie dann etwas böse auf mich. Sagt sie dagegen mit hoher, säuselnder Stimme „Très bien" oder höre ich ein langgezogenes: „Feiniiihh", dann habe ich etwas richtig und toll gemacht und sie freut sich. Die Kommunikation zwischen uns klappte am Anfang nicht optimal, aber jetzt sind wir ein super Team. Sie ist es ja auch, die mit mir zur Hundeschule geht, mich mindestens dreimal am Tag Gassi führt und mit mir im Garten spielt. Mein Fressen bekomme ich auch morgens und abends von ihr. Ich folge ihr überall hin. Anouk ist die ältere der beiden „Jungmenschen", geht mit mir ab und zu Gassi und nimmt oft einen Tennisball zum Spielen mit. Sie streichelt mich viel und ruft mich rein, wenn ich im Garten an der Hecke die Feinde verbelle. Thatie spielt lustig und wilder mit mir, passt oft Abends auf mich auf und gibt mir mehr Leckerlis als alle anderen Rudelmitglieder. Ich kann mich auf beide verlassen, wenn Sibyl und Helmut nicht da sind.

Das Unerwartete

Mein Alltag war schön, geregelt und sicher, bis das Unerwartete geschah, das unser aller Leben verändern sollte. Zuerst bemerkte ich eine aufkommende Unruhe in meinem Rudel. Als Helmut abends von der

Arbeit nach Hause kam und sich alle zum Abendessen trafen, sprach er lange und in gedämpfter Tonlage. Thatie fing an, zu schluchzen, Anouk sprach laut und aufgeregt und Sibyl wurde ganz still. Worum es ging, verstand ich noch nicht. Etwas Gutes konnte es nicht sein, so viel konnte ich spüren.

Dann ließen uns Sibyl und Helmut kurz nach meinem zweiten Geburtstag im Sommer 2012 alleine zurück. Es kam Miamia, Sibyls Mutter. Sie passte auf uns auf, spielte mit uns und gab uns zu fressen. Die Spaziergänge fielen kürzer als üblich aus, dafür gab es mehr Leckerlis für alle zwischendurch. Als Sibyl und Helmut zurückkamen, wurde beim Abendessen wieder laut und heftig gesprochen. Ich hörte immer wieder das neue Wort „Shanghai". Vor allem Helmut benutzte es dauernd. Was konnte das bedeuten? Wieder nichts Gutes, fürchtete ich.

In den nächsten Tagen wurde eine sehr große Box anstelle meines Körbchens an der Garderobe aufgestellt. Ich konnte aufrecht darin stehen, mich umdrehen und sogar ausgestreckt hinlegen. Zunächst wollte ich nicht hinein, denn es hatte an drei Seiten nur kleine Schlitze, durch die ich schauen konnte. An der Seite sind große rote Pfeile, die nach oben zeigen, wo die Box stabil und der Deckel ohne Schlitze ist, sodass nichts auf mich fallen kann. Abstellen soll man darauf nichts, das könnte gefährlich für mich werden. Hinein komme ich leicht von vorne durch eine Metallgittertür, die auch geschlossen werden kann. Die Box war mir nicht „ganz geheuer", wie Sibyl sagte. Sie legte eine besonders weiche, flauschige Decke und eine Schüssel mit Leckerlis hinein. Bald fand ich sie gar nicht mehr so schlecht. Im Gegenteil, ich legte mich gerne freiwillig tagsüber zum Ausruhen hinein. Aber Nachts schlief ich doch lieber davor auf den Fliesen, das war sicherer. Manchmal schloss mich Sibyl darin ein, um mich vor unangenehmen Besuchern zu schützen. Keine schlechte Idee, dachte ich und hörte auf, hektisch am geschlossenen Gitter zu kratzen. Ich freundete mich langsam richtig mit meiner Box an. Damals wusste ich noch nicht, welche Bedeutung sie für mein Leben haben sollte. Heute kann ich mir gar nicht mehr vorstellen, wie es ohne sie war. Meine Box ist für mich zu meinem sichersten Rückzugsort geworden. Dort kann mir niemand etwas tun!

Bald musste ich oft zum Impfen und wurde von einem mir unbekannten Tierarzt, in einem großen Gebäude mit langen Fluren, genau untersucht. Er sagte zu Sibyl: „Luna ist gut durchgeimpft. Hier sind die offiziellen Papiere über Lunas Reise- und Einreisetauglichkeit für Shanghai. Sie darf damit offiziell als ‚Expat Dog' reisen." Ein Expat Dog, das weiß ich heute, ist ein Hund, der mit seinem Rudel weit weg von seinem eigentlichen Zuhause zieht. Dann kamen viele Männer in unser Haus und nahmen uns alle unsere Möbel weg. Sibyl kümmerte sich in dieser Zeit nicht mehr so gut so wie sonst um mich. Sie hatte wenig Zeit, mit mir zu spielen oder unsere „Clickerkurse" zu besuchen. Das fehlte mir, denn ich liebe es, dort kreuz und quer durch Sibyls Beine zu laufen, mich im Kreis zu drehen, Spielzeuge zu holen, die ich in einen kleinen Korb lege, bis er voll ist, und ihn danach Sibyl zu apportieren. Nach jedem Kunststück macht Sibyl mit einem Knallfrosch „Click" und sofort bekomme ich ein kleines Leckerli. Das spielen wir einmal pro Woche auf dem Hundeplatz und mehrfach zuhause im Garten, aber dafür war jetzt keine Zeit. Ich weiß nicht genau, wie oft die Männer kamen, aber bald war das Haus fast leer. Zum Glück ließen sie mir meine Box, meine Fress- und Trinknäpfe und meine Lieblingskuscheltiere. Das beruhigte mich. Oben gab es nur noch eine Matratze für jedes Rudelmitglied und im Wohnzimmer ein Sofa, einen Esstisch und einen Stuhl für jeden. Jetzt hatte ich immerhin mehr Platz zum Toben und Spielen im Haus, aber das gefiel Sibyl nicht. Meine Tennisbälle mussten weiterhin im Garten bleiben. „Shanghai" hörte ich jetzt ständig.

Fast hatte ich mich an das leere Haus gewöhnt, als Sibyl zu mir sagte: „Rein in die Box. Feiniiihh. Bleib, es geht los!" Helmut und Sibyl versuchten, die Box mit mir drinnen hochzuheben, was nicht klappte. Komische Idee. Ich musste noch mal raus aus der Box. Die Trinkschale, aus der ich schon öfter getrunken hatte, wurde in die Gitterstäbe eingehängt. Ich wartete, bis wir zum Auto liefen. Ausnahmsweise durfte ich auf die Rückbank springen, denn im Kofferraum stand meine Box. Wir fuhren zu zweit los, nur Helmut und ich. Warum kamen die anderen Rudelmitglieder nicht mit? Als wir ankamen, holte Helmut zuerst die Box und dann mich raus. Ich hörte lautes Bellen aus der großen Halle, in die er mich führte. Dann sah ich darin unzähligen andere Boxen mit Tieren stehen. Alles war seltsam und unheimlich. Ich ging nah an seinen Beinen und ließ ihn nicht aus den Augen. Meinen Schwanz klemmte ich ein und wollte zurück in Richtung unseres Autos. Aber er zog mich in die anderen Richtung, wo ich meine Box erkannte. Sie stand neben einer riesigen Holzkiste, in der ein großer Hund winselte und versuchte, seine Schnauze aus den Stäben zu pressen. Meine Box kam mir im Vergleich zu dieser sehr klein vor. Ich huschte hinein und legte mich auf meine Kuscheldecke. Hier kann mir nichts passieren, dachte ich. Ein Mann kam zu uns und fragte: „Wo sind die Reisepapiere für den Expat Dog Luna nach Shanghai?" Da waren sie wieder diese Wörter. Helmut streichelte mich und schloss das Gitter: „Gute Reise, Luni. Wir sehen uns in Shanghai wieder." „Was wird mit mir und meiner Box passieren? Werde ich mit den anderen Tieren weggebracht? Muss ich zu einem neuen Rudel? Was habe ich falsch gemacht? War ich nicht in letzter Zeit ganz brav gewesen?", schoss es mir durch den Kopf.

An meine Reise kann ich mich nicht mehr genau erinnern. Nur an das sehr laute Gedröhne am Anfang, das meinen Ohren weh tat. Dann wackelte es heftig und ich rutschte in meiner Box etwas nach hinten. Zum Glück rutschte nicht die ganze Box. Bald wurde es ruhiger und leiser, sodass ich vor Angst und Erschöpfung einschlief. Als ich aufwachte, schaute ich aus den Seitenschlitzen auf die Holzbox mit dem Riesenhund neben mir, der mich anstarrte und zitterte. Keiner von uns beiden bellte. Dann hörte ich wieder diese dröhnenden Geräusche und rutschte in meiner Box dieses Mal nach vorne. Es knallte und quietschte heftig, bis es ganz still wurde. Männer kamen, die mich und den anderen Hund in unseren Boxen in Autos stellten. Wir fuhren sehr lange, aber ich konnte nichts sehen. Fast hätte ich Pipi in meine Box machen müssen, so lange dauerte es.

Endlich hielten wir an und ich wurde ins Haus getragen. Ich erkannte Sibyl, die meine Gittertür öffnete und mich als Erste begrüßte: „Erstaunlich, wie fit du diese lange Reise von über 20 Stunden überstanden hast." Ich stürmte aus der Box und sah mein Rudel vor mir stehen. Ich untersuchte die vielen Zimmer, bis ich eine Ecke fand, in der ich endlich Pipi machen konnte. Ich wurde in den Garten gelassen, der um das ganze Haus herum ging. Er kam mir fast so groß vor wie das Feld vor unserem alten Zuhause. Allerdings roch es hier seltsam süßlich und modrig. Diese Gerüche kannte ich bisher nicht. Das musste ich genauer erschnüffeln. Die Luft war sehr heiß und über dem Rasen wimmelte es von kleinen Mücken, die mich aber nicht attaktierten. Vom Ende unseres Gartens, hinter der großen, weißen Mauer hörte ich fremde, laute Geräusche. Ich rannte zurück ins Haus, wo ich meine gefüllten Futter- und Trinknäpfe entdeckte. Mein Futter roch und schmeckte wie zuhause, das war zumindest beruhigend. Am ersten Abend folgte ich Helmut über die kühle Steintreppe nach oben zum Schlafen. Ich wollte mich in diesem großen Haus nicht verlaufen. Jedes Rudelmitglied hatte oben ein Zimmer, bis auf Helmut und Sibyl, die sich wieder eins teilen mussten. Mein altes Körbchen lag vor ihrer Tür, ein guter Platz, von dem aus ich alle gut bewachen konnte. Im Haus war es nicht so heiß wie im Garten, eher angenehm kühl. In meiner ersten Nacht schlief ich tief und fest. Ich träumte von riesigen Hunden, die aus ihren offenen Boxen auf mich zu kamen. Ich hatte keine Angst vor ihnen, sondern hütete sie bellend ein, bis sie wie eine ordentlichen Herde eng zusammenstanden.

Am nächsten Tag klingelte es ununterbrochen an der Tür und Frauen sprachen in fremden Lauten auf Sibyl ein. Ich rannte jedes Mal zu ihnen und bellte, so laut ich konnte, um ihr zu helfen, sie loszuwerden. Endlich klingelte eine Frau, die unsere Sprache sprach und mich unter dem Kinn streichelte. Sibyl nannte sie Ulli. Sie brachte Yún mit, die auch komisch sprach. Yún kam schon am nächsten Tag wieder. Ich zeigte ihr mein Lieblingsspielzeug, meine bunte Wurfkordel. Sie verstand das Spiel sehr schnell. Ich brauchte es ihr nur auf das Sofa zu legen, und sie warf es mir zurück, während sie die Decken vom Sofa ausschüttelte. Das war natürlich perfekt für uns alle. Ich mochte Yún von Anfang an, auch wenn ich sie nicht gleich verstand. So wiederholte sie immer das eine Wort: „chúncuì, chúncuì" und zeigte auf meine Box. Bald verstand ich, ging hinein, und ließ sie währenddessen den Boden wischen. Sobald sie fertig war, kam ich raus und wir konnten weiter zusammen spielen. Sibyl schien Yún nicht zu verstehen. Sie gestikulierte, zeigte auf den Eimer oder holte Papier und einen Stift. Zum Glück kam Ulli vorbei und half Sibyl, da sie Yúns Sprache schon etwas sprach. Ich nahm Yún in unser Rudel auf. Leider fuhr sie nachmittags weg und schlief nicht bei uns. Ab und zu kochte sie auch für uns. Nachdem Sibyl ein wenig von ihrer Sprache gelernt hatte, sprach sie mit Yún. Aber Yún sprach viel schneller, als Sibyl es verstehen konnte. Also lachten beide nur. Von Ulli hatte sie gelernt, Crêpes zu backen, aber Sibyl wollte, dass Yún etwas kochte, das sie selber gerne aß. Ab dann brachte Yún manchmal morgens Tüten mit, aus denen ich vieles roch, das ich nicht mochte. Aber ich roch auch leckeres Fleisch. Wenn Yún das kochte, duftete es anders als sonst, und mein Rudel freute sich darüber.

Ich gewöhnte mich an das große Haus mit den wenigen Möbeln, verlief mich nicht mehr, vermisste allerdings noch einige meiner Kuscheltiere, Bälle und Schlaffelle. Schade, dass die weg waren. Doch dann fuhr ein großer Laster polternd in unsere Einfahrt und Männer schleppten viele Kisten ins Haus. Ich wurde in meine Box gebracht und sah durch die Gitterstäbe hindurch, wie meine alten Spielsachen ausgepackt wurden. Sie legten sie vor meine Box. Ich konnte es kaum erwarten, bis die Männer weg gingen und ich aus meiner Box gelassen wurde. Das Haus wurde voller und überall lag Papier auf dem Boden, mit dem ich abends spielen durfte. Es roch auch wieder ein bisschen nach „Zuhause".

A propos riechen. Als die obere Toilette komisch roch, kam ein kleiner, dünner Mann mit einer Tüte in der Hand zu uns. Er traute sich nicht in unser Haus, sagte immer wieder: „dà de gǒu" ("großer Hund", so wurde ich hier oft genannt) und schaute ängstlich durch den kleinen Schlitz der halbgeöffneten Haustür. Yún lachte und zerrte ihn rein. Ich brauchte nicht in meine Box zu gehen. Da erschnupperte ich noch einen interessanten Geruch. Ich näherte mich dem Mann, der sofort stehen blieb. Hinten an der Hose roch es besonders intensiv. Ich folgte ihm ,dicht mit meiner Nase an seinem Hintern, über die Treppe nach oben. Sibyl und Yún liefen hinter mir her und versuchten, mich am Halsband zu packen und wegzuziehen. Aber ich blieb dicht an ihm dran. Yún schimpfte laut in ihrer Sprache mit dem Handwerker. Sie holte zwei Tücher aus dem Schrank und schob ihn damit ins Bad. Danach roch er leider nicht mehr so gut. Der Mann rief Yún und wedelte dabei mit seiner Tüte. Sibyl musste Helmuts schweren Werkzeugkasten aus dem Abstellraum holen, was ich noch oft beobachten konnte. Später wollte der Handwerker nicht wieder nach unten kommen. Erst als Yún ihm zeigte, dass ich sicher in meiner Box eingeschlossen war, traute er sich. Ich wurde noch oft in meine Box gesperrt, damit alle Fremden Respekt vor mir, dem „großen, gefährlichen Hund", haben sollten. Während unserer Zeit in Shanghai wurde zweimal bei unseren direkten Nachbarn eingebrochen, die keinen großen Hund wie mich hatten, aber nie bei uns.

Unser neues Leben lief anders als vorher. In unserem Wohnviertel, durfte ich nur an der Leine ausgeführt werden. Vorbei war die schöne Zeit des Freilaufs im Feld. Dafür war nicht nur unser Garten sehr groß, sondern auch die von den Nachbarn, die auch Hunde hatten. Sibyl fand sogar die deutsche Hundetrainerin Linna, bei der wir uns mit ihrem Hund Mingming und vier anderen Hunden einmal wöchentlich zum Clickerkurs trafen. Das Clickern kannte ich schon und so konnten Sibyl und ich den anderen meine Kunststücke zeigen. Unsere Frauchen tranken währenddessen Kaffee; ich fand neue Hundefreunde oder „Sozialkontakte", wie Sibyl sagte. Helmuts Kollegen brachten aus Deutschland mein gewohntes Futter mit, sodass ich mich an kein neues Futter gewöhnen musste. Mittags führte mich meistens Yún Gassi. Kurze Zeit später kam Sibyl nach Hause und wenn es hinter der weißen Mauer klingelte und dazu laut „Jìnshu" (der Ruf des Schrottsammlers) gerufen wurde, wusste ich, dass es Zeit für die Rückkehr der jüngsten Rudelmitglieder war. Sie brachten Freunde mit, die wild mit mir spielten und kuschelten. Das war schöner als im alten Zuhause. Anouk führte mich dann oft mit einer Freundin mit dem Fahrrad und einem Tennisball im Freilauf Gassi, das durfte Sibyl nicht wissen. Mir gefiel dieses Abenteuer. Da es schon früh dunkel wurde, aßen wir auch schon früher zu Abend und Helmut kam erst nach dem Abendessen nach Hause. Bevor wir schlafen gingen, brachte er mich noch kurz Gassi und besuchte dabei seinen Freund Marco, bei dem ich mit den Kindern und dem süßen Baby noch mal spielen durfte und Helmut einen Wein trank. Ein schönes neues Leben, trotz der oft unangenehmen Luft, die so roch, als würde ich direkt vor dem Auspuff von Helmuts Auto stehen, trotz der Hitze im Sommer, die meine Zunge schnell raushängen und meine Pfoten heiß werden ließ, und der kalten Zugluft, die im Winter durch die Fenster pfiff.

Meine Ferien verbrachte ich im Dog Cennel Tonis Paradise, einer Hundepension auf dem Land. Im Winter war es zum ersten Mal so weit. Sibyl lud mein Körbchen und mein Futter in den Kofferraum und ich durfte zu ihr auf die Rückbank. Bai, ein Freund, der Helmut morgens abholte und der auch mich zum Tierarzt fuhr, brachte uns dorthin. Als ich dort ankam, war mir gleich klar, dass hier alle Yúns Sprache sprachen. Zum Glück konnte Bai für Sibyl das Wichtigste übersetzen: wie viel Futter ich täglich brauchte, wo mein Körbchen stehen sollte und wann ich wieder abgeholt werden würde. Meine Box hatten wir zur Sicherheit zuhause gelassen, damit kein anderer Hund aus dem Cennel sie aus Versehen benutzte oder vielleicht sogar mitnahm und ich nicht mehr hätte reisen können. Einige andere Worte – „Stop, Wait, Go, Here!" – sprachen sie aber auch. Die kannte ich aus der Hundeschule und wusste, was ich machen sollte. Dazu kamen noch ein paar Wörter, die ich von Yún gelernt hatte. Die Verständigung klappte gut. Hier roch es viel besser nach Land- und Hundeluft. Als wir auf die große Wiese gelassen wurden, hörte ich ein vertrautes Bellen, das musste Teddy, ein anderer Expat Dog aus meiner Wohngegend, sein. Ja, er war es. Ich war nicht alleine, meine Ferien würden gut werden. Zweimal im Jahr, im Sommer und im Winter, sollte ich hier meine langen Ferien verbringen.

Als der dritte heiße und nasse Sommer 2015 in Shanghai begann, fielen öfter die Wörter „Umzug" und „Oberursel". Wir feierten Partys in unserem Garten mit Grillwürsten und Steaks, die nicht nur lecker rochen, sondern manchmal den Freunden vom Teller fielen und direkt in meinem Maul landeten. Sibyl freute das nicht, aber mich schon. Dann kamen wieder viele Männer, die unsere Möbel und viele Kartons einpackten. Ich musste wieder fast den ganzen Tag in meiner Box verbringen, und nicht nur einen. Mein Körbchen nahmen sie auch mit, mir blieben nur mein Trink- und Fressnapf und meine Box mit meiner Lieblingsdecke. Sibyl fuhr mit mir in eine große Klinik mit vielen mir unbekannten Hunden und Katzen, alle Expat-Tiere wie ich, die untersucht und geimpft wurden. Was würde nun passieren, fragte ich mich. Gingen wir wieder in ein neues Haus?

Vertraute Gerüche
Immerhin durfte ich dieses Mal zusammen mit meinem Rudel zum Flughafen fahren. Sie stellten mich in meiner Box auf ein Band, ich schaute sie durch die Schlitze hindurch an, doch dann verschwand mein Rudel hinter schweren dunklen Gummilappen, die mich verschluckten. Ich war alleine und hoffte, dass wir uns wiedersehen würden. Ich musste nur fest genug daran glauben, denn bisher hatte es immer geklappt. Also wartete ich geduldig und kuschelte mich gemütlich auf meiner Decke in meiner Box ein. Die dröhnenden Geräusche kannte ich ja schon, nur dass dieses Mal der große zitternde Hund nicht neben wir war. Als ich aufwachte, sah ich durch die Schlitze, dass meine Box wieder auf ein Band gestellt wurde, und von weitem hörte ich schon die vertraute Stimme von Sibyl. Dann sah ich sie endlich vor mir stehen. Unge-

duldig scharrte ich an den Gitterstäben, bis sie die Box öffnete. Ich stürmte auf sie los und leckte ihr Gesicht. Hinter ihr standen meine anderen Rudelmitglieder, wir waren wieder vereint.

Wir fuhren zu einem neuen Haus. Es war nicht das Reihenhaus, das ich schon kannte. Ich durfte sofort den Garten erkunden, der viel intensiver nach frischem grünen Gras roch als in Shanghai. Unter der großen Tanne, konnte ich mich verstecken und in aller Ruhe Fährten einer Katze und eines Eichhörnchens erschnüffeln. Die Sonne schien und die frische Luft tat mir gut. Als Willkommensgeschenk erhielt ich einen riesigen Kauknochen von unseren alten Freunden, die uns mit einer Willkommensparty erwarteten. Das Haus ist größer im Vergleich zum ersten Reihenhaus, aber kleiner als das letzte in Shanghai. Ich habe mich kaum darin verlaufen und mein Körbchen liegt wieder unter Sibyls Schreibtisch. Bis zum Feld ist es nicht weit. Schon am nächsten Tag durfte ich endlich wieder im Freilauf sein, im Feld wild toben, rennen und nicht länger nur langweilig an der Leine gehen. Meine Gassirunden wurden wieder länger und ich genoss auch die Spaziergänge im nahen, schattigen Wald. Als mein Rudel bis auf Sibyl nach den Ferien tagsüber wieder weg war, kehrte Ruhe in mein Leben ein.

Und so ist es eigentlich bis heute geblieben: Morgens gehen Sibyl und ich immer zur gleichen Zeit Gassi und treffen auf unsere neuen Freunde. Alle Menschen sprechen, die mir vertraute Sprache und keiner die von Yún. Ich habe neue „Sozialkontakte", sagt Sibyl, das heißt neue Hundefreunde gefunden: Candy, Duke, Kathie, Nola, Pixie, Sam, Snoopy und deren Frauchen und Herrchen, die mir Leckerlis zustecken.

Wir sind eine wilde Gruppe unterschiedlicher Größe, Fellfarbe und Rasse, vom kleinen Havaneser bis zum großen Wolfshund. Sibyl und ich freuen uns jeden Morgen auf unsere neuen Gassirundenfreunde. Natürlich treffe ich mich bei regelmäßigen Spaziergängen auch wieder mit meiner besten alten Freundin Molly und meinem alten Labrador, Freund Balou. Obwohl wir lange weg waren, habe ich sie sofort wiedererkannt, sie freudig begrüßt und ich hatte das Gefühl, dass Sibyl sich ebenso wie ich freut, ihre alten Freundinnen wiederzusehen. Auch Helmut hat neue Hundefreunde gefunden, darunter ein Herrchen, das er besonders mag und mit dessen Hündin Mia ich mich sehr gut verstehe. Sonntags machen wir zu viert einen sehr langen, spannenden Waldspaziergang, sodass ich nachmittags gar nicht mehr raus muss.

Vor kurzem ist dann noch etwas Merkwürdiges passiert. Von einem Tag auf den anderen ist mein ganzes Rudel zuhause geblieben. Nicht nur die üblichen zwei Tage am Wochenende oder wenn der Tannenbaum im Wohnzimmer steht, sondern einfach so, und das schon seit einiger Zeit. Am Wochenende, bevor alles losging, telefonierte Helmut den ganzen Tag hektisch herum. Es war nicht so gemütlich wie sonst. Das Wort „Corona" wiederholte er dabei so häufig, dass ich es mir merken konnte. Seitdem sitzt er oben am Schreibtisch und spricht den ganzen Tag so laut, dass ich ihn trotz geschlossener Tür unten hören kann. Ich weiß gar nicht mehr, ob ich mich nach dem morgendlichen Gassigang unter Sibyls Schreibtisch im Arbeitszimmer legen oder zu Helmut nach oben gehen soll. Thatie bleibt bis zu meinem Ballspiel am Mittag oben in ihrem Zimmer und Anouk sitzt an ihrem Schreibtisch neben meinem zweiten Körbchen. Dort liege ich sonst, wenn Sibyl tagsüber unterwegs ist, aber jetzt geht Sibyl nicht mehr weg. Wo soll ich liegen? Ständig muss ich im Haus hin und her laufen, um nach meinem Rudel zu schauen. Immerhin machen wir, Sibyl und ich, morgens zur üblichen Zeit mit meinen Hundefreunden im Feld unsere gewohnte Gassirunde. Allerdings laufen die Menschen jetzt weit voneinander entfernt und müssen deshalb lauter miteinander sprechen, sodass wir Hunde kaum unsere Rückrufe hören können. Zum Glück können wir weiter wie immer miteinander im Feld rennen, spielen und toben.

Mittags kommt mein Rudel zusammen zum Essen und es riecht viel leckerer als vorher, als ich mit Sibyl mittags alleine war. Leider bekomme ich nichts davon ab! Nach meiner Abendfütterung geht Helmut seitdem mit mir eine lange Extrarunde spazieren. Ich werde auch nicht mehr abends alleine zuhause gelassen, das gefällt mir besonders gut.

Mein zehnter Geburtstag war ein ganz besonderer Tag, denn es waren alle zuhause. Sie kuschelten morgens lange mit mir, bevor ich in zwei große Kartons schnuppern durfte. Es roch nach Leckerlis, aber ich fand auch ein neues Kuscheltier und zwei Tennisbälle darin versteckt. Das war eine tolle Überraschung. Vom Kuchen, den Thatie gebacken hat, habe ich wieder mal nichts abbekommen.

Ich fühle mich wohl und geborgen, wenn wir alle zusammen sind. Ich bin glücklich, eine Familie gefunden zu haben, die mich liebt und der ich vertrauen kann. Alles läuft so, wie ich es mir erträumte. Ich wünsche mir, noch lange mit meinem Rudel, egal an welchem Ort, zusammenleben zu können. Meine Box steht in der Wohnküche parat, falls ich, der Expat Dog Luna, wieder einmal weiterziehe

Das Leben ist nichts ohne Musik

Elisabeth Jung

Sonntags um 14.00 Uhr gab es im Hessischen Rund-
funk das Kinderprogramm „Tante Jo und ihre kleine
Bande". Ich freute mich die ganze Woche darauf.
Unser Radio, Marke Telefunken, ein großer, brauner
Kasten mit elfenbeinfarbenen Tasten, stand für mich
unerreichbar hoch auf einem Regalbrett neben dem
Küchenfenster.
Nach dem Mittagessen musste es schnell gehen. Damit
wir pünktlich zur Sendezeit fertig wurden, half ich mit
meinen kleinen Händen, ich war erst fünf Jahre alt,
meiner Mutter beim Spülen und Aufräumen. Geschafft!
Küche aufgeräumt! Vater legte sich zum Mittagsschläf-
chen auf das Sofa und Mutter hörte mit.
Damit ich die Kindersendung von Anfang an hören
konnte, musste Mutter den großen Kasten einige Minuten vorher einschalten, denn er brauchte einige
Zeit, um „warm" zu werden. Unruhig rutschte ich auf
meinem Stuhl hin und her, den Blick auf das grüne
Auge in der oberen rechten Ecke gerichtet, gespannt
darauf wartend, dass das „Bullauge" endlich
aufleuchtete. Jetzt! Pünktlich ging es los.
Die „kleine Bande", eine Kindergruppe des hessischen Hörfunks, sang zu Beginn der Sendung ihr Lied
„Heiter sind wir immer froh, wir und unsre Tante Jo!
Wer Radio hört im Hessenlande, der kennt auch uns,
die kleine Bande. Eine Sendung von den Kleinsten für
die Kleinsten".
Gespannt lauschte ich den Liedern und Gedichten des
Tages- und Jahreskreises sowie den Wanderliedern,
manche sang ich mit. Eine Flötengruppe ergänzte die

musikalischen Darbietungen der kleinen Bande. Der Klang der Flöten, wenn sie „Ein Vogel wollte Hochzeit machen" oder besonders in der Weihnachtszeit „Kling, Glöckchen, klingelingeling" spielten, faszinierte mich.

Gebannt hörte ich auch „Onkel Wullewatz" zu, der jedes Mal neue Geschichten und Märchen vom Rumpelstilzchen und den Räubern zu erzählen wusste.

Zwischendurch befragte Tante Jo ihre kleinen Sänger nach alltäglichen Erlebnissen, Geburtstagen, Ostern, Weihnachten, und ob ihnen die Geschichte von Onkel Wullewatz gefallen hatte.

Wunschzettel

Jedes Mal, wenn ich die Flötengruppe hörte, wuchs mein Wunsch, selbst Flöte spielen zu können. Vogelstimmen imitieren und den hellen Klang eines Glöckchens ertönen lassen. Mutter spürte meine Begeisterung. Nach dem Ende einer Sendung sagte sie: „Gell, das gefällt dir!" Mit einem tiefen Blick und einem bejahenden Kopfnicken antwortete ich: „Ich wünsche mir vom Christkind eine Flöte. Ich will lernen, auch so schön zu spielen!" Mutter wiegte den Kopf hin und her und meinte: „Warten wir's ab, vielleicht bringt dir das Christkind ja eine Flöte. Du kannst sie ja auf deinen Wunschzettel schreiben, bis Weihnachten ist es noch ein bisschen hin."

Es war September und die Monate bis Weihnachten zogen sich endlos hin. In den Wochen vor Heiligabend malte ich für das Christkind meinen Wunschzettel. Ganz oben, als ersten und sehnlichsten Wunsch, die Blockflöte. In der Adventszeit, wenn ich mit Mutter oder Oma Plätzchen backte, träumte ich immer von meiner Blockflöte und hoffte, das Christkind würde sie mir bringen. Schließlich wurde es Oma zu viel. „Ich weiß nicht, was das Christkind macht, wart's ab! Wenn du das ganze Jahr über brav warst, bringt es dir vielleicht eine Flöte." Damit war das Thema für sie erledigt. Aber ich grübelte weiter. War ich ausreichend "brav" gewesen? Welche Frechheiten hatte ich mir während der zurückliegenden Monate geleistet? Darüber dachte ich ständig nach.

Bis Weihnachten stieg meine Spannung ins Unerträgliche. An Heiligabend bekam ich keinen Bissen herunter. Immerzu dachte ich daran, ob sich mein Weihnachtswunsch wohl erfüllen würde. Mit dem Erklingen des Glöckchens rief Mutter: „Kinder, ihr könnt kommen, das Christkind war da!"

Mein Bruder und ich stürmten in die Wohnstube. Die Kerzen am Weihnachtsbaum brannten, die Krippe war hell erleuchtet, auf dem Gabentisch lagen viele Päckchen. Ob darunter auch ein Päckchen mit einer Flöte war? Bis sich das herausstellen sollte und es ans Auspacken ging, mussten wir, wie alle Jahre wieder „Stille Nacht, heilige Nacht" und „Oh du fröhliche" singen.

Es war einfach, die Päckchen an deren Größe zu erkennen. Wie jedes Jahr bekam Vater Socken, ein neues Hemd und Tabak für seine Pfeife. Mutters Päckchen enthielt eine Bluse und „4711", Kölnisch Wasser aus der Kölner Glockengasse, geschenkt, mein Bruder packte Buntstifte und Malblöcke, zwei Unterwäschegarnituren, Strümpfe und eine Lok für seine Märklin-Eisenbahn aus.

Dann war ich dran. Mit glühenden Wangen nahm ich das erste meiner Päckchen vom Stapel, betastete es. Es war weich. Als ich es öffnete, fand auch ich wieder Praktisches: für die kalte Jahreszeit je zwei paar warme Strumpfhosen und Wäschegarnituren. Das nächste Päckchen enthielt, wie auch bei meinem Bruder,

Buntstifte und Malblöcke. Das nächste war länglich, fühlte sich fest an. Mein Herz klopfte vor Aufregung. Als ich es öffnete, sah ich eine, meine Flöte – eine Mollenhauer! Vor Freude klatschte ich in die Hände. Ich hob die drei Teile, den Flötenkopf, das lange Mittelstück und das kürzere Endstück, heraus und steckte sie zusammen. Zum Leidwesen meiner Eltern versuchte ich sofort meine ersten Töne zu erzeugen. Mutter blockte die schrille Piepserei ab: „Leg jetzt erst einmal die Flöte weg und schau nach, was noch so alles in dem braunen Flötenkasten drin ist."

Ich fand einen Flötenputzer, Pflegeöl und das „Flötenbüchlein für die Schule zum Singen und Spielen". Erstaunt, neugierig und voller Respekt betrachtete ich das Flötenbüchlein mit dem darauf abgebildeten Notenband. Mutter, die neben mir auf dem Sofa saß, nahm das Flötenbuch in die Hand und las mir das erste Kapitel „Behandlung und Haltung der Flöte" sowie die „Lage der Finger" vor. Dabei erzählte sie mir, dass ich mit Beginn des neuen Jahres Flötenunterricht bei Herrn Jung, einem Musiklehrer in der Frankfurter Straße, erhalten würde. Mein Weihnachtsabend klang glückselig aus. Das Christkind hatte meinen Wunsch erfüllt.

Tonleiter

An einem Dienstagnachmittag im Januar 1956 begleitete mich mein Vater zu meiner ersten Unterrichtsstunde bei Herrn Jung. Das große Wohnzimmer diente als Unterrichtsraum. In der Mitte stand ein riesiger schwarzer Flügel, abgedeckt mit einer schwarzgoldenen Brokatdecke, auf der ein Metronom stand. Mein „Flötenbüchlein" durfte ich auf den Notenständer legen.

Stolz kletterte ich ab jetzt einmal in der Woche die breite, gewachste Holztreppe in den zweiten Stock hinauf.

Außer Puste drückte ich auf den messingfarbenen Klingelknopf. Nach einer Weile, die mir wie eine Ewigkeit vorkam, hörte ich, wie sich eine Tür öffnete und jemand in kurzen, energischen Schritten auf die Eingangstür zulief. Frau Jung, die kleine, zierliche Frau meines Musiklehrers, nahm mich stets freundlich mit den Worten „Guten Tag, Elisabeth" in Empfang. Während sie mich von der Eingangstür über den großen Flur zum Wohnzimmer begleitete, stellte sie mir stets gleiche Frage: „Hast du auch schön geübt?" Ich nickte und trat durch die mir geöffnete Tür ins Wohnzimmer, wo Herr Jung in einem dunklen Anzug mit weißem Hemd und Krawatte würdevoll am Klavier saß und mich begrüßte. „Na, hast du auch alle aufgegebenen Stücke fleißig geübt?" Mit einem lauten „Ja" sprach ich mir selbst Mut zu und packte meine Flöte und das Notenbüchlein aus.

Zu Beginn einer jeden Stunde musste ich die Tonleiter rauf und runter spielen. Das ging noch ganz gut. Dann fragte Herr Jung die neu erlernten Noten ab. Ich zeigte ihm die Griffe auf meiner Flöte. Bevor wir den nächsten Ton lernten, überprüfte er meine Hausaufgaben. Dabei begleitete er mich auf dem Flügel. Er achtete nicht nur streng darauf, dass ich die Noten richtig spielte, sondern auch auf die Einhaltung der Pausen und des Rhythmus. Das tickende Metronom brachte mich ganz durcheinander, so dass ich aus dem Takt kam. Streng ermahnte mich Herr Jung: „Elisabeth, nun noch mal und jetzt aber richtig." Ich versuchte, mich dann besonders zu konzentrieren, und gab mir große Mühe an alles gleichzeitig, die Vorzeichen, Notenlängen und Pausen, zu denken. Bei manchen Stücken konnte ich mich aber noch so sehr anstrengen, es wollte einfach nicht klappen. Nach einem weiteren kläglichen Versuch ging Herr Jung mit mir zum „nächsten Lernschritt" weiter, übte wieder zwei neue Noten ein. Zuerst machte ich ein paar Griffübungen, spielte die beiden Töne im Wechsel hintereinander. Wenn das klappte, suchte er eines der Lieder aus dem dazu gehörenden Kapitel des Flötenbüchleins heraus.

War die Stunde zu anstrengend, schlich ich erschöpft die Treppe hinunter nach Hause.
Dort angekommen, meldete ich mich im Geschäft meiner Eltern zurück. Ich lief durch die Waschküche vorbei am Vater, der mit dem Bestücken der Maschinen beschäftigt war, zur Mutter in die Mangelstube. Sie empfing mich mit den Worten: „Na, wieder da? Wie war's?"
Diese Frage hätte sie nicht stellen brauchen. Sie kannte mich doch und merkte schon an der Art und Weise, wie ich durch die Tür kam, in welcher Stimmung ich war. Sie tröstete mich: „Das ist nicht so schlimm. So leicht fällt kein Meister vom Himmel." In der Küche wartete Oma mit einem heißen Kakao und tröstete mich ebenfalls.
Ermuntert durch den Zuspruch von Mutter und Oma steigerte ich mein Übungspensum. Vater fragte nie, welche Fortschritte ich machte. Ich wusste, dass das Ehepaar Jung zu den Kunden in unserer Wäscherei gehörte und Vater alle zwei Wochen deren Wäsche holte. Immer erkundigte er sich nach meinem Leistungsstand. Herr Jung klärte ihn über mein Können und das in mir steckende Potential auf. In diesen Lehrer-Vater-Gesprächen bin ich immer „gut weg" gekommen. Darüber habe ich mich sehr gefreut.

Nachdem ich die Blas- und Grifftechnik meines Instruments gut beherrschte, konnte ich auch schwierige Stücke. wie zum Beispiel den „Hirtenmarsch" sowie Menuette von Händel spielen. Jetzt machte es richtig Spaß.

Leider zog das Ehepaar Jung nach Bayern. „Ich war traurig. Wie sollte es mit meinem Flötenunterricht weitergehen?

Meine wöchentlichen Übungsstunden vermisste ich sehr. Um weiteren Flötenunterricht zu bekommen, lag ich Vater und Mutter ständig in den Ohren.

Endlich war eine neue Lehrerin für mich gefunden. Nach den Osterferien fuhr mich Vater in den Hainerbergweg zu Frau Bindernagel.

Klein und rundlich, das graue Haar kurz geschnitten, angezogen mit einem roten Strickrock und beigem Pullover, so stand sie vor mir. Streng und unnahbar.

In dem spartanisch eingerichteten Arbeitszimmer standen der stets aufgeräumte Schreibtisch, ein kleines rundes Tischchen, auf dem ein gesticktes Deckchen lag, sowie zwei Stühle und ein „gagelischer" Notenständer, auf den ich meine Noten legte. Ab jetzt erhielt ich Übungsstunden ohne Klavierbegleitung und Taktvorgabe des Metronoms. Ich war überrascht. Alles war so ganz anders und ungewohnt. Wehmütig dachte ich an die Zeit mit Herrn Jung zurück. Oh je, wäre er doch nicht von Königstein weggezogen!

Während ich meine „Sachen" auspackte, die Flöte zusammensteckte und den „Flötenmusikanten" hervor holte und auf den Notenständer legte, zog Frau Bindernagel die beiden Stühle heran. Zuerst ließ sie mich die Tonleiter rauf und runter spielen. Nachdem ich das letzte, von mir fleißig geübte Musikstück vorgetragen hatte, übten wir das nächste Lied ein. Dabei saß sie, einen spitzen Bleistift in der Hand haltend, neben mir und zeigte auf die von mir zu spielenden Noten. Wenn ich die Note nicht kannte, schrieb sie mir die Note darüber und zeigte mir den Griff mit den Worten: „Das ist das B. So und jetzt spielst du noch einmal das ganze Stück von vorne." Meine Aufgabe für die nächste Flötenstunde bestand darin, das Stück zu Hause „fleißig" zu üben.

Ich atmete auf. Die Stunde war zu Ende. Die Treppe hinunter springend verließ ich das Haus. Vater erwartete mich bereits. Mit einem „langen Gesicht" stieg ich ins Auto ein. Er sagte: „Fertig für heute?" Seufzend antwortete ich: „Ja."

Der langweilige Unterricht war eine Tortur. So langsam verlor ich die Lust. Ende 1961 eröffnete Frau Bindernagel meinem Vater, dass sie als Lehrerin die Volksschule verlassen und in eine andere Stadt ziehen werde. War ich froh! Doch ihr Abschied bedeutete gleichzeitig wieder die Einstellung meines Flötenunterrichts.

Weil ich auch genug für die anderen Unterrichtsfächer zu lernen hatte, legte ich keinen Wert mehr auf eine zusätzliche Übungstortur in den Nachmittagsstunden.

Neuanfang
In das überalterte Lehrerkollegium unserer Volksschule traten 1963 drei junge Lehramtsreferendare ein. Auf diese waren wir Schüler alle sehr gespannt.

Ein jeder von ihnen brachte neuen Schwung in die Schule. Einer von ihnen, Herr Wolf, gründete eine Flötengruppe und unseren Schulchor.

Meine musikalische Leidenschaft und mein Ehrgeiz waren wieder geweckt. Es war ganz klar, dass ich mich für den Schulchor meldete und auch meine Flöte mitnahm, um vorzuspielen.

Die wöchentlichen Übungsstunden der Flötengruppe und des Chores lagen in der Regel am Ende eines Unterrichtsvormittags. Herr Wolf war streng, aber gut. Wir lernten klares Aussprechen und gemeinsames Beenden des letzten Tones. Auch bei hochsommerlichen Temperaturen verlangte er von uns in der 5. und 6. Stunde noch Disziplin und Leistung.

Das Ergebnis konnte sich hören lassen. Chor und Flötengruppe begleiteten von nun an musikalisch Einschulungsfeiern und Schulfeste.

Als der „Lange", wie wir Herrn Wolf im Pausen Jargon nannten, seine Käthe heiratete, übte sein Kollege Herr Stowasser heimlich eine Überraschung mit uns ein.

Am Tag der Hochzeit waren wir alle sehr aufgeregt, hatten wir doch auch wie die großen Stars Lampenfieber. Der feierlich geschmückte Festsaal mit der Hochzeitstafel, war noch still und verwaist, als unser Chor noch einmal die beiden Lieder „Viel Glück und viel Segen" und das Lied von der Vogelhochzeit einübte.

Wir verstummten, als nach und nach die Gäste eintrudelten, und warteten gespannt auf den großen Moment, in dem das Brautpaar zur Tür hereinkommen würde.

Endlich waren sie da. Braut und Bräutigam standen in der Tür. Der Chor setzte ein und sang. Überrascht von unserem Ständchen bedankte sich das Brautpaar. Die Gäste applaudierten. Mit glänzenden Augen verließen wir fröhlich den Festsaal. Ein jeder von uns erhielt beim Hinausgehen einen „Mohrenkopf".

Musikalische Pause
An Wochenenden, wenn ich Max Greger auf dem Saxophon spielen hörte, packte mich der Sound dieses

Instruments. Besonders gern hörte ich auch Captain Cook und seine singenden Saxophone.

Eines Tages, wenn ich einmal im Rentenalter sein würde, das stand fest, wollte ich wieder Musik machen und Saxophon spielen lernen.

Lediglich zu Weihnachten, an Heiligabend, holte ich meine Flöte aus der Schublade, um gemeinsam mit meiner Nichte Kathrin der Familie Weihnachtslieder vorzuspielen. Danach verschwand das Instrument für lange Jahre wieder in der Schublade.

Im Herbst 2011 las ich im kostenlosen Wochenblättchen „Königsteiner Woche" einen Bericht über die Musikschule. Die Schule beabsichtigte, analog zum Bläser-Orchester der St. Angela-Schule ein solches für Erwachsene aufzubauen und bat darum, dass sich Interessierte mit und ohne Notenkenntnisse zum Ausprobieren eines Instrumentes melden sollten. Sie bot allen Musikinteressierten einen kostenlosen „Schnupperabend" an, an dem verschiedene Instrumente ausprobiert bzw. getestet werden konnten. Ich war angetan von der Idee, wieder ein Instrument spielen zu können. Das war meine Chance. Tagelang ging ich mit dem Gedanken schwanger, mich für das Probespielen anzumelden.

Doch immer wieder kamen mir Zweifel, ob ich mich dieser neuen Herausforderung stellen sollte. Ich fasste mir ein Herz und rief in der Musikschule an. Der Leiterin, Frau Gien, erklärte ich meine Situation, berichtete von meinen Vorkenntnissen und dem Wunsch, Saxophon lernen zu wollen. Als ich die Frage nach einer Altersgrenze stellte, wischte sie lachend meine Bedenken zur Seite und erklärte mir: „Es soll ein Orchester für alle Altersgruppen sein, mit Musikern mit und ohne Vorkenntnissen."

Zu den wöchentlichen Orchesterproben sollten für die einzelnen Instrumentengruppen Einzel- und Gruppenunterricht stattfinden. Nicht vorhandene Instrumente könnten ausgeliehen werden. Das beseitigte meine Zweifel. Wir vereinbarten eine Schnupperstunde.

Nach Dienstschluss fuhr ich in die Ursulinenschule. Im Treppenhaus begegneten mir Bewerber, die schon „ihr" Instrument ausprobiert hatten. Da ich das Saxophon ausprobieren wollte, verwies mich Frau Gien an ihren Kollegen Herrn Baron im Klassenraum nebenan. Dort hatte ich zum ersten Mal ein Saxophon in den Händen und musste feststellen, dass das Instrument nicht nur schwer, sondern auch schwierig zu spielen ist. Besonders unangenehm empfand ich das mit einem „Plättchen" ausgestatteten Mundstück. Nur mit Mühe gelang es mir, dem Instrument einen Ton zu entlocken. Ich versuchte es immer wieder, mit mehr oder weniger Erfolg. Nach einigen frustrierenden Versuchen wechselte ich in den anderen Klassenraum zu Frau Gien und bat sie, die Querflöte ausprobieren zu können. Auf Anhieb gelang es mir, diese zu spielen. Obgleich die Grifftechnik im Vergleich zur Blockflöte eine andere ist, verspürte ich eine Ähnlichkeit zu meiner alten Flöte. Um alle Zweifel zu beseitigen und eine klare Entscheidung treffen zu können, wechselte ich mehrmals zwischen den Räumen hin und her, hob das eine, dann das andere Instrument auf, spielte. Schließlich gelangte ich zu der Überzeugung, dass mein Trauminstrument Saxophon doch nichts für einen geplanten Neuanfang war. So entschied ich mich für die

Querflöte, eine Entscheidung, die ich bis heute nicht bereue.

Der Kurs startete im Februar 2012 und bestand aus zwei Teilen, der Orchesterstunde, donnerstags unter der Leitung von Markus Tumbrinck, und der Instrumentalunterricht, dienstags bei Frau Sabine Laakso in der St. Angela-Schule.
Für zehn Euro monatlich lieh ich mir eine Querflöte. Wie viele Schüler dieses Instrument mit dem blechernen Klang eines Regenrohres schon vor mir gespielt hatten? Ich weiß es nicht. Aber damit nahm ich für den Anfang erst einmal vorlieb, und das fiel mir schwer. Ich musste nicht nur das neue Instrument erlernen, das Greifen und Übersetzen der Noten vom Blatt, auch unterschiedliche Rhythmen und Notenwerte. Halbe, Viertel, Sechzehntel. Wie war das nochmal?
Alle Musiker brachten unterschiedliche Vorkenntnisse mit. Markus Tumbrinck baute die Orchesterstunden nach dem Unterrichtswerk Essential Elements auf. Schritt für Schritt erarbeiteten wir uns die fehlenden Kenntnisse und Fertigkeiten. Einige Lektionen waren eine Herausforderung. Ich war drauf und dran, den Mut zu verlieren.
Noch anstrengender waren die Instrumentalstunden, die anfänglich als Gruppenunterricht erteilt wurden. Wir waren vier Flötenpielerinnen. Ich als Anfängerin, drei auf Level C spielende Schülerinnen. Mit fortschreitendem Unterricht driftete das Leistungsniveau so weit auseinander, dass wir beschlossen, Einzelunterricht zu nehmen.
Aufgrund meiner starken beruflichen Belastung war es mir nicht möglich, dass uns aufgegebene Pensum täglich zu üben. Frau Laakso, unsere Flötenlehrerin,

ist bis heute in ihrer Arbeit sehr anspruchsvoll. Sie achtet nicht nur auf eine gute Haltung, sondern wacht auch darüber, dass die Finger richtig auf den Klappen liegen, Noten und Takt richtig gespielt werden. Immer wieder erinnert sie mich, die Flöte zwischen den einzelnen Übungen abzusetzen, macht mit mir Lockerungsübungen gegen Schulterverspannungen.

Manchmal hatte ich den Eindruck, dass sie sich nicht vorstellen konnte, dass wir nach einem stressigen Arbeitstag nicht unbedingt noch Lust aufs Üben hatten. Aber ich biss mich wie alle Anfänger durch.

Mit dem Beherrschen meines Instruments wünschte ich mir endlich eine eigene Querflöte. Fortgeschritten, wollte ich kein „Regenrohr" mehr blasen. So fuhr ich im Januar 2013 in die Blasinstrumentenschmiede nach Taunusstein.

Im Nebenraum des Musikalien-Ladens befand sich eine raumhohe Vitrine mit Querflöten aller renommierten Hersteller. Frau Sowa schloss mir die Vitrine auf. „Hier sind die Querflöten, die wir haben. Probieren sie alle aus, lassen sie sich Zeit." Jetzt hatte ich die Qual der Wahl. Ich begann die in Reihen nebeneinander aufgestellten Flöten, rechts oben beginnend, eine nach der anderen, auszuprobieren.

Dabei achtete ich mehr auf den Klang als auf den Namen des Herstellers. Nachdem ich etliche ausprobiert, wieder zurückgelegt hatte, noch einmal die ein oder andere Flöte spielend, kehrte ich immer wieder zur „Althus"/Azumi aus Japan zurück. Sie lag gut in meinen Händen. Ihr weicher Klang faszinierte mich. Preislich im Mittelfeld der angebotenen Querflöten liegend, leistete ich sie mir als verspätetes Weihnachtsgeschenk und fuhr glücklich nach Hause.

„Kingstruments"

2015 übernahm unser Dirigent Markus Tumbrink zusätzliche Aufgaben im Schulbetrieb, so dass er gezwungen war, die Zusammenarbeit mit unserem Orchester aufzugeben. Es traf uns wie ein Paukenschlag. Für uns war es eine Zäsur. War dass das Ende? Das konnte und sollte nicht sein!

Für das Dirigentenamt konnte er seinen Kollegen Andrew Laubstein gewinnen.

Andrew, der seit 2001 an der Musikschule Königstein unterrichtet und in der St. Angela-Schule als Dirigent und Bläser-Lehrer tätig ist, sammelte als Solo-Posaunist großer Orchester weltweit Erfahrung, die er in seine Arbeit einbringt. Würde er sich uns dauerhaft als Orchesterleiter zur Verfügung stellen?

Er übernahm jedoch den Dirigentenstab nicht, ohne sich in einer Orchesterprobe von unserem Können zu überzeugen.

Er hat Ohren wie ein Luchs. Konzentriert und kritisch unserem musikalischen Spiel zuhörend, stand er vor uns in der Aula. Seinem Gesichtsausdruck konnten wir nicht ansehen, welchen Eindruck er von uns bzw. unserem Können hatte.

Doch dann, am Ende der Orchesterstunde, verkündete er seine Entscheidung, mit uns arbeiten und uns in die Zukunft führen zu wollen. Für unsere Weiterentwicklung forderte er regelmäßiges Erscheinen, intensives Üben, nicht nur in den Probenstunden, sowie zusätzliche Einzelstunden.

Würde ich diesem Anspruch gerecht werden können? Ich schluckte. Ich konnte! Denn mit Eintritt in mein Rentnerleben hatte ich mehr Zeit fürs Üben und wurde sicherer.

Mit der Stabsübernahme durch Andrew wurden die Musikstücke immer anspruchsvoller, die Proben intensiver. Dazu kamen monatliche Registerproben, ein jährliches Kammerkonzert. Konzerte an Wochenenden ergänzten unsere wöchentlichen Orchesterproben.

Zusätzlich schlossen wir Querflöten uns zu einem eigenen Ensemble zusammen, das einmal jährlich im Rahmen einer Schüler-Matinee unter dem Leitsatz der Musikschule „Musik von Anfang an ein Leben lang!" mit Flötenschülern aller Altersgruppen musiziert.

Inzwischen waren wir so bekannt, dass wir für unser Orchester einen Namen suchten, unter dem wir uns zukünftig präsentieren und öffentlich auftreten wollten. Wir einigten uns auf „Kingstruments". Als Leitmotiv wählten wir den Satz von Friedrich Nietzsche „Ohne Musik wäre das Leben ein Irrtum". Das war eine tolle Idee. So kündigten wir ab sofort unsere Konzerte auf Flyern und Plakaten an. Außerdem entwarfen wir eine Website und erstellten WhatsApp-Gruppen.

Für ein einheitliches Erscheinungsbild bestellten wir T-Shirts, Polo- und Sweatshirts mit unserem Logo und Leitmotiv.

Nach und nach erarbeitete sich das Orchester ein großes Repertoire. In Veranstaltungen der Musikschule gaben wir Konzerte an unterschiedlichen Orten. Die Presse berichtete positiv, teilweise begeistert. Höhepunkt für uns war jedoch der Festakt der Feierlichkeiten zum 45-jährigen Jubiläum der Verschwisterung der Städte Königstein/Le Cannet am 24. Juni 2017 im Haus der Begegnung.

Auf Einladung des Förderkreises gestalteten wir das Rahmenprogramm für den Festakt. Auf diesen, unseren ersten ganz großen Auftritt hatten wir uns lange und intensiv vorbereitet. Ich war aufgeregt, hatte Lampenfieber. Noch nie zuvor stand ich so im Fokus der Öffentlichkeit. In feierliches Schwarz gekleidet, eröffneten wir den Festakt mit der „Olympische Fanfare". Als musikalischen Abschluss stimmten wir die Nationalhymnen „Einigkeit und Recht und Freiheit", die „Marseillaise" und die Europahymne „ Ode an die Freude" an.

Die Presse berichtete über das Großereignis. Der Journalist der „Taunus-Zeitung" schrieb: „Auf der Bühne spielte das wunderbarste Orchester, das ich seit Langem gehört habe."

Er gab in seinem Artikel die Begeisterung der Gäste wieder, die nach CD's mit unserer Musik fragten, die es nicht gab. Der plötzliche Erfolg überrollte uns. Daran hätten wir im Traum nicht gedacht.

Probenfreizeiten

Seit 2015 fahren die „Kingstruments" jedes Jahr am letzten Wochenende vor den Herbstferien zur Probenfreizeit nach Rhens am Mittelrhein. Dort saßen wir im Veranstaltungsraum des „Roten Ochsen" wie die Heringe dicht an dicht. Die Luft war schlecht, die Akustik kastastrophal. So wurde der Wunsch nach Veränderung immer lauter.

Eine Unterkunft für das inzwischen 36 Musiker zählende Orchester von Holz- und Blechbläsern sowie das Schlagzeug zu finden, war nicht einfach. Wir brauchten einen großen, schallgedämpften Übungsraum mit guter Beleuchtung und Akustik und der Möglichkeit, bis in die späten Abendstunden zu proben.

Am 21. September 2018 machten wir uns schließlich, in Fahrgemeinschaften organisiert, auf den Weg in die Rhön. In der Hotelanlage „Fohlenweide", einer umgebauten Hofreite, fanden wir Musiker beste Bedingungen vor. Der freistehende, holzverkleidete Bau mit seinem Tagungsraum hat raumhohe Fenster, verfügt über eine gute Akustik und ist optimal ausgeleuchtet. Im Halbkreis saßen Querflöten, Klarinetten, Alt- und Tenor-Saxophone, Trompeten, Posaunen, Euphonium und Schlagzeug vor unserem Dirigenten und „Chef" Andrew Laubstein.

In größeren, zusammenhängenden Übungseinheiten vertieften wir im Zusammenspiel Dynamik und Rhythmik der bereits einstudierten Musikstücke unseres inzwischen 41 Titel umfassenden Repertoires. Dabei geht Andrew auf die besonderen Notenpassagen ein, die jede Instrumentengruppe in ihrem Notenblatt hat.

Die Querflöten, auch die Pfeifen des Orchesters genannt, stehen in dem Ruf, wie die von ihnen gespielten Tonlagen schrill und zickig zu sein. Das stimmt aber nicht. Ganz im Gegenteil. Der Klangcharakter unseres Instruments, das zu den Holzblasinstrumenten zählt, reicht von leicht, weich, zart, brillant, graziös, durchdringend bis ausdrucksstark und melancholisch. Außerdem werden wir Pfeifen seit ein paar Monaten von einer Oboe unterstützt. Bei der Einstimmung des Orchesters gibt die Oboe stets den Ton an, nach dem sich alle anderen Instrumente richten. Der Klang von beiden trägt zur Abrundung des Klangbildes bei. Sie sitzen grundsätzlich vorne. Hinter uns nehmen die Klarinetten Platz, die mit ihren Noten in den mittleren Tonlagen oftmals im Wechsel mit den Querflöten spielen. Lautstark, nicht überhörbar dahinter die Saxophone und Tenor-Saxophone mit ihrem mal warmen, weichen oder hellen und dunklen Klang. Die Trompeten und Posaunen, unsere Blechbläser sind von allen Instrumentengruppen die lauteste. Obgleich in der letzten Reihe sitzend, hört man sie problemlos über alle anderen Musiker hinweg und Andrew wird nicht müde, sie in den einzelnen Stücken auf die Tonstärke „piano" hinzuweisen.

Unser „Rechts außen" sind die unterschiedlich großen Trommeln und Becken, das Schlagzeug. Es ist die treibende rhythmische Kraft, das Fundament.

Jeder der Musiker hat direkte Sicht zum Dirigenten.

Unser Repertoire umfasst klassische Musik ebenso wie Swing & Pop.

Die uns neu ausgeteilten Noten von Gustav Mahlers „Symphonie Nr. 3" und Perez Prados „Mambo Nr. 5", ein musikalisches Kontrastprogramm, ließen unsere Instrumente im wahrsten Sinne des Wortes qualmen. Konzertreif waren beide Stücke selbst trotz intensivsten Übens noch lange nicht.

Längere Pausen nutzten die einzelnen Instrumentengruppen unterschiedlich. Während die Klarinetten und Trompeten eine Jogging-Runde einlegten, genossen die Tenor-Saxophone die letzten warmen Sonnenstrahlen der ersten herbstlichen Tage auf den Liegen im Park. Ich fuhr mit den Querflöten nach Fulda zur Dom- und Schlossplatzbesichtigung.

Der „Absacker" am Ende des anstrengenden Tages löste die Anspannung, brachte uns in fröhlicher und lockerer Atmosphäre zusammen. Wir ließen das Konzert anlässlich des 45-jährigen Jubiläums der Städtepartnerschaft noch einmal Revue passieren, lachten viel, tauschten Neuigkeiten aus.

Nicht nur der Tag, sondern auch die Nacht war lang. Obwohl todmüde, spielte ich mit den noch nicht vor Erschöpfung ins Bett geflohenen Musikern bis weit nach Mitternacht unsere „Favorites".

162

Mit einer Reservierung für die folgenden zwei Jahre traten wir bei Regen und starkem Wind die Heimreise an. War das ein anstrengendes Wochenende!

So ist die Musik zu einem unverzichtbaren Teil meines Lebens geworden.

"**Grabtuch**"; Frottage auf Nessel 2007; 115 cm x 137 cm

Grabrede

Christel Locher

> Der Wind streicht über das Gras
> meine Seele weht
> in die Ewigkeit

Hier liege ich nun in einer Kiste aus edlem Holz, gebettet auf weichen Daunen, gekleidet in ein festliches Kleid, das mir noch nie gefallen hat. Es hat Rüschen und Falten, die Seide schillert in grauen und schwarzen Farben, ein kleiner, weißer, runder Kragen schließt eng am Hals ab, geschlossen wird es mit Knöpfen aus Perlmutt. Geschminkt wurde ich auch, das wirkt so künstlich frisch, der Mund ist kirschrot bemalt, mit Lipgloss überzogen. Ich mag keine Schminke, konnte mich aber nicht mehr dagegen wehren. Den Schal um das Kinn brauche ich nicht mehr, der Mund ist geschlossen.

Es ist dunkel, der Deckel ist zugeklappt, an den Rändern verschraubt. Ich wollte eigentlich eine einfache Kiste, keinen Blumenschmuck aus abgeschnittenen Blüten, sie gehen so schnell ein, sterben, nachdem sie euch einmal gezeigt wurden. Ich hatte mir neben der Kiste Gläser mit Farben gewünscht, dazu verschiedene Pinsel. Die Menschen, die mir etwas schenken wollten, sollten das Holz mit einer Blume bemalen, mir damit nahe sein, mich berühren. Ich wäre gerne mit meinem großen Grabtuch bedeckt worden, das ich schon vor Jahren bedruckt hatte. Darin hätte ich mich geborgen gefühlt.

Jetzt liege ich hier, eingesperrt, willenlos, bin schon auf dem Weg, aber noch nicht weg. Ich löse mich von meinem Leib, von meinem Fleisch, von dem Schweren. Ich schwebe über meiner Hülle, bin am Aufsteigen und kann euch noch hören und sehen. Ich bin noch da und werde in die Liebe gehen, werde schmerzfrei sein, kann nicht mehr verletzt werden. Wenn es eine Hölle geben sollte, ist sie schon Teil des Lebens, das jeder von uns durchlaufen muss, mit all den Prüfungen, all den Fehlern, die man macht, und auch allen Verletzungen, die man anderen zufügt und wofür man leiden muss. Es ist ein Weg, den jeder gehen muss.

Ich bin auf dem Weg zu euch, die ihr schon vor mir gegangen seid. Ich sehe euch wieder, darf euch sagen, wie sehr ich euch vermisst habe und wie viel ich wiedergutmachen möchte. Papa, mit dir hatte ich gebrochen und du hast Recht gehabt. Hätte ich auf dich gehört, wären mir viel Schmerz und Leid erspart geblieben. Du hattest mich so sehr geliebt, aber ich kam mir vor wie in einem Käfig und wollte endlich frei sein. Wenn man erwachsen wird, möchte man seinem eigenen Urteil vertrauen, nicht mehr Kind sein, dem ständig alles erklärt und vorgeschrieben wird. Man denkt, man kann alles besser, bei mir wird alles anders, weil ich es kann. Ich weiß noch, wie wir uns verabschiedet haben, als ich zu dem Mann gezogen bin, der dir zuwider war, den du durchschaut hattest. Wir standen beide auf der Straße und mussten weinen, sahen uns an und wussten, dass wir uns lieb haben. Und dann habe ich mit dir gebrochen, nahm diesen Mann vor dir in Schutz, obwohl er mir und meinen Kindern später so viel Unglück brachte, und du bist gestorben. Du wolltest mich an Weihnachten nicht mehr sehen, und als ich dir einen Blumenstrauß schickte, konnten die einzelnen Blüten nur noch um dich herum auf das Sterbebett gelegt werden. Papa, ich möchte dich wiedersehen und dir sagen, dass es mir leidtut, möchte dich um Verzeihung bitten.

Ich denke oft an unsere Fahrten morgens um drei Uhr auf den Großmarkt. In den Ferien durfte ich mit und war so stolz, wenn ich die schweren Bananenkisten schleppen konnte. Wir haben so viel zusammen gemacht und du warst immer da. Du hast mich oft bestraft und geschlagen, das tut noch heute weh. Ich möchte mit dir darüber sprechen, ob es dir auch so wehgetan hat. Ich möchte noch so viel von dir wissen, von deinem Leben, ich hatte nicht gefragt. Ich komme bald, bin auf dem Weg.

Mama, ich habe dich nie richtig geliebt, du warst so anders und ich hatte immer das Gefühl, dir nicht zu genügen. Schon als Kind wollte ich mich immer ändern, um dir zu gefallen, aber ich schaffte es nicht. Das, was du wolltest, konnte ich nie sein, und das machte mich sehr unglücklich und unsicher. Ich begann, dich zu verletzen. In deinen Augen sah ich, wie tief es mir gelang. Auch als du schon schwer krank warst, konnte ich nicht für dich da sein, ich flüchtete aus deinem Zimmer, ertrug es nicht, die Sauerstoffflasche neben deinem Bett zu sehen, deinen keuchenden Atem zu hören. Du wolltest, dass ich bei dir bleibe, ich wollte nur weg von dir. Ich habe dich im Stich gelassen, als dich eine fremde Frau im Rollstuhl an mir vorbeischob, ich nicht hinsah und nur murmelnd grüßte. Auch du wolltest mich an deinem Sterbebett nicht sehen. Als ich kam, lagst du leblos da, ein Tuch unter deinem Kinn, damit der Mund geschlossen blieb. Ich konnte nicht weinen, sah nur diese leblose Hülle, hatte kein Gefühl, nur Leere. Wie froh wäre ich, dich noch einmal zu treffen, dich in den Arm zu nehmen und dir zu sagen, dass es mir leidtut, dass du dein Leben nicht leben konntest, deine Wünsche nicht in Erfüllung gegangen sind. Selbst als du darum batest, nicht in Hamburg bei Papa beerdigt zu werden, war ich empört und wollte dich nicht nach Wien in dein Familiengrab gehen lassen. Für mich gehörte es sich, bei seinem Mann zu liegen. Wie anders sehe ich das heute, wie leid tut es mir, deinen letzten Wunsch nicht erfüllt zu haben. Du wolltest nach Hause gehen.

Was haben wir gelacht, wenn Deutschland gegen Österreich Fußball gespielt hat und wir eine telefonische Standleitung anlegten. Wie glücklich war ich, als du zu mir gekommen bist, als ich in großer Not war. Wie oft hast du mir aus Papas Geldkassette Geld für Zigaretten zugesteckt und Papa beruhigt, wenn abends die Kasse nicht stimmte und er immer wieder nachrechnete. Aber wir waren zu verschieden und konnten es nicht lange miteinander aushalten. Papa konnte nicht über Sexualität sprechen. In der Schule wurde ich aufgeklärt, aber du hast mir den Weg zur Liebe und zum Vertrauen gezeigt, als du mir sagtest, dass es schön sei, mit einem Mann zu schlafen. Ein einfacher Satz, der mein Leben und meine Liebe begleitet hat. Beide habt ihr mir die Liebe zur Musik gegeben, eine herrliche Welt, Freiheit. Auch habt ihr mich gelehrt, aufrecht zu gehen, anders zu sein, neue Wege zu versuchen, besonders zu sein. Das war für mein Leben nicht immer leicht, oft bedeutete es Einsamkeit. Ich danke euch und möchte euch noch einmal fühlen, euch zeigen, wie sehr ich euch liebe.

Jetzt schwebe ich über meiner Kiste, höre das Gemurmel eines Redners, die Friedhofshalle ist mit Menschen gefüllt. Was soll dieser Mensch über mich sagen? Er erzählt, was er von anderen gehört hat, hat sich seine Meinung gebildet und hält sich an die Anleitung für Grabredner. Nur das Schöne, nur das Gute des Gestorbenen wird hervorgehoben. Die Wahrheit fehlt, das war nicht ich. Um die Kiste herum stehen meine großen Bilder auf Staffeleien. Das bin ich, schaut hin, seht mich in jedem Pinselstrich, in jeder Zeichnung, meinen Schmerz, meine Freude, mein Leben, meine Seele. Da braucht es keine Worte, hört und seht hin, die Bilder sprechen zu euch und erzählen euch, wer ich wirklich war. Diese Rede interessiert mich nicht, aber ihr, die ihr hier sitzt, interessiert mich. Ihr seid gekommen, um euch zu verabschieden, zu trauern, dass ihr mich verloren habt. Wie fühlt ihr euch? Traurig, erleichtert oder seid ihr nur da, weil es sich gehört, damit die anderen sehen, dass ihr auch da seid? Ich kann in euer Herz sehen und eure Gedanken hören, ein letztes Mal. Meine Seele beginnt, immer stärker nach oben zu steigen, aber jetzt kann ich wieder scharf und klar hören und es tut nicht mehr weh. Zum Ende hin waren meine Augen müde, trübe und oft ohne Hoffnung, meine Ohren hörten nicht mehr viel und das, was sie noch hörten, wollten sie nicht hören. Vieles war schmerzhaft, doch jetzt bin ich glücklich, bin bei mir und lasse alles hinter mir, es wird bedeutungslos.

Ich spüre viele Menschen um mich herum und dann spüre ich dich. Du sitzt in der ersten Reihe, ganz außen links. Ich fühle deine Traurigkeit und einen dünnen, gespannten Faden an meiner Seele, der uns immer noch verbindet. Nun bin ich als Erste auf dem

Weg, wir haben uns oft gefragt, wer von uns beiden es wohl sein wird. Manchmal haben wir uns auch gewünscht, dass wir zusammen gehen könnten, so wie wir über 40 Jahre immer Hand in Hand gegangen sind. Doch man kann es sich nicht aussuchen. Du bist meine Liebe, mein Alles. Seit ich zum ersten Mal deine Augen gesehen habe, so voller Verständnis, Gefühl und auch Unsicherheit, habe ich gewusst, dass ich zu dir gehören möchte. Ich habe in deinen Augen auch den kleinen Jungen gesehen, sprachlos und voller Angst, wenn der betrunkene Vater die Mutter geschlagen hat. Du warst verstummt und erstarrt, deine Augen flackerten, nur deine Oma gab dir Trost. Wenn er nachts besoffen in seinem verdreckten Unterhemd in der Küche saß, dich nach unten zitierte und dir weinerlich und widerlich seine Geschichten erzählte. Auch diesen kleinen Jungen liebe ich und habe versucht, ihm Wärme und Geborgenheit zu geben. Du hast immer nach innen geschrien und keiner hat dich gehört.

Und jetzt sehe ich dich in der ersten Reihe ganz links außen auf einem Holzstuhl sitzen, die Augen müde und leer, traurig über die neue Einsamkeit, eingefallen. Weißt du noch, wie wir in Paris nachts über den Montmartre in unser Hotel gelaufen sind, so leicht, so glücklich? Wir haben auf der Straße getanzt und einen alten Stiefel gefunden. Die Metro-Eingänge waren schon geschlossen, die Müllmänner fegten die Straßen und in unserem Zimmer liebten wir uns. Wir haben uns gestritten, uns streitend ineinander verkeilt, bis alle Teile zusammenpassten, bis auf die Kanten und Ecken, die uns ein Leben lang begleitet haben. Wie gerne hätte ich mit dir ein Kind gehabt, aber wir haben es töten lassen, bevor wir es gesehen haben. Mit dieser

Schuld konnten wir nur gemeinsam leben, sie uns gemeinsam erklären. Könnte ich es jetzt sehen, für mich war es immer ein Mädchen, dann würde ich sie in den Arm nehmen und ihr meine Liebe schenken, in der Ewigkeit könnte sie mit uns leben. Jetzt durfte ich bei dir sterben und deine ganze Liebe spüren, jede Minute, jede Sekunde. Wie schön ist es, in dieser Wärme zu sterben, zu wissen, da ist ein Mensch, der sich in mir findet.

Auf deiner linken Hand, die kräftig und abgearbeitet ist, liegt eine junge Hand, mit langen, feingliedrigen Fingern und doch kraftvoll. Unsere erste Enkelin. Sie hat ihren Kopf auf deine Schulter gelegt und versucht, dich zu trösten, mit dir zusammen Trost zu finden. Sie ist schon eine junge Frau, aber wir sehen in ihr immer noch das kleine Mädchen, das selbst schon so viel Leid erfahren musste. Auch sie hat viele Träume verloren, die Leichtigkeit, durchs Leben zu gehen. Tränen laufen ihr über das Gesicht. Sie tut dir gut, weil du für sie da sein kannst. Sie fühlt die Zuneigung und Liebe, die du für sie hast, die Stärke, wenn sie auch im Moment gebrochen scheint. Sie hat immer für das Bestehen der Familie gekämpft, für eine Großfamilie, die es nie gegeben hat. Sie hat immer alle Menschen in ihr Herz gelassen, die sich zu dieser Familie gesellten, ohne Ansehen der Person, ob gut, ob schlecht, sie fand immer Gründe, warum jemand so ist, wie er ist. Meistens hat sie sich selbst dabei vergessen, aber sie ist dabei, ihren eigenen Weg zu finden, obwohl jeder versucht, ihr seinen eigenen Weg als ihren zu zeigen. Sie fordert das heraus, weil sie aus der Vergangenheit lernen möchte, um dann den Schritt zu sich selbst zu gehen. Ich muss lange zu euch sehen, dieser Abschied fällt mir schwer. Meine Zeit wird knapper, die Sehne spannt sich immer mehr, einzelne Fasern fangen an zu reißen, es sirrt.

Und dann unsere beiden Söhne. Beide so erwünscht, beide so geliebt und beide haben mein Herz immer wieder gebrochen. Der älteste war mir so nah, meine Mutter sagte mir, dass sie noch nie so eine Beziehung zwischen Mutter und Kind erlebt hätte. Ich hatte so viel Glück, wenn die kleinen Arme sich um mich legten, ich für ihn da sein durfte. Ich wollte es bei ihm besser machen, ihm mehr Zeit geben, als ich sie als Kind bekommen hatte. Wollte ihm zeigen, dass er immer an erster Stelle kommt, alles andere unwichtig ist. Ich habe ihm zu sehr geholfen, habe ihm zu viel abgenommen, ihn zu sehr an mich gebunden, dachte, dass mein Glück auch sein Glück sei. Als Kind war es seine Sicherheit, aber dann musste er anfangen, laufen zu lernen. Bei den ersten Versuchen stand ich wieder da, um ihm aufzuhelfen, und nahm ihm die Kraft und die Möglichkeit, es neu, alleine zu versuchen. Aber plötzlich schaffte er es und ging weg in seine eigene Welt, die anders ist, zu der ich nicht mehr gehören kann. Wenn wir uns sahen, konnten wir nur noch über die Vergangenheit reden, aber nicht mehr über sein Leben, seine Liebe galt jetzt anderen, für mich blieb nur ein kleiner Rest. Ich habe es als Mutter nicht geschafft, das zu verstehen, mein Herz ist an seiner Härte und Rücksichtslosigkeit gebrochen, das Leben hat es so verlangt.

Und unser jüngster Sohn weint. Weint die Tränen, die zu spät kommen. Er war mir so wichtig, ich fühlte mich so stark, als er auf die Welt kam, verlassen von meiner ersten Liebe, alleine mit ihm und seinem Bruder. Als er auf die Welt kam, lag er auf meiner Brust, blutverschmiert, nur wir zwei, und er öffnete die Augen und sah mich mit einem Grinsen an. Da habe ich mein Herz an ihn verloren. Er hat es mir genommen und hat es zerbrochen, mir alle Hoffnung genommen. Ich sehe noch, wie er als kleiner Mann mit seinem winzigen blauen Koffer in der Tür stand und weggehen wollte, weil ich ihn geschimpft hatte. Es hat mich so gerührt und schon damals war die Angst groß, dass er mich verlassen könnte. Er hat schon immer andere Menschen gesucht, die ihm wichtig waren, wichtiger als wir. Denen hat er seine Zeit geschenkt. Es fiel ihm schwer, in Konkurrenz zu seinem großen Bruder zu leben. Und immer wieder sorgte er für Unruhe, immer wieder fand er die falschen Freunde. Wir versuchten, ihm zu helfen, alle seine Ideen, die er hatte, umzusetzen. Wir waren immer da, er brauchte sich nicht alleine durchzusetzen und trotzdem hat er uns verlassen, sich abgewendet.

Sie sind beide gut geraten, haben mir viele Menschen gesagt, da könne ich stolz darauf sein. Der Ältere hat nach mehreren Umwegen seinen Traumberuf gefunden, der Jüngere hat sich in seinem Beruf arrangiert, ist die Leiter fast bis an die Spitze hochgeklettert und ist immer noch auf der Suche nach seiner beruflichen Erfüllung. Beide jetzt ohne uns, auch unsere Ratschläge sind nicht mehr gewollt und gebraucht. Sie wussten, dass meine Zeit begrenzt ist, dass mir nur noch wenig Zeit bleibt, sie wollten sich ja auch kümmern, aber es war eher ein Verwalten, ohne noch zu wissen, wer man ist oder welche Bedürfnisse ich haben könnte. Oft wurde mir gesagt, dass das in allen Familien so sei, aber das ist kein Trost. Was hätte ich mir eigentlich von meinen Söhnen gewünscht? Ich hätte mir Zuneigung und Liebe gewünscht, das Gefühl der Anerkennung, des Gesehenwerdens, wie ich mein halbes Leben mit ihnen verbracht habe, nur keine Dankbarkeit. Ich hätte Loyalität erwartet, ein wenig Zeit und Aufmerksamkeit, ohne dass ich selbst noch etwas dafür tun muss, ich hätte mir aus der Ferne Nähe gewünscht. Wie oft waren wir einsam, wie oft haben wir uns gewünscht, dabei sein zu können, trotz aller Fremdheit, die in der langen Zeit entstanden ist.

Meine beiden Schwiegertöchter sitzen nebeneinander, die dritte Schwiegertochter sitzt zwei Reihen weiter hinten. Alle drei sind sich so ähnlich und sind doch so verschieden. Jede von ihnen wollte ihre Kleinfamilie, wie ich es früher auch wollte. Schwiegertöchter sind keine Töchter und Schwiegermütter keine Mütter. Du hast mir von Anfang an geraten, dass wir uns zurückziehen sollen, ihnen Raum geben, um ihr neues Leben zu bauen, und das war richtig. Wir standen helfend zur Seite, wenn man uns brauchte. Aber das reichte unseren Schwiegertöchtern nicht, vor allem wollten sie nicht, dass es den Einfluss der Mama gab, denn genauso wie ich früher, wollten sie alles neu, alles anders machen. Wir waren alt und verstanden das Leben ihrer Meinung nach nicht mehr. Es ist doch erstaunlich, dass sich immer wieder alles wiederholt. Auch ich habe versucht, meine zwei Ehemänner dem Einfluss ihrer Mama zu entziehen, und war mir gar nicht bewusst, wie weh ich meinen Schwiegermüttern getan habe. Jetzt habe ich es verstanden, nachdem ihr mir auch sehr weh getan habt. Obwohl wir euch allen Raum gegeben haben, habt ihr uns unsere Söhne genommen, ihnen nicht gezeigt, dass auch wir Liebe brauchen, wenn auch nur noch wenig. So wird es euch auch gehen, wenn eure Kinder groß sind, auch wenn ihr euch noch so sehr bemüht.

Unsere vier anderen Enkel haben wir nur selten gesehen. Meine zweite Enkelin hat mich auch sehr beeindruckt, sie liebt den Sport, so wie ich ihn geliebt habe, und sie ist mutig wie eine Löwin, auch wenn sie auf Widerstand stößt und mal unterliegt. Sie erinnert mich sehr an mich, obwohl ihr Leben komfortabler und großzügiger verläuft, als es bei mir war. Der älteste Junge ist uns fremd, er lebt bei meiner ersten Schwiegertochter, getrennt von seiner großen Schwester. Wir sahen ihn ganz selten und er machte immer einen sehr nachdenklichen und traurigen Eindruck. Er ist sehr empfindsam und schützt sich vor Verletzungen. Von unserem ältesten Sohn wird er materiell sehr verwöhnt, aber ich glaube, auch er kennt ihn nicht richtig. Die beiden Kleinen rutschen auf den letzten Stühlen der ersten Reihe hin und her. Für so eine Veranstaltung sind sie auch noch zu jung, sie begreifen nicht, dass es jetzt einen Abschied für immer gibt, ohne Wiedersehen. Das werden sie erst begreifen, wenn sie älter sind. Wir waren für sie selten da, denn wir haben beschlossen, wieder unser eigenes Leben zu leben, unseren eigenen Interessen nachzugehen, nicht für ihre Eltern bereitzustehen, wenn ein Babysitter gebraucht wurde. Wir haben uns entschlossen, nicht nützlich zu sein, nicht parat zu stehen, wenn man uns für die eigene Bequemlichkeit oder das eigene Wohlbefinden brauchte. Ab diesem Zeitpunkt waren wir nicht mehr interessant, nicht mehr wichtig. Da wurden andere Menschen wichtiger, die die typische Oma- und Opa-Rolle ausfüllten. Die Kinder wussten, dass wir in Notfällen immer auf ihrer Seite stehen würden, was wir auch oft gemacht haben, aber ansonsten habe ich die Zeit zum Malen, Schreiben und zum Unterrichten armer Menschen gebraucht und natürlich für dich. Wie oft war ich am Schwanken, ob es richtig ist, wie ich mich verhalte, ob ich nicht mehr Liebe und Zuneigung bekommen würde, wenn ich für die Enkelkinder mehr da wäre. Aber der Versuch wurde auch jedes Mal durch die Schwiegertöchter gestoppt, die diese Nähe nicht wirklich wollten und vor allem eine ganz andere Vorstellung von Kindererziehung hatten. Sie haben erwartet, dass man sich strikt an ihre Richtlinien und Vorstellungen hält, das konnte ich nicht. Dazu kam, dass sie gesellschaftlich aufsteigen wollten, was ihnen ja auch gelungen ist. Wir aber als Alt-68er sahen die Gesellschaft und das Leben anders, da gab es kein Zusammenkommen. Ich glaube auch, dass du glücklich warst, jetzt der alleinige Mittelpunkt in unserem Leben zu sein. Das hast du dir auch verdient, denn auch du hast dein halbes Leben für die Kinder gegeben. Wie oft habe ich mich geschämt, wie sie sich dir gegenüber verhalten haben, das tat mir sehr weh. Du hast mit 24 Jahren die Verantwortung für zwei kleine Kinder übernommen, sie geliebt, wie auch ein leiblicher Vater seine Kinder lieben würde. Sie haben dir in schweren Zeiten nicht geholfen, waren nicht für dich da und ich habe mich geschämt.

Etwas versteckt in der zweiten Reihe sitzen meine Schwester und ihr Mann. Zu ihren Kindern hatten wir kaum Kontakt, ich war keine Tante, nur auf dem Papier. Als Kind habe ich das auch nicht gelernt, die Familien meiner Eltern hatten keinen Kontakt und haben einander auch nicht akzeptiert. Der Partner war der Falsche und passte nicht in das Leben, in die Familie der Eltern. Beide blieben bis zu ihrem Tod zusammen und waren glücklich. Der Bezug zu meiner Schwester war nie einfach, sie sieht traurig aus, ich bin das letzte Familienmitglied aus unserer Familie. Immer wieder

Familie, obwohl es für mich schon lange keine mehr gab. Sie ist sieben Jahre jünger, die kleine Schwester. Sie war mir immer fremd, ich habe an sie als Kind keine Erinnerung. Es lagen zu viele Jahre zwischen uns. Aber sie war für mich da, als ich sie brauchte. Sie gab alles in ihrem Leben auf, um mir zur helfen, nicht nur mir, sondern auch den Kindern. Wir lebten alle lange Zeit wie in einer WG zusammen. Nach dem Tod meiner Mutter aber gingen wir im bösen Streit auseinander. Ich bin so froh, dass wir uns wiedergefunden haben, wenn auch mit viel Vorsicht.

Meine Blicke schweifen durch die Reihen, von Platz zu Platz. Viele Menschen, die mir wehgetan haben, sind nicht da. Sie haben wenigstens den Anstand gehabt, nicht zu erscheinen. Ich suche Freunde, Weggefährten, die mir etwas bedeutet haben. Es sind nicht viele gewesen und viele sind nicht mehr da. In der hinteren Reihe entdecke ich einen Freund. Er ist alt geworden und stand schon oft davor, sich aus dem Leben zu verabschieden. Wir haben uns lange nicht mehr gesehen, unsere Wege haben sich vor Jahren getrennt und trotzdem nenne ich dich immer noch Freund. Wir haben uns gegenseitig angezogen und haben uns fast ineinander verloren, aber die Liebe, die jeder von uns hatte, war zu groß, zu wichtig, wir hätten sie und uns verloren. Ich freue mich, dass ich ihn sehen kann, auch er wird bald in unsere große Gemeinschaft eintauchen, wir werden uns treffen.

Du, meine Liebe, hast mich verstanden, ich freue mich auf dich und warte schon ungeduldig. Wir haben uns verabredet, auf Wolke sieben und acht. Du willst die Leier spielen und singen, ich hau auf die Pauke, mache den Donner und schleudere die Blitze. Wir sind aneinandergekoppelt für die Ewigkeit.

Meine Zeit wird knapp, ich fange an, die Gesichter in der Halle verschwommen zu sehen. Ich muss mich von euch allen verabschieden. Jetzt gehe ich einen Weg, den keiner kennt, aber ich weiß, dass ich an mein Ziel komme und wir uns alle irgendwann wiedersehen werden. Dann zählt kein Besitz mehr, kein Prestige oder Dünkel, es bleibt die Seele, die Wahrheit, das Glück. Aller Schmerz fällt von uns ab, Verletzungen sind vergessen und das Sehen und Fühlen ist weit und warm. Eine Stimme ruft, die mich umhüllt, jetzt gleite ich in die Unendlichkeit und warte auf dich. Der Faden ist gerissen, meine Seele ist frei.

Neunmal Susanne

Susanne Marx

Als sie den kleinen Bilderrahmen aus New York mitbringt, weiß sie noch nicht, dass sich darin Puzzleteile ihres Lebens sammeln werden. In diesem aus Mahagoniholz gefertigten Rähmchen lassen sich neun kleine Fotos einrahmen, drei quer, drei längs. Es sieht aus wie der Teil eines Sudoku-Diagramms.

Kann Susanne das Sudoku-Rätsel ihres Lebens lösen? Anhand der vorhandenen Fotos versucht sie, noch fehlende Bilder aufzudecken, um herauszufinden, was ihr Leben ausmachte.

Planlos zog sie als Jugendliche und als junge Frau von einem Lebenskapitel zum nächsten. Sie ließ sich treiben. Sie hätte gerne Kunst und Malerei studiert oder Modezeichnungen angefertigt, aber in der Nachkriegszeit hätte sie mit dem Fahrrad zum nächsten Gymnasium fahren müssen, weil Busse auf dieser Strecke noch nicht eingesetzt waren. Doch für das immer kranke Kind war das nicht zumutbar. So argumentierten ihre Eltern. War damit am Anfang alles schon zu Ende? Sie wusste nicht, dass sie für eine gute Schulbildung hätte kämpfen müssen. Für Mädchen sei ein Beruf nicht wichtig, hieß es damals. „Sie heiraten und bekommen Kinder, dann ist es mit dem Beruf sowieso vorbei."

Später konnte sie den Besuch der zweijährigen Handelsschule durchsetzen und so die Mittlere Reife erlangen. Als Jugendliche waren Heiraten und Kinderkriegen für sie ganz weit weg. Ihr Vater hatte ihr, seinem einzigen Kind, von jeher das Gefühl gegeben, etwas Besonderes zu sein. Das hatte sie verinnerlicht, wollte alles ganz anders machen, wollte besser sein, hatte Größeres vor, ein unabhängiges Leben, selbstbestimmt und frei. Aber dafür hätte sie ihr Leben in die Hand nehmen und Entscheidungen treffen müssen. Doch ohne Abitur schien ihr Leben schon vertan und sie landete ganz alltäglich in einer Versicherungslehre, die sie wenig interessierte.

Susanne nimmt das Bilderrähmchen in die Hand und reist mit ihm in die Vergangenheit, will nachspüren, wer sie wirklich war, was sie dachte, was vielleicht aus ihr hätte werden können, wenn sie zu gegebener Zeit ihrem Leben eine Richtung gegeben hätte. Sie schaut auf die Bilder und taucht in vergangene Zeiten ein.

I

Das Foto oben links zeigt sie als 17-jährige „Halbstarke" mit dunklem, kurzem, fast schwarzem Haar, obwohl sie sich nicht erinnert, ihr Haar jemals schwarz gefärbt zu haben. Sie trägt einen schwarzen Pulli zur schwarzen Röhrenjeans und eine schwarzumrandete Brille. Was man auf dem Bild nicht sieht: Sie hielt ihre Zehensandalen in der Hand und wanderte barfuß durch den Wald. Barfußlaufen war ihre Randale. Damit brachte sie ihre Eltern zur Weißglut. Sie schämten sich für sie: Was sagen die Leute? Haben sie nicht alles getan, das Kind ordentlich zu erziehen? Und nun das! Sie protestierte gegen die enge Denkweise der Eltern, gegen die alten Konventionen, zusammen mit ihren holländischen Brieffreundinnen Corry und Ria, die bei ihrer Freundin Christel und ihr zu Besuch waren. Vom Taunuswald begeistert, streiften sie über die

Waldwege von Dorf zu Dorf, von Kneipe zu Kneipe, tranken Cola und saßen in lässigen Posen rauchend an den Tischen, palaverten und kicherten quer durch die Sprachen, Deutsch, Englisch, Holländisch, und verstanden sich prächtig. Wo ihr Leben hingehen sollte, wusste Susanne nicht. Nur ihre Bücher waren ihr wichtig. Sie war an allem interessiert, an Geschichte, Kunst, Mode, Literatur und Theater. Die gelben Reclam-Heftchen waren ihr ständiger Begleiter. Sie las sich schlau und vergaß es wieder. Ehrgeiz, der zu nichts führte. Denn da war ihre schwache Seite, das Träumen. Der Traum von der großen Liebe. Sie träumte und träumte und hatte kein Ziel.

II

Auf dem zweiten kleinen Foto ist sie 18 und immer noch nicht klüger. Sie sitzt angeberisch mit erhobenem Kopf auf einem Barhocker in der Strandbar, in dem Bewusstsein, von den jungen Männern rundum als weltgewandt wahrgenommen zu werden. Neben ihr Lilo, mit der sie an der Costa Brava Urlaub macht. Sie hatten beide nur im Sinn, etwas zu erleben und knackig braun zu werden. Susannes Lebensgefühl: Die Welt steht dir offen. Die Zeitschrift „Twen" mit ihren spektakulären Artikeln über Mode, Musik, Urlaub, Sexualität und Partnerschaft war ihr Leitfaden. Im Schwarz-Weiß-Design des Heftes ließ sie sich treiben, wollte so sein, wie die Figuren in dieser Zeitschrift, wie Uschi Obermaier, die darin sehr präsent war und wahnsinnig gut aussah, mit ihren ebenmäßigen Gesichtszügen und der dunklen Mähne. Und sie schwärmte für Belmondo. Sie träumte davon, einen so lässigen Typen, den sie hässlich und zugleich anziehend fand, zum Freund zu haben. Doch sie bemühte sich nicht, sich dorthin zu bewegen, was und wo sie sein wollte, machte sich vor, dass sie schon angelangt war. Sie träumte, und ihr Traum vom Leben verpuffte im Gewöhnlichen.

Spätestens zu dieser Zeit hätte sie nachdenken müssen, wie ihre Zukunft aussehen sollte. Susanne möchte dem jungen Mädchen auf dem Bild einen Schubs geben und sagen: Lerne dazu, bemühe dich, pack was an, du wolltest so gern Studentin sein und ein freies Leben führen. Ist das die Freiheit, die du dir erträumt hast? Nein, du bist immer noch bei den Eltern. Warum hast du nicht die Kraft, dich von ihnen freizumachen? Es ist noch nicht zu spät. Starte endlich! Geh von zu Hause weg. Du schaffst das!

III

Das nächste Foto zeigt sie 20-jährig. Sie hatte nun einen Freund, Volker. War jetzt schon alles festgelegt? Die Eltern gingen davon aus, dass man einen Freund auch heiratet. Sie wollte aber was ganz anderes, war auf der Suche und wusste nicht, wonach. Wieder ging sie müßig und bummelte mit Volker nach Mallorca. Auf dem Foto kniet sie im türkisfarbenen Bikini auf der Luftmatratze am Strand, schlank, mit wohlgeformten Beinen, das kinnlange Haar vom Wind zerzaust.

IV

Noch ein Foto von ihrem Urlaub auf Mallorca, aufgenommen auf dem Castell de Bellver hoch über Palma. Sie trägt ein hellblaues Leinenkleid, der Rock fließend und wadenlang, das Oberteil lässig ohne Ärmel. Das Hellblau des Kleides steht im Kontrast zu ihrem sonnengebräunten Körper. Sie geht nachdenklich über den Betonboden des Turmes, der einen grandiosen Rundblick über Palma bietet. Sie trägt eine Sonnenbrille und war gerade dabei, eine Haarsträhne aus ihrem Gesicht zu streichen, als Volker knipste. Ihr Gesichtsausdruck ist unzufrieden, da sie es hasst, fotografiert zu werden. Doch Volker lächelte. Auf Mallorca, die hellen Tage, die lauen Nächte, ihre beiden Körper braungebrannt, die Sonne unter ihrer Haut, erschienen sie sich begehrenswert wie nie. Sie träumte von der großen Liebe und war bereit zu heiraten.

Susanne fragt die junge Frau auf dem Foto: Wo ist dein Traum vom unabhängigen Leben? Wo ist dein Anderssein? Wo ist dein Protest, dein Ehrgeiz, alles anders zu machen? Merkst du nicht, dass du dich immer noch in den Spuren der Eltern bewegst? Auf einem Weg, den du nie gehen wolltest?

V

Schon kommt ein Foto vom Hochzeitstag. Die Braut ist 22 Jahre alt. Sie trägt kein übliches Hochzeitskleid und auch keinen Schleier. Sie trägt ein weißes Kostüm mit weißer Schleifenbluse. Ist doch noch ein bisschen Widerstand in ihr? Am späten Nachmittag hat sie die Kostümjacke abgelegt. Das Foto ist schwarz-weiß, weil Buntfotos zu teuer waren. Sie sitzt am Tisch, gerade sind Volkers Fußballkollegen gegangen, nachdem sie gratuliert und Susanne gefragt haben, ob sie Volker erlaube, auch weiterhin Fußball zu spielen. Was für eine Frage! Er ist doch nicht ihr Eigentum! Volker muss doch selbst entscheiden, was er tut und was nicht. Sie sieht blass und unbedeutend aus, mit strähnigem Haar, nicht wie eine glückliche Braut am schönsten Tag ihres Lebens.

Wieder nahm sie ihr Leben nicht in die Hand, ließ den Dingen ihren Lauf und wurde schwanger. Sie war unglücklich. So früh mochte sie sich der Verantwortung für ein Kind nicht stellen. Es ging ihr alles zu schnell.

War ihr Traum von einem selbstbestimmten Leben nun ausgeträumt? Susanne rügt die junge Frau: „Das kommt davon, wenn man kein Ziel hat!" Aber die junge Frau tröstete sich damit, nicht mehr von der Versicherung fremdbestimmt zu werden, sondern mit ihrem Kind ein freies Leben führen zu können. Ein freies Leben mit einem Kind? War das möglich? Wie stellte sie sich ein freies Leben vor?

VI

Susanne ist 28. Ehe sie sich versieht, ist ihre Tochter fünf Jahre alt. Sie stehen zusammen an der Reling eines Schiffes und machen einen Tagesausflug nach Helgoland. Der Urlaub an der Nordsee sollte Violas Asthma erträglicher machen. Ihre Gastgeberin hatte sie gewarnt. Sie sagte, dass bei starkem Wellengang fast alle Passagiere seekrank würden und sich übergeben müssten. Viola nahm es genau und übergab sich schon, bevor das Schiff losfuhr. Auf dem Bild haben sie diese Tortur gerade hinter sich gebracht und warten nun auf die Abfahrt.

Susanne war im Familienleben angekommen, und seit drei Jahren zugleich wieder berufstätig bei einer Sparkasse. Das „freie Leben" scheiterte am Finanziellen. Die Arbeit machte ihr sogar Spaß. Die Kunst schwelte noch in ihr. Sie nahm Malkurse, um sich ihr Talent immer wieder bestätigen zu lassen. Doch es fehlte die Zeit, um richtig einzusteigen. Die Zeit, die Zeit, sie fehlte immer. Susanne rannte ihr hinterher, erreichte nie das, was sie sich vorstellte.

VII

Sommer 1985. Sie lacht in die Kamera vor dem Europäischen Parlament in Straßburg. Auf dem Foto hat sie eine Kurzhaarfrisur mit viel Volumen. Sie trägt eine hellblaue Bluse. Einen Pulli in den Farbtönen Hellblau, Dunkelblau, Türkis, ihren Lieblingsfarben, hat sie über die Schultern gehängt.

Der Pulli war während der großen Strickeuphorie entstanden: Tag und Nacht strickte sie. Vor allem nachts. Volker raufte sich die Haare, wenn er sah, dass das Ergebnis der Nacht am nächsten Tag damit endete, dass die gekräuselte Wolle aufgewickelt und dann wieder von vorne angefangen wurde.

Neben Haushalt und Beruf verzettelte Susanne sich in Freizeitaktivitäten, strickte Pullover, häkelte Tischdecken, stickte Bilder. Sie wollte kreativ sein und perfekt. Sie nahm Englischkurse, lernte spät noch schwimmen und tobte sich in dem für sie neuen Element Wasser aus. Doch alles, was sie tat, kam ihr lückenhaft und unvollständig vor. Sie wollte alles und schaffte nichts, war überfordert und landete zur Kur in Durbach, einem Weinstädtchen im Badischen, wo Volker und Viola sie besuchten. Das Foto hatte Viola bei einem Ausflug nach Straßburg geknipst.

Ihre Tochter war 19 Jahre alt, hatte gerade Abitur gemacht und lebte nun Susannes Traum, ohne es zu wissen. Wovon die Mutter ein Leben lang träumte, die Tochter hatte es erreicht. Susanne war stolz auf sie. Viola war gerade von einer Interrail-Tour zurückgekommen und ziemlich abgemagert. Ihr Freund Jörn machte sich Sorgen um sie. Sie hätte die ganzen Wochen über so gut wie nichts gegessen, sagte er. Auch Susanne sorgte sich, wenn sie sah, wie Viola in ihrem Salatteller rumstocherte, und informierte sich über Töchter mit Anorexie. Sie machte sich Gedanken, wie sie ihre Tochter wieder zum Essen bringen könnte, kochte ihr wie zufällig ihre Lieblingsspeisen und beobachtete sie genau. Nach Monaten zeigte Viola langsam

wieder Freude am Essen und endlich hatte dieser Alb-
traum ein Ende.

Während ihres Kuraufenthaltes hatte Susanne einen
Mann kennengelernt, der ihr viel bedeutete, mit dem
sie intensive Gespräche führen konnte, mit dem sie im
Gleichklang der Gedanken war. Nun war sie schwär-
merisch und heimlich verliebt und hatte ein schlechtes
Gewissen. Das alles durfte doch nicht sein! Sie war
verwirrt und hilflos gegenüber ihren Gefühlen und
wusste nicht, wie ihre Zukunft aussehen würde. Von
Gefühlen zerrissen, meisterte sie ihren Alltag.

In der Sparkasse hatte Susanne inzwischen die Depot-
abteilung übernommen, hatte sich weitergebildet,
ging zu Wertpapierfachtagungen. Ein bisschen Ehrgeiz steckte also doch in ihr? Wirklich glücklich in
ihrem Beruf war sie dennoch nicht. Was ihr gefiel, war
der Kontakt mit den Kunden. Während ihrer Psycho-
analyse hatte sie viel über zwischenmenschliche Be-
ziehungen gelernt, und es machte Freude, wenn die
Kunden zufrieden waren mit ihrer Beratung und gern
zu ihr kamen. Sie vertrauten ihr so sehr, dass sie ihr
von ihren Alltagssorgen erzählten, von Erbschaftsaus-
einandersetzungen, vom Ehestreit, von Krankheiten,
vom Verlust eines Hundes. Susanne nahm an ihren
Lebensgeschichten teil, musste die richtigen Worte
finden und kam sich vor wie eine Therapeutin. Das
machte ihre Arbeit interessant und erfüllte sie.

VIII

Auf dem zweitletzten Foto ist sie endlich im Leben angekommen. An einem Ort, an dem sie sich niemals
vermutet hätte, beim Ausdauersport. Während einer
tiefen Krise aus Krankheit, Angst und Verzweiflung

traf sie bei einem Autokauf zufällig auf einen Verkäufer, der ihr Leben verändern sollte. Er erzählte ihr, dass er vor dem Krieg Medizin studiert habe. Noch bevor er seinen Beruf praktisch hatte ausüben können, war er eingezogen worden. Als er nach langen Jahren Kriegsgefangenschaft nach Hause kam, fand er in seinem Beruf keinen Anschluss mehr. Er wurde Autoverkäufer. Aber die Medizin hatte ihn nicht losgelassen. Gesundheitsfragen beschäftigten ihn immer noch. Er erzählte Susanne, dass er gerade das Buch „Bewegungstraining - Praktische Anleitung zur Steigerung der Leistungsfähigkeit" von Dr. med. Kenneth Cooper gelesen und nach den Empfehlungen des Buches ein Lauftraining angefangen hatte. Seine Euphorie darüber, wie gut ihm das tat, übertrug sich auf Susanne. Sie kaufte das Buch, las es und fing an zu trainieren. Was alle anderen Ärzte nicht geschafft hatten, ausgerechnet er, der keine Praxis besaß, gab ihr den Schwung zum Gesundwerden. Das Leben geht manchmal verschlungene Wege. Sie überwand ihre Depression und hatte keine Selbstzweifel mehr.

Am 30.10.1988 läuft sie ihren ersten Marathon in Frankfurt. Endlich! Auf dem Foto ist sie 45 Jahre alt und lässt am Mainufer im Laufschritt ihre Muskeln spielen. Seit sechs Jahren bestimmte nun das Laufen ihr Leben. Es erschien ihr sprudelnd und quirlig. Sie flog durch die Wälder, mit den Füßen über den weichen Boden. Sie badete in der Sonne, auch wenn sie im strömenden Regen lief. Das war die Freiheit, von der sie immer geträumt hatte, durch nichts eingeengt und selbstbestimmt. Nie im Leben ging es ihr so gut und nie war sie so zufrieden.

An die Kunst verschwendete sie keinen Gedanken mehr. Sie hatte eine andere Erfüllung gefunden. Das

Laufen wurde zum Wichtigsten in ihrem Leben. Alles ordnete sie dem Laufen unter. Es drang in alle Bereiche ihres Lebens ein. Sie bewegte sich gern in der Natur, nahm die Jahreszeiten bewusster wahr, wurde zur Umweltaktivistin, aß nur noch vegetarisch. Mit ihrem muskulösen Körper fühlte sie sich begehrenswerter als je zuvor und genoss ihr Liebesleben neu. Das Laufen machte sie selbstbewusst. Sie ließ sich nicht mehr treiben. Sie war ehrgeizig. Ihr Leben gewann an Struktur. Sie wusste, was sie wollte. Sie wollte laufen und sonst nichts. Disziplin war das Wort des Tages.

Das Laufen bescherte Freunde, die ihre Euphorie teilten. Mit denen sie sich messen konnte. Mit denen sie neue Perspektiven entdeckte. Sie rannte von Marathon zu Marathon. Sie fuhr jetzt dreimal im Jahr zum Skilanglauftraining, hetzte von Wettkampf zu Wettkampf. Sie lief sich davon und ließ sich hinter sich. Sie erlebte Hochs und Tiefs. Hochs, wenn sie auf dem Siegertreppchen stand, Tiefs, wenn die Verletzungen ihr eine Pause geboten. Doch sie blickte erwartungsvoll in die Zukunft, gespannt, welche Herausforderung als Nächstes kommen würde.

Auch auf dem Fahrrad wollte sie sich ihre Leistungsfähigkeit beweisen und entschied sich beim Kauf für ein Rad mit dem sportlichsten Sattel. Auf ihm radelte sie über 20 Jahre lang durch Europa, an Flüssen entlang, über Pässe hinweg und auf einsamen Ebenen. Sie schlief mit fast 50 zum ersten Mal im Zelt und entdeckte das Leben, eng in die Natur eingebettet und frei.

Und ein anderer Traum wurde wahr. Kraft und Ausdauer machten es möglich. Sie begann ein Studium an der Universität des 3. Lebensalters mit Schwerpunkt

Psychologie und Literatur. Sie ließ die ziellosen Jahre hinter sich und stürzte sich hinein ins Lernen, ins Verstehen, in ein neues Leben. Sie sog das Wissen auf wie ein Schwamm das Wasser, konnte nicht genug kriegen von neuen Wahrheiten und Erkenntnissen, fühlte sich endlich vollkommen. Ihr Leben war ein Wirbelsturm, es überschlug sich und testete ihre Grenzen aus. Sie ließ es geschehen, ohne nachzudenken, und war unersättlich.

IX

Auf dem letzten Foto unten rechts sitzt sie auf der Terrasse am gedeckten Kaffeetisch und feiert ihren 50. Geburtstag. Ein warmer Sommersonntag im August 1993. Sie trägt eine schwarze Leinenbluse über einer schwarzen Leinenhose im Marlene-Look und ihren Bernsteinschmuck in hellem Gelb, den sie von den Fahrradreisen nach Russland mitgebracht hat. Vor ihr steht ein Teller, auf dem ein Stück Donauwelle nach dem Rezept von Tante Marianne liegt.

Eine ihrer Gäste war Cousine Pia, die ihr seelenverwandt war. Mit ihr telefonierte sie oft. Sie tauschten sich über ihre Befindlichkeiten aus und entdeckten immer wieder neue Gemeinsamkeiten. Daneben saß Pias Mann Ludger.

Tante Marianne und Onkel Bernhard, mit denen sie eine Freundschaft mit viel Verständnis verband, waren anwesend. Bernhard als Forstwirt lieferte jedes Jahr den Weihnachtsbaum. Seine Tipps, wie Bäume und Hecken geschnitten werden, waren für Susanne unverzichtbar.

Weitere Gäste waren ihre Patin Rosel, eine rheinische Frohnatur aus Mainz, mit ihrem Ehemann Ernst, dem Fotografen, von dem sich Susanne damals eher fernhielt, denn er machte ihr, je älter er wurde, immer mehr Avancen.

Mit am Tisch saßen noch ihr Mann Volker, ihre Tochter Viola, deren Freund Jörn und ihre Mutter.

Im Laufe des Nachmittags verteilten sich die Gäste in ihrem Gartenpark, den sie mit verschiedenen Sitzgelegenheiten angelegt hatte und den die Gäste bewunderten. Besonders gefiel ihnen die Gedenkstätte, die Susanne für ihren Vater, der seit fünf Jahren tot war, gestaltet hatte. Volker hatte dafür ein schmiedeeisernes Kreuz angefertigt, auf dem ein ovales Emailschild mit dem Namen des Vaters angebracht wurde.

50 Jahre! Sie fühlte sich jung und stark wie nie, durchtrainiert, selbstbewusst und zukunftsorientiert. In ihrem Kopf wirbelten Pläne und Visionen, die drängten, umgesetzt zu werden. Voller Energie packte sie an. Kein Grund, keine Zeit, zurückzublicken auf das Leben. Es fühlte sich so jung an, hatte gerade erst begonnen. Sie war in der Laufszene angekommen, die ihr alles bedeutete und ein Start in ein neues Leben war. Ihr Blick ging nur vorwärts, voller Erwartung, was kommen würde.

Wenn Susanne heute mit 77 Jahren die Bilder ansieht, ist sie ein wenig wehmütig. War das, was sie sieht, nicht gerade erst gestern? Noch vor vier Jahren fühlte sie sich topfit und konnte sich nicht vorstellen, dass ihr Sport nicht mehr möglich sein würde. Sie blickte auf die herab, die, gleichaltrig, ziemlich gebrechlich und alt wirkten, was sie nicht verstehen konnte. Nun wurde sie selbst ohne Vorwarnung in ein neues Lebenskapitel hineingeworfen. Ihre Wirbel sackten zusammen, hielten nicht länger stand. Was ist mit einem Schlag aus ihr geworden? Sie weiß sich nicht einzuordnen in ihr Leben, das nun ruhiger vonstattengehen soll, so scheint es. Wie definiert sie sich jetzt? Sie zappelt wie ein Fisch an Land, der sein lebensrettendes Gewässer nicht mehr findet. Vorwärtsschauen, nur noch von einem Tag zum anderen? Zurückblicken und erinnern an gute Zeiten, ist das jetzt ihre Aufgabe? Sie sehnt sich nach ihrem alten Leben, nach ihrer Sicherheit, nach ihrer Leidenschaft.

Aber heißt es nicht, jedes Ende bietet einen neuen Anfang? Wenn sie zurückblickt, sind die guten Phasen ihres Lebens immer aus einem Tief entstanden, aus dem sie nicht mehr wusste, wie sie herauskommen sollte, aus einer Verzweiflung, aus einer Schwäche, aus einer Angst.
In ihrer Ehe, die sie zu Anfang nicht zu meistern vermochte, fühlt sie sich geschätzt und geborgen, und sie ist froh, einen Mann an ihrer Seite zu haben, der sie, wenn ihre Träume ins Uferlose geraten, zaghaft in die Realität zurückholt, ein Mann, der ihr ihre lebenswichtige Freiheit lässt, auf den sie sich verlassen kann, der ihr in schweren Stunden eine Stütze ist.
Die Geburt ihrer Tochter, die sie anfänglich überfordert hatte, war das Beste, was ihr passieren konnte. Das Kind hat so viel Farbe in ihr Leben gebracht, so viel Anregung und Freude, dass ihre Welt dadurch bunt und lebenswert geworden ist. Und wäre ihre Tochter nicht geboren, sie hätte heute nicht zwei so liebenswerte Enkelinnen.

Das Laufen, das ihr die Kraft gab, sie selbst zu werden, entstand aus einer Krise heraus. Das Laufen stellte ihr Leben auf den Kopf, holte sie aus der Unsicherheit, wo ihr Leben hingehen sollte, heraus, zeigte ihr ihren Weg und machte sie zu einer gestandenen Frau, die endlich ein Ziel vor Augen hatte und auch ihrem Drang nach Wissen nachgeben konnte.

Wird sie auch diese neue Krise meistern? Noch ist das Leben nicht zu Ende. Sie geht an den Anfang zurück. War da nicht der Wunsch, zu malen, kreativ zu sein? Dieser innige Wunsch, der noch nicht erfüllt ist und den man auch mit kaputten Knochen gut meistern kann? Also nicht zögern, nicht im Unheil versinken, sich nicht treiben lassen, sondern anpacken, die Farben, den Pinsel und die Leinwand.

Schulen auf meinem Lebensweg

Gisela Schweikart

Am Ende meines schulischen Lernens besuchte ich die Fachhochschule für Sozialpädagogik in Frankfurt am Main. Meine beiden Kinder studierten auch und ich brachte als Quereinsteigerin mit 45 Jahren Beruf und Studium unter einen Hut. Dieses Vorhaben spornte mich so sehr an, dass ich in vier Semestern, einschließlich Diplomarbeit, fertig war. Auch die Noten ließen nichts zu wünschen übrig.

Mein erster Schultag Ostern 1951 Odenbach am Glan.
Ein solches Bild findet sich sicher in vielen Fotoalben. Der braune Schulranzen war damals Standardmodell auf dem Land in der Hinterpfalz. Meiner war neu. Manche Mitschüler und Mitschülerinnen kamen mit den gebrauchten von ihren großen Geschwistern. Auf dem Bild fehlt ein dünnes Bändel, das seitlich aus jedem Schulranzen heraus baumelte und in einem dafür vorgesehenen Loch in der Tafel befestigt war. Daran war ein kleiner Lappen, der zum Trockenwischen der Tafel diente. Der feuchte Schwamm zum Abwischen der erledigten Aufgaben lag in einer Schwammdose. Schreib- und Rechenaufgaben wurden mit einem Griffel auf die Tafel geschrieben. Er war ziemlich hart und hinterließ Spuren und Rillen in der Schiefertafel, die auf der einen Seite mit Schreiblinien auf der anderen Seite mit Rechenkästchen gekennzeichnet war. Er lag in einem Griffelkästchen, musste stets gespitzt sein und wurde jeden Morgen von der Lehrerin kontrolliert. Wer da schon auffiel, riskierte einen Schlag mit

dem Stock auf die Handfläche. In der Nachkriegszeit waren die meisten Pädagogen noch weit davon entfernt, Kinder als eigene Persönlichkeiten mit eigener Würde wahrzunehmen. Gewalt gegen Kinder war oft anzutreffen.

Leid taten mir die armen Kinder, die ihre Tafeln schon von Vorgängern hatten. Die Oberfläche war schon so abgenutzt, dass die Buchstaben kaum ordentlich in die dafür vorgesehenen Linien gebracht werden konnten. Die braunen Halbschuhe, waren ein Standardmodell. In den Schuhgeschäften lagen kaum andere Exemplare aus. Die schmucken weißen Kniestrümpfe waren das Werk meiner Großmutter. Die Kleider wurden, wie man sieht, auf Zuwachs genäht. Auch die Haartolle und die Zöpfe mit Schleife, genannt Affenschaukeln, waren die übliche Frisur für kleine Mädchen.

Eine Schultüte, die den Einstieg in den Ernst des Lebens versüßen sollte, sucht man auf diesem Bild vergebens. Kein Kind hatte damals eine. Ich vermisste sie nicht, denn ich freute mich unbändig auf die längst fällige Veränderung in meinem Leben, da weder ein Kindergarten noch sonstige Angebote für wissenshungrige Kleinkinder vorhanden waren. Ich freute mich darauf, mit meiner allerbesten Freundin Monika eingeschult zu werden, und wunderte mich, dass die Erwachsenen uns ausbremsten. Endlich erfuhr ich, dass Monika nicht mit eingeschult werden würde. Sie ginge mit ihrer Mutter nach Kanada. Über den Grund hatten uns die Erwachsenen nichts erzählt. Später erfuhr ich, dass Monika ein uneheliches Kind war. Ein Russe hatte ihre Mutter geschwängert. Kein Lamentieren half. Ich verlor meine langjährige Spielkameradin.

Bei einem Gespräch meiner Mutter mit einer Nachbarin hörte ich, dass wir eine Lehrerin bekommen sollten, die frisch vom Lehrerseminar kommend, das erste und zweite Schuljahr gemeinsam unterrichten sollte. Markgraf sei ihr Name.

Fräulein Markgraf

Ich habe mich sofort in sie verliebt, sie war so anders als die Frauen im Dorf. Ihr langes blondes Haar hatte sie nicht zu einem Knoten zusammengebunden, sondern ließ es in leichten Wellen über die Schultern fallen. Sie trug Nylonstrümpfe und hübsche Röcke und Blusen. Solche Kleidung junger Frauen sah man sonst nur an Feiertagen und auch nicht bei allen.

Es gelang ihr prima, zwei Klassen auf einmal zu unterrichten. Als gute Schülerin bekam ich manchmal auch schon Aufgaben von der zweiten Klasse.

Sie zeigte ein beeindruckendes soziales Engagement. Es gab im Dorf eine Familie mit zehn Kindern, von denen immer nur einige in der Schule auftauchten. Die Gründe dafür waren mir als Kind unverständlich. Die Schulpflicht wurde vielleicht nicht so ernst genommen. Es wurde gemunkelt, dass nicht immer für jedes Kind Kleidung vorhanden war. Diesem Missstand ging die Lehrerin nach und erreichte eine Besserung. Welche Schritte sie im Einzelnen unternahm, weiß ich nicht.

Ein zweites Beispiel war ein Pflegekind, das bei einer der wohlhabenden Familien im Dorf untergebracht war. Ich staunte, als dieser Junge plötzlich mit neuen Kleidern und gut belegten Pausenbroten erstmals im Unterricht erschien und mit seinen strahlenden Augen viel von dem verschenken wollte, was ihm urplötzlich zuteil geworden war. Umso schändlicher finde ich es im Nachhinein, dass sie ein Pflegekind aufgenommen hatten, vom Jugendamt dafür Geld bekamen und das Kind so verwahrlosen ließen.

Dieses Verhalten war kein Einzelfall, wie ich später in meinem Beruf als Erzieherin feststellen sollte.

Geheizt wurde der Klassenraum mit einem großen Eisenofen inmitten des Raumes. Die Kinder, die auf den Bänken direkt neben dem Ofen saßen, schwitzten. Die Kinder am Fenster hatten es kalt. Für die Notdurft hatten wir eine überdachte Pinkelrinne für beide Geschlechter. Die Mädchen mussten ihre Röcke und Kleider festhalten, damit sie damit nicht den Urin aufwischten.

Der Pausenspielraum war die mit Kopfsteinpflaster belegte Straße vor dem Schulgebäude. Ein Auto fuhr dort nie vorbei. Zu dieser Zeit gab es meiner Erinnerung nach in unserem Dorf nur vier Autos.

Drittes und viertes Schuljahr

Im dritten und vierten Schuljahr mussten wir nicht nur das Gebäude wechseln, sondern wir bekamen auch einen neuen Lehrer. Den Namen habe ich vergessen. Er hatte keine pädagogische Ausbildung, sondern war ein vom Krieg gezeichneter Wehrmachtsoffizier. Ich erinnere mich nur daran, dass er einen fürchterlichen Zahnbelag hatte, aus dem Mund roch, uns aber gern auf seiner Geige vorspielte. Er bekam dann immer glänzende Augen und war ganz bei sich. Selbst die wilden Buben trauten sich nicht zu stören. Wir lernten kaum etwas bei ihm.

Von diesem Zeitpunkt an gehörte die Schiefertafel der Vergangenheit an, wir schrieben in Schulhefte und mussten den Gebrauch von Tintenfass, das in die Schulbank eingebaut war, und Feder erlernen. Die Schreibfeder steckte in einem langstieligen, hölzernen Halter und es war sehr schwer, die Tinte von der Feder abzustreifen, das Tintenfass war in die Schulbank eingebaut. Oft kam ein Tintenklecks auf das Blatt und alles musste neu geschrieben werden. Gott sei Dank gab meine Mutter mir bald ihren Füllfederhalter. Als die Eltern von dem laschen Unterrichtsstil erfuhren, beschwerte sich meine Mutter und ich bekam zu meinem Leidwesen Zusatzaufgaben. Ich sollte ja die Aufnahmeprüfung für das Gymnasium bestehen. Die war damals noch üblich.

Mutter hatte in ihrer Jugend das Lyzeum , das sie besuchte, verlassen müssen, da ihr Vater einen Tag vor Ende des Ersten Weltkriegs erschossen wurde und sie mit Geld verdienen musste. Sie hatte sich geschworen, ihren Mädchen die beste Schulbildung zu ermöglichen. Im Nachhinein bin ich ihr sehr dankbar, aber als Kind war ich nicht erfreut über die Zeit, die mir zum Spielen und Toben abging.
Zu gerne badete ich im Sommer im Glan, düste mit meinen Rollschuhen eine steile Straße hinab und spielte gerne mit anderen Kindern mit Lehm- und Glasmurmeln.
Im Winter konnten die Schlittenabfahrten nicht steil genug sein und Schlittschuhlaufen auf zugefrorenen Wasserlachen auf den Wiesen, dem kleinen Fluss Odenbach oder auch auf dem Glan war für mich wegen der sehr beengten Wohnverhältnisse wichtig. Ich bewegungshungriges Mädchen brauchte das.

Aus meinem Jahrgang ging nur noch ein Mädchen namens Eva, meine damalige Freundin, mit auf das Gymnasium, das heißt, dass alle Kinder, mit denen ich von der ersten bis zur vierten Klasse zusammen gewesen war, auf den Schulen im Dorf blieben. Der Abschied fiel mir nicht schwer. Eva ging ja mit und ich freute mich auf das Neue, das auf mich zukam.

Das Dorf Odenbach

Es wird durch den Fluss Glan zweigeteilt. Die Glanbrücke verbindet beide Teile. Ich wohnte auf der Seite mit dem Bahnhof, dem damaligen Friedhof und der Hausarztpraxis. Diese nannte sich Hauptstraße. Auf ihr donnerten oft amerikanische Panzer, vom Militärstützpunkt Baumholder kommend, herunter. Im anderen Teil des Dorfes befanden sich Rathaus, Geschäfte, die Post, die Schulen und die Ruine der Wasserburg. Durch das Emblem der Wasserburg hat das Dorf heute ein geschichtliches Wahrzeichen, und durch die kostbaren Wandmalereien, die in der freigelegten Synagoge entdeckt wurden, ist ein künstlerisches Wahrzeichen dazugekommen. Ich empfinde beide Dinge als enorme Aufwertung. Das nimmt mir das Gefühl, es sei ein armes Dorf in der Hinterpfalz.

Der jüdische Friedhof, von dem ich als Kind nichts wusste, liegt etwas außerhalb auf dieser Seite des Ortes. Gerne bin ich in Odenbach aufgewachsen.

Das Paul-Schneider-Gymnasium in Meisenheim

Die Aufnahmeprüfung für das Paul–Schneider-Gymnasium, ein humanistisches Gymnasium mit neusprachlichem Zweig, habe ich bestanden. Das private Gymnasium mit Internat und Sportzug wurde von der evangelischen Kirche im Rheinland1948 gegründet. Paul Schneider, der Namensgeber, war ein Pfarrer aus dem Hunsrück, der während der Zeit des Nationalsozialismus ins Konzentrationslager Buchenwald verschleppt und dort 1939 ermordet wurde.

Wir fingen mit Latein als erster Fremdsprache an. In der achten Klasse konnten wir zwischen Altgriechisch und Französisch wählen.

Ich kam in eine Klasse mit nur 17 Schülerinnen und Schülern. Jungen und Mädchen waren ungefähr gleichstark vertreten. Die Lehrer waren in besonderer Weise um uns bemüht und förderten uns, wo sie nur konnten. Das Gymnasium war drei Kilometer von unserem Wohnort entfernt. Ein Regionalzug brachte uns von Lauterecken aus über Odenbach nach Meisenheim. Ich genoss das Lernen mit den anderen, sehr aufgeschlossenen Schülerinnen und Schülern.

Es ist um auf die Bäume zu klettern ...
Wenn Dr. Plewka, unser Lateinlehrer, die Klasse betrat, begrüßte er uns Schüler mit folgendem Satz: „Salve pueri et puellae." (Seid gegrüßt, Jungen und Mädchen.) Wir erhoben uns und antworteten: „Salve Magister." (Sei gegrüßt, Lehrer.)
Er hatte Geduld mit uns, aber manchmal waren wir ihm im Denken zu langsam. Dann ging er wie ein Tiger um das Pult, raufte sich die Haare und sagte, indem er leise anfing und immer lauter wurde: „Es ist um auf die Bäume zu klettern." Das Pauken von Vokabeln nahmen wir ihm auch nicht ernst genug. Überprüfte er unser Wissen, ging er an den Bankreihen auf und ab, nannte die Vokabel, die er übersetzt haben wollte, und pickte sich dann willkürlich eine Schülerin oder einen Schüler heraus, die übersetzen sollten. Konnten sie es nicht, zückte er sein kleines, rotes Notizbuch und trug einen Vermerk ein. Der schlug sich in der Note nieder. An diese strengen Sitten musste sich mein unbekümmertes Gemüt erst gewöhnen. Dennoch mochte ich ihn sehr. Er meinte, wir sollten uns folgenden Satz über das Bett hängen: „Tam diu tibi discendum est, quam vivis." (Du bist, solange du lebst, ein Lernender).
Tatsächlich hing der Spruch ein Jahr lang über meinem Bett. Er hat sich mir sehr eingeprägt und bis heute erfahre ich seine Gültigkeit. In der Quinta, nach einem

Jahr Lateinunterricht, kam dieser Satz hinzu, den wir uns auch über das Bett hängen sollten: „ Tempora mutantur, nos et mutamur in illis." (Die Zeiten ändern sich und wir ändern uns in ihnen).

Das mittägliche Herumstreunen mit einigen Schülerinnen, die genau wie ich mit dem Zug in ihre Ortschaften zurückfuhren, war wunderbar. Meine Banknachbarin Birgit hatte rotbraune Locken und Sommersprossen und sah ein wenig wie Pippi Langstrumpf aus. Wir lasen mit Begeisterung „Tom Sawyer und Huckleberry Finn" von Mark Twain. Einmal klauten wir aus einem Garten Flieder für unsere Mütter zum Muttertag. Wir fanden das gerecht, es war ja genug Flieder da. Leider sahen das die betroffenen Besitzer des Gartens anders und meldeten den Vorfall. Wir bekamen einen Eintrag ins Klassenbuch. Das hatte auf die Betragensnote Einfluss, und wir schämten uns.

Meine Eltern zahlten 20 D-Mark monatlich Schulgeld, das sie sich wirklich vom Mund absparten. Die Schulbücher kaufte meine Mutter bei einem Schüler, der eine Klasse über mir war. Sein Vater war im Krieg gefallen. Alle Bücher waren gepflegt, sie mussten ja weiterverkauft werden.
Das waren drei spannende Jahre meiner Kindheit, die ich niemals missen möchte. Sie nahmen ein jähes Ende, als mir meine Eltern verkündeten, dass wir nach Frankfurt am Main ziehen würden.
Mit viel Wehmut verließ ich in der Quarta im Alter von zwölf Jahren das Paul-Schneider-Gymnasium. Die Lehrer und meine 16 Mitschüler/innen bereiteten mir eine schöne Abschiedsstunde und wünschten mir alles Gute.

Frankfurt am Main im Sommer 1957

Hier gab es zwei Gymnasien, die mit Latein anfingen, das waren die beiden einzigen humanistischen Gymnasien in der ganzen Stadt. Die Möglichkeit, in der siebten Klasse Französisch statt Altgriechisch zu wählen, gab es nicht. Da ich nicht drei Jahre Englisch nachholen konnte, das Geld für so viel Nachhilfe wäre nicht vorhanden gewesen, ging ich auf das staatliche Heinrich-von-Gagern-Gymnasium. Das lag unserer Wohnung am nächsten. Ich musste am Zoo vorbei, wo mich jeden Morgen die langhalsigen Flamingos begrüßten, die ihren erhobenen Kopf in alle Richtungen zu drehen wussten. Wollten sie mir Mut machen?

Feuerlöscher und Flamingos

Mit müden Schritten stieg ich die Treppe zum Haupteingang der Schule hinauf. Es war fünf nach acht Uhr, der Unterricht aber begann um acht Uhr. Mein Vater hatte den Schulweg vorher abgelaufen und nicht bedacht, dass Kinderbeine kürzer sind als Männerbeine. Ich war auch recht klein für mein Alter. Nachdem ich tief Luft geholt hatte, klopfte ich am Sekretariat an. Eine freundliche Stimme rief: „Herein." Ich nannte meinen Namen und fragte, nach meiner Klasse. Die Schulsekretärin erklärte mir, dass die Quarta momentan Wanderklasse sei, da es nicht genügend Klassenräume gäbe, und sich gerade im Klassenraum der Oberprima befände. Dieser sei im ersten Stock hinten rechts.

Beklommen machte ich mich auf den Weg. In dieser Unterrichtsstunde sollte jetzt mein Klassenlehrer Latein unterrichten. Ich mochte Latein. Wieder holte ich tief Luft. Der graue Flur erdrückte mich, aber ich klopfte beherzt und kräftig an, nachdem ich undeutlich die Stimme eines Lehrers wahrgenommen hatte. Ein energisches „Herein" schlug mir entgegen.

Beim Eintreten starrten mich 45 Schüler, darunter fünf Mädchen, an.

„Die Sexta ist ein Stockwerk tiefer", schleuderte mir unwirsch ein kleiner bebrillter Mann entgegen. Das war der Lateinlehrer.

„Ich gehöre aber in die Quarta", entgegnete ich mutig. Gelächter aus den hinteren Bänken der Jungen drang an mein Ohr, während ich immer noch in der halbgeöffneten Tür stand. „Komm mal vor zum Pult", herrschte mich der Lehrer an. Nun stand ich vor ihm und sah in sein Gesicht. Er hatte eine dicke, rote Warze auf der Nase. Später erfuhr ich, dass sein Spitzname Minimax lautete. So hießen die Feuerlöscher auf den Fluren, denn er hatte eine feuchte Aussprache.

Auf meinem Rücken spürte ich die Blicke der Schülerinnen und Schüler, die mich fast durchbohrten, und in den ersten beiden Reihen kicherten zwei Mädchen, die über die Unterbrechung des Unterrichts froh waren.

„Welches Lateinbuch hattest du", fragte er mich.

Erleichtert sagte ich: „Ludus Latinum."

„Das ist ein schlechtes Buch, wir unterrichten hier nach dem Bornemann."

Mit fast tonloser Stimme ergänzte ich noch, dass ich gerne daraus gelernt hätte. Aber da ertönte auch schon der Befehl, dass ich mir einen freien Platz suchen solle. Ich fand noch eine unbesetzte Bank, ließ mich hineingleiten und bedankte mich bei dem Mädchen vor mir, das mir ein zerfleddertes und vergilbtes Lateinbuch hinschob. Die Seite, die gerade bearbeitet wurde, war aufgeschlagen. Der Unterricht wurde fortgesetzt. Ich starrte auf das Buch. Vokabeln und Grammatik waren mir unbekannt. Ich versuchte, mich ruhig zu verhalten, und bemühte mich, die soeben erfahrenen Kränkungen mit Fassung zu tragen.

Meine Füße konnten nicht ganz den Boden erreichen, wir waren ja auch in dem Klassenraum der Oberprima. Plötzlich erschrak ich und bekam mit, wie ein Mitschüler hinter mir als „Pfeife" beschimpft und ihm anempfohlen wurde, lieber Steine klopfen zu gehen, als Latein lernen zu wollen. Ich duckte mich unwillkürlich, und als ob ich nicht schon genug mitgemacht hätte, wurde ich zum zweiten Mal zur Zielscheibe.

„Was sitzt du da und baumelst mit den Beinen, du Krautkopf", blaffte der Lehrer mich an und ließ mich einen Satz vorlesen. Übersetzen konnte ich ihn nicht.

„Ich habe diese Vokabeln noch nie gehabt", stammelte ich, aber da kam schon ein Prasselregen von üblen Verwünschungen auf mich nieder. Einige Wortfetzen nahm ich noch wahr, wie: „wird das Klassenziel sicher nicht erreichen", „soll besser in die Quinta zurückgehen", „soll sich einen guten Nachhilfelehrer suchen".

Nun ließ ich meinen Tränen freien Lauf. Das Wort „Heulsuse" aus den Reihen der Jungen ließ mich jetzt auch kalt, ich wollte meinen Schmerz nicht mehr unterdrücken.

Das schrille Geräusch des Pausenzeichens holte mich in die Wirklichkeit zurück.

Die fünf Mädchen, die es in der Klasse gab, umringten mich und versuchten, mich zu trösten. „Der ist immer so, daran musst du dich gewöhnen, das darfst du dir nicht so zu Herzen nehmen", sagten sie. „Du musst versuchen, bei ihm aufzupassen und immer deine Hausaufgaben machen."

Dann fragte ich, warum denn zwei Jungen am Fenster gestanden hatten, und bekam zur Antwort, dass diese mit ihrem Rücken die Sonne vom Pult des Lehrers fernhalten sollten. Ich begriff die Welt nicht mehr. Wo war ich hier nur hingeraten?

Als ich erfuhr, dass wir im nächsten Halbjahr diesen Lehrer auch noch im Englischunterricht bekommen sollten, sank mir das Herz ganz in die Hose. Ich wollte nur noch zurück in meine alte Schule.

Ich blieb auf dieser Schule und gewöhnte mich an alles, obwohl ich die Atmosphäre nicht einladend fand. Es galt das Prinzip „Vogel friss oder stirb". Hatte man etwas nicht verstanden, traute man sich kaum nachzufragen. Bei Streichen, die meistens die Jungen verübten, gab es immer Strafen für die ganze Klasse, weil der Lehrer nicht herausbekommen konnte, wer sie verübt hatte. Wir Mitschüler/innen sahen uns innerlich verpflichtet, die Täter zu decken, die beiden Jungen fühlten sich stark und testeten ihre Machtposition innerhalb der Klasse aus. Wir sechs Mädchen hatten auch kein großes Gewicht innerhalb des männlich beherrschten Klassenverbandes. Irgendwann aber fasste ich Mut, redete und verriet die beiden Namen der Übeltäter. Wie überrascht war ich, als ich das Aufatmen fast der ganzen Klasse wahrnahm. Die meisten waren mir dankbar, auch der Lehrer achtete mich jetzt mehr. Auf dem Weg nach Hause hatte ich Angst, dass man mir auflauern würde, aber es geschah nichts.

Als ich in die Unterprima, in die zwölfte Klasse, versetzt werden sollte, waren meine Leistungen in Mathematik mehr als mangelhaft. Es waren nicht die alten Sprachen, die mir ein Problem bereiteten, sondern die höhere Mathematik. Mit der Trigonometrie, der Differenzialrechnung und Ähnlichem konnte ich nichts anfangen.

Niemand hätte mich überreden können, das Schuljahr zu wiederholen. Damals wäre man noch als Sitzenbleiber gehänselt worden. Das hätte ich zur Not ausgehalten, wenn ich darin einen Sinn gesehen hätte. Nun wollte ich nur noch weg. Drei Jahre lang jeden Morgen den Mut aufzubringen, in dieses Gymnasium zu gehen, hatten gereicht. Auch die Flamingos, die mich täglich begrüßten, bevor ich um die Ecke bog, konnten mich nicht mehr aufmuntern. Sie trugen den Hals und Kopf ziemlich hoch.

Das taten auch die Schülerinnen und Schüler der beiden humanistischen Gymnasien in Frankfurt am Main. Eine normale Tanzschule war nicht angemessen genug. Wir gingen in die Privaträume von Frau Gisela von Albedyll. Wenn Mädchen fehlten, kamen sie von einem Mädchengymnasium, das einen sehr guten Ruf hatte. Die Bälle fanden im Schlosshotel Kronberg statt. Manchmal genoss ich es auch, zu einer Elite zu gehören. Dennoch fühlte ich mich ständig zwischen den Stühlen. Ein Teil meiner mütterlichen Vorfahren gehörte zur Oberschicht. Mein Urgroßvater war Kupferschmiedemeister gewesen und hatte in Stettin sämtliche Kirchendächer gedeckt. Er war Mitglied bei den Freimaurern. Ein Stück von mir gehörte hierher. Das wusste ich aber damals noch nicht. Mein Zuhause war eine einfache Familie. Mein Vater war Arbeiterkind und hatte sich mit Fleiß zum Ingenieur hochgearbeitet.

Außerhalb der Schule trafen wir uns kaum. Meine Freundinnen fand ich im Mädchenkreis der Kirchengemeinde.

In den viereinhalb Jahren des Besuches dieses Gymnasiums bekamen wir einen einzigen jungen neuen Lehrer. Die meisten anderen standen kurz vor ihrer Pensionierung. Einmal sah ich unseren Lateinlehrer, der nicht weit von uns wohnte, alleine auf einer Grünfläche im Park stehen. Ich hatte einen kleinen, aus Laubsägeholz gebastelten Kerzenleuchter in der Hand, er war für meine Klassenkameradin Beate bestimmt. Spontan hielt ich ihn ihm hin: „Für Sie", sagte ich kurz. Ein leichtes Lächeln huschte über sein Gesicht und mit einer mir nie gehörten Wärme in der Stimme, sagte er: „Danke."

Unser Klassenlehrer war Gott sei Dank jünger, hatte eine reizende Frau, die uns Mädchen einmal zu sich nach Hause einlud. Bei einem Gespräch mit meiner Mutter sagte er: „Die Noten könnten besser sein,." Aber er sagte auch: „Gisela ist intelligent, es muss etwas anderes sein, was sie blockiert." Heute weiß ich, dass die damaligen familiären Belastungen sich auch auf die Schulnoten niedergeschlagen haben.

Aufbruch zu neuen Ufern.

Wie ein freundlicher Vogel flatterte ein hellgelbes Informationsblatt auf die Bank vor der Turnhalle, in der wir Mädchen uns zum Sportunterricht umzogen. Es kam von meiner Schulkameradin Elke. Es klang gut, was ich an Unterrichtsfächern las. Pädagogik, Psychologie, Deutsch, Naturkunde, Jugendliteratur, Werkarbeit, Zeichnen, Musik, Gymnastik, Turnen, Christenlehre, Praktika in Kindergarten, Hort und Heim.

Es wurde Zeit, frischen Wind in mein Leben zu lassen und Ausschau zu halten nach dem, wonach meine Seele sich wirklich sehnte. Beim Lesen der Broschüre hatte mein Bauch schon entschieden. „Das ist es ", dachte und fühlte ich.

„Endlich weiß ich, was ich möchte", sagte ich zu meiner Mutter. „Ich möchte mit Kindern arbeiten."

„Ihr müsst kein Schulgeld zahlen", fügte ich schnell hinzu, als meine Mutter sah, dass ich auf eine private Fachschule zusteuerte. „Ich habe gehört, dass diese Schule einen viel besseren Ruf hat, als die staatliche

Schule, und meine Klassenkameradin Elke wechselt auch dorthin."

Meine Mutter schien etwas erleichtert. Die Frage, was aus mir werden sollte, hatte auch meine Eltern umgetrieben, und nun kam von mir selbst ein ernstzunehmender Vorschlag. Die Mittlere Reife hatte ich ja.

„Du putzt nicht fremder Kinder Rotznasen", empörte sich mein Vater, als ich ihm meinen Entschluss mitteilte. Aber mit Mutters Hilfe war er bald umgestimmt. Im April 1963 begann ich meine Ausbildung.

Fachschule für Kindergärtnerinnen und Hortnerinnen an der Diakonissenanstalt

Der Begriff Kindergärtnerin und Hortnerin ist heute durch das Wort Erzieherin ersetzt, auch das altertümliche Wort Diakonissenanstalt, hat seine Bedeutung verloren, da keine Diakonissen mehr nachkommen. Zwei meiner Lieblingslehrerinnen waren die jüngsten von vier Töchtern, die ein reicher Kaufmann aus Frankfurt am Main nicht verheiraten konnte und so im wahrsten Sinne unter die Haube brachte..

An das Bild der Frauen mit schwarzen langen Kleidern und weißen Hauben gewöhnte ich mich schnell. Sie waren stark, diese Frauen, und sie waren jung und gut ausgebildet. Da kein Ehemann oder Kinder etwas von ihnen wollten, übertrug sich ihre Lebensenergie ganz auf uns Schülerinnen, was ich als äußerst motivierend erlebte. Ich lernte gerne und schaffte es schnell an die Klassenspitze. Dieses Gefühl gab meinem Selbstvertrauen wieder Aufschwung.

Organisation und Besonderheiten dieser Schule

Um diese Schule besuchen zu können, bedurfte es eines kirchlichen Führungszeugnisses. Da ich konfirmiert war, im Kindergottesdienst mitgeholfen hatte und zum Mädchenkreis unserer Gemeinde gehörte, war das kein Problem.

Der Schule war ein Internat angeschlossen, in welchem namhafte Persönlichkeiten ihre Töchter unterbrachten.

Lange Hosen waren auch im strengen Winter untersagt, also zogen wir, die wir nicht im Internat wohnten, sie vor dem Schulgebäude aus und verstauten sie in einem Beutel.

Am Freitag musste die Schule mitsamt Hallen und Werkräumen von uns Schülerinnen geputzt werden.

Immer, wenn die Mittags- oder Abendglocke läutete, ließ man alles liegen und stehen und betete ein Vaterunser.

Die morgendlichen Andachten waren für die Internatsschüler verpflichtend.

Die Schülerinnen, die in Frankfurt und Umgebung wohnten, brauchten nur ein paar Mal in der Woche erscheinen. Sie hatten oft längere Schulwege.

Mit einem Freund ließ man sich besser nicht blicken, wir sollten uns voll auf den Unterricht konzentrieren.

Mich ließ mein damaliger Freund und jetziger Ehemann zwei Straßen vorher aussteigen, bevor er mit einem alten VW zur Uni weiterfuhr.

Es gab eine Klassentracht, einen hellblauen, gewebten Leinenfaltenrock, den wir zur Aufführung unserer gelernten Volkstänze anzogen. Das Bild, das wir abgaben, wenn wir durch die Turnhalle schwebten, war beeindruckend.

Wir wurden alphabethisch nebeneinandergesetzt und ich kam auf einem Platz vor Anastasia von Preußen, der Urenkelin unseres letzten Kaisers, zu sitzen. Wie preußisch sie war, bekamen wir mit, als wir sie nach unserem Examen einmal besuchten. Die Kinderzimmer enthielten nur das Nötigste. Die Betten standen auf dem roten Sandstein. Nach der Ausbildung und dem Anerkennungsjahr heiratete sie einen von Löwenstein aus dem Geschlecht der Habsburger.

Neue Welten – Pädagogik

Bis zu diesem Zeitpunkt hatte ich noch nie etwas von Johann Heinrich Pestalozzi, Friedrich Fröbel oder Maria Montessori gehört. Pestalozzi war ein Reformpädagoge aus der Schweiz. Er strebte eine ganzheitliche Volksbildung an und wollte, dass die Eltern zu Hause schon die sittlichen, religiösen und handwerklichen Kräfte der Kinder förderten. Er war die Symbolfigur der Aufklärungspädagogik, geboren 1746.

Friedrich Fröbel war ein Schüler von ihm und lebte in Thüringen in Oberweißenbach. Er ist 1782 geboren, entwickelte einen besonderen Baukasten und andere Spielgaben für Kinder und gründete den ersten Kindergarten.

Die etwas kniffelig zu faltenden Fröbelsterne sind noch heute beliebt.

Maria Montessori war eine italienische Ärztin, 1870 geboren. Sie hat viel geforscht und plädierte für offenen Unterricht. Ihr Motto: „Hilf mir, es selbst zu tun."

Besonders begeistert war ich von den praktischen Übungseinheiten, die sofort begannen. Meine erste Aufgabe war ein Naturspaziergang mit Vorschulkindern durch den wunderschön angelegten Garten des Diakonissenhauses. Ich hatte eine weiße Schürze an und die Kinder mussten Tante Gisela zu mir sagen.

Der Tag war warm. Mit großer Begeisterung betrachteten wir Blüten und Blätter, und da es nicht langweilig werden sollte, begann ich, als eine Biene vorbeiflog,

ein Lied von einer Biene zu singen. Ein kleines Mädchen sagte, als wir eine schlanke Lilie bewunderten: „Da wohnt sicher nachts eine Elfe drin."
Ein kleiner Junge fragte: „Tante Gisela, kommst du morgen wieder?"
Mir wurde ganz warm ums Herz und ich spürte, dass ich mit Kindern umgehen kann.
Dieses Gefühl hat mich in meiner 30-jährigen Dienstzeit in pädagogischen Berufen nie verlassen und sich immer wieder bestätigt. Welch ein Geschenk, so lange Zeit wissen zu können, am richtigen Ort zu sein.

Kreatives Gestalten
Wir hatten zwei Werkräume und ich lernte Techniken kennen, von denen ich gar nicht gewusst hatte, dass es sie gab. Wir gestalteten kleine Wandbehänge aus Stoffbatik. Die leuchtenden Augen der Schwester, die uns die Farbabfolge beibrachte, werde ich nie vergessen. Mit der originellen Holzpuppe, deren Kopf wir aus weichem Lindenholz schnitzten, spielte noch unsere Tochter.

Bewegung
Kinderturnen
Obwohl es ein wenig pädagogischen Geschicks bedurfte, eine Kleinkindergruppe anhand vorgegebener Übungen turnen zu lassen, war die Begeisterung der Kinder enorm und die Freude darüber, dass sie ihrem Bewegungsdrang nachgeben konnten, schwappte auf mich über.

Folkloretänze
Mit unseren hellblau gewebten Leinenröcken, die zur Klassentracht gehörten, schwebten und tanzten wir durch die Turnhalle. So etwas hatte ich noch nie ge-

tanzt. Von der Tanzstunde her kannte ich nur die Quadrille. Zu der damaligen Zeit war diese Tanzform auch total aus der Mode. Uns brachte man die gediegenen Tänze bei, wie den *Schwarzerdener* oder den *Lauterbacher*, in denen langsame Walzerschritte und gesittete Laufschritte vorherrschten.

Die lustigeren und bewegteren Tänze wie *Sirtaki* aus Griechenland, *Hava Nagila* aus Israel und die vielen *Kolos*, Rundtänze vom Balkan, eignete ich mir später nach der Ausbildung an, als Dagmar von Garnier diese Tanzform allgemein salonfähig machte. Sie gründete das internationale Folkloretanzensemble SLAWIA in Frankfurt am Main.

Da füllte ich mein Repertoire mit Tänzen aus dem Balkan, Armenien, Griechenland, Israel, Jemen und Russland auf. Sie sagte: „Tanzen ist ein wenig heile Welt, etwas Friedliches."

Deutsch
Schwester Hanna konnte uns alles nahe bringen, Grammatik genauso wie Prosa und Lyrik. Von jedem Dichter, den wir kennen lernen sollten, entwarf sie ein spannendes Kurzportrait. Die Hausarbeit für ihr Fach war mir eine Lust, keine Last.

Musik
Dieses Fach hatte Gewicht. Alle lernten wir c-Flöte spielen, damit wir uns Kinderlieder beibringen konnten. Unser Klassenchor konnte sich hören lassen und im Musikunterricht lernte manche Schülerin noch ein Instrument. Ich lernte noch Altflöte. Die Musiklehrerin war keine Diakonisse, hatte aber viele musikalische und pädagogische Fähigkeiten und fügte sich mit Diplomatie in die Schulorganisation ein. Alles machte Spaß. So eine Fülle von Leben.

Jugendliteratur.
Dieses Fach wurde von Schwester Änne unterrichtet.
Ihr Spruch: „Ein gut geschriebenes Kinder- oder Jugendbuch lesen auch Erwachsene gerne."
Das erfuhr ich als stimmig, als ich viele Kinderbücher zu lesen begann.
Schwester Änne hatte eine Lieblingsschülerin in der Oberstufe, darüber wurde getuschelt. Hatten die etwas miteinander?

Religion
Natürlich durfte die kirchliche Unterweisung der Kinder in dieser Fachschule nicht fehlen. Da ich schon als Kindergottesdiensthelferin in unserer Gemeinde tätig war, fand ich auch einen Weg, kleineren Kindern vom Leben Jesu zu erzählen, denen in ihrem Kinderleben auch schon Ärger, Angst und Lügen begegnet sind, und der Wunsch nach Frieden wohnte auch in ihren Seelen.
Die Schülerinnen, die im Internat lebten, gingen jeden Morgen zur Andacht. Wir anderen, die in Frankfurt wohnten, brauchten uns nur gelegentlich blicken zu lassen. Das war uns ganz recht, denn die biblischen Auslegungen des Pfarrers empfanden wir oft als eintönig.

Psychologie
Unsere Psychologielehrerin konnte uns nicht für ihr Fach begeistern. Ihr geflügelter Satz: „Wenn man eine rosa Brille aufhat, sieht man die Welt freundlicher, als mit einer dunklen Brille."

Praktika in Kindergarten, Hort und Heim
Die Arbeit mit Kindern in den praktischen Lehreinheiten machte mir immer Spaß, an manchen Stellen ver-

ursachten sie mir aber auch gewaltiges Bauchweh und Gewissensbisse.

Ich absolvierte in einem Heim für milieugeschädigte Kinder mein Heimpraktikum. Der Träger dieser Einrichtung war die Innere Mission, also im weitesten Sinn die Evangelische Kirche. Dort erlebte ich, dass die Kinder, die abends in dem großen Schlafsaal störten, eine Stunde mit Wolldecke über den Schultern barfuß vor der Tür stehen mussten. Ich bekam auch mit, dass diese Erzieherin sich ab und zu einen 16-jährigen Jungen nachts ins Bett holte.

Da ich niemanden hatte, dem ich mich anvertrauen konnte, sagte ich nichts. Ich wollte mir nicht durch vorlautes Vorpreschen meine Note verderben. Ich fragte nicht weiter nach, sondern legte die Gedanken zur Seite zu anderen Gedanken, die ich in der momentanen Lebensphase nicht verstand, nahm manches einfach als gegeben hin oder hinterfragte Ungereimtheiten zu einem späteren Zeitpunkt.

Vieles lag auch an dem ungünstigen Verteilerschlüssel zwischen Erzieherin und Kindern. Auf eine Fachkraft konnten 30 Kinder verteilt werden. In der Jungengruppe, in der ich arbeitete, gab es 25 Kinder im Alter von acht bis 16 Jahren. Sie schliefen alle in einem Schlafsaal.

Die Erzieherin der Mädchengruppe hatte schon weitergedacht und veranlasst, dass Zwischenwände aus weißen Sperrholzplatten in den Schlafsaal gestellt wurden, die es ermöglichten, dass immer zwei Kinder in einem abgegrenzten Bereich liegen konnten. Sie konnten ein wenig das Gefühl entwickeln, ein Zweibettzimmer zu haben.

Heute hat sich da Gott sei Dank vieles verändert. Für solche Kinder gibt es kleine Wohngruppen.

Unsere Abschlussfeier

Nach zwei erfüllten Jahren des Lernens und Praktizierens nahten das Examen und der Schulabschluss.

Auf dem Gelände des Diakonissenhauses gab es noch eine Hauswirtschaftsschule, ein Altenheim, ein Krankenhaus und eine Schule für Kinderpflegerinnen.

Die Schülerinnen dieses Schulzweiges haben uns liebevoll die Tafel gedeckt und ein köstliches Essen gezaubert.

Meine erste Stelle

Im April 1965 begann mein Dienst in dem Heim für milieugeschädigte Kinder, in dem ich das Praktikum gemacht hatte. Ich wollte mich diesen Kindern besonders zuwenden. Mit der erfahrenen Erzieherin in der Mädchengruppe verband mich bald ein freundschaftliches Verhältnis. Dort arbeitete ich fast vier Jahre lang.

Aber ich war auch eine junge Frau, die von einem Partner, von Hochzeit, weißem Brautkleid und Familie träumte. Bald war ich mir sicher: „ Peter ist der Richtige."

Im Juli 1967 heirateten wir und zogen in die Nähe vom Edersee. Ich bekam meine beiden Kinder und nach drei Jahren ergab es sich, dass ich wieder einen Fuß in den Beruf bekam. In dem privaten Kindergarten in Odershausen bei Bad Wildungen konnte ich zwei Mal wöchentlich mit Vorschulkindern arbeiten.

Als unsere Kinder noch im Kindergartenalter waren, zogen wir in den Taunus. Das evangelische Familienferiendorf Mauloff suchte eine Erzieherin, für die Leitung des Ferienkindergartens. Die Arbeit machte mir auf Anhieb Spaß, war gut mit der Familie zu vereinbaren und ließ mir viel Entfaltungsmöglichkeiten. Ich arbeitete dort fast 24 Jahre lang. Drastische Disziplinierungsmaßnahmen brauchte ich nicht, da alle Angebote freiwillig waren und ich störende Kinder zu ihren Eltern zurückschicken konnte. Dadurch ergab sich dann natürlicher Weise ein Gespräch. Das, was ich im Unterricht im Diakonissenhaus gelernt hatte, zahlte sich doppelt und dreifach aus. Meine Folkloreabende für Kinder und Eltern waren beliebt. Mir stand sogar ein eigener Brennofen für Töpferarbeiten zur Verfügung. Selbst Erwachsene probierten das Batiken mit Stoff aus. Die Bewegungsangebote für Kinder waren auf dem großen Gelände mit Sportplatz gut durchzuführen.

Fachhochschule für Sozialpädagogik

Mein Chef war Diplom-Religionspädagoge, meine Kollegin war Diplom-Sozialpädagogin. Beide hatten volle Stellen und ihren Dienstsitz in Frankfurt am Main. In den Familienfreizeiten kamen sie in das Feriendorf Mauloff, wo ich als Erzieherin mit halber Stelle arbeitete. Meine Angebote galten nicht nur Kindern, sondern auch Erwachsenen. Sie machten die gleiche Arbeit wie ich, verdienten aber einiges mehr. Das wollte ich eines Tages gerne ändern, nur wie?

Der geniale Vorschlag kam von meinem Chef, der selbst diesen Weg beschritten hatte. Er sagte: „Es gibt für besonders begabte Berufstätige, die viele Fortbildungen vorweisen können, eine Möglichkeit, sich an der Fachhochschule in Fulda einem Kolloquium zu stellen, und eine schriftliche Prüfung zu absolvieren. Besteht man beides, bekommt man die Lizenz, an den Fachhochschulen in Hessen Sozialpädagogik zu studieren."

Nach dem Grundstudium hatte man sogar die Möglichkeit, das Lehramt für Grundschulen anzustreben.

Das klang verlockend und ich kümmerte mich sofort um die Unterlagen für Fulda. Ich bestand Kolloquium und schriftliche Prüfung und nahm 1990 ein berufsbegleitendes Studium an der Fachhochschule in Frankfurt am Main auf. Zu diesem Zeitpunkt studierten meine beiden Kinder schon.

Ich fühlte mich sehr unterstützt. Beruflich standen meine Kollegin und mein Chef hinter mir. Er versprach mir, in den nächsten beiden Jahren keine Zusatzaufgaben für mich bereitzuhalten. Privat standen meine Kinder und besonders mein Mann parat, mir den Rücken frei zu halten.

Mit vielen Professoren und Professorinnen, besonders mit meiner Projektleiterin verstand ich mich gut. Was war ich für ein Glückskind! Da ich viele Berufsjahre vorweisen konnte, wusste ich bei manchen Lehreinheiten schneller, worum es geht. Die Abiturienten, die direkt vom Gymnasium kamen, mussten sich intensiver einarbeiten.

„Jingle bells, Jingle bells …" tönte es von außen. Die Räume der Fachhochschule für Sozialpädagogik in Frankfurt am Main waren im Nordwestzentrum untergebracht. Gute Konzentration war nötig, um sich vom Weihnachtstrubel in dem Einkaufszentrum nicht ablenken zu lassen, aber ich war extrem motiviert. Ich hätte nie gedacht, dass ich in meinem Leben noch einmal studieren würde. Das war die Erfüllung eines lang gehegten Traums, etwas ganz Besonderes. Sogar die Funkkollege Erziehungswissenschaft und pädagogische Psychologie, die ich mitgemacht hatte, als meine Kinder klein waren, konnten in die dringend benötigten Semesterscheine umgewandelt werden. Die Atmosphäre der Fachhochschule gefiel mir. Die neuen Lernanforderungen und der Austausch mit den Studentinnen und Studenten brachten noch einmal einen neuen und interessanten Schwung in mein Leben. Mein Selbstwertgefühl wuchs, das Lernen machte Spaß und ich merkte, dass ich in der Lage war, wissenschaftliche Texte zu verstehen und mit meiner Berufserfahrung in Einklang zu bringen.

Nach Examen und Diplomarbeit durfte ich mich Diplom-Sozialpädagogin nennen. Kurz vor dem Ende meiner Berufszeit bekam ich eine Stelle, die mich noch einmal herausforderte. Ich war Ansprechpartnerin in einem Haus für betreutes Wohnen im Alter. Außer meinen Bürozeiten bot ich Gymnastik, Gedächtnistraining, Ausflüge und Willkommensfeste für Bewohner, die neu einzogen, an.

Mit Dankbarkeit und Erfüllung schaue ich auf mein Leben zurück. Neben meiner Familie war mir auch ein erfülltes Berufsleben wichtig.

Ford Capri 1
1969 – 73

70

1969

Deutschland

Klassische Automobile

2016

Auto-Biografie

Susann von Winning

Wenn es stimmt, dass Kindheitserlebnisse prägend für das ganze Leben sind, müsste mein Verhältnis zum Auto seit meinem sechsten Lebensjahr gestört sein.

Es passierte im Frühjahr 1964 in Ostwennemar, einem kleinen Vorort von Hamm in Westfalen. Dort bewohnten meine Eltern, mein Bruder und ich gemeinsam mit den Eltern meines Vaters ein Zweifamilienhaus mit einem großen Garten. Opa räumte die Garage auf, sein Auto, ein VW Käfer, stand derweil in der Einfahrt. Ich saß auf dem Fahrersitz und probierte von Blinker bis Scheibenwischer alle möglichen Hebel und Knöpfe aus. Auch den Zigarettenanzünder, den man tief in seine Halterung hineindrücken konnte. Als der Griff wieder zurücksprang, zog ich ihn heraus. Was die rotglühenden Drähtchen zu bedeuten hatten, wusste ich nicht. Ich hielt sie mir deswegen testhalber an die Lippen. Der Schmerz war höllisch! Laut schreiend rannte ich zu meiner Mutter. Sie versuchte, mir mit kaltem Wasser, kalten Umschlägen und Brandsalbe zu helfen. Aber es nützte nichts! Wochenlang hatte ich geschwollene, verkrustete Lippen und sah entstellt aus. Noch auf dem hochoffiziellen Familienfoto anlässlich der Erstkommunion meines Bruders, für das wir extra zum Fotografen gegangen waren, konnte ich nicht lächeln. Zu empfindlich war die gerade erst nachwachsende zarte Haut.

Autoquartett

Dabei hatte alles so schön angefangen. Mein Großvater, bis dahin Fahrer eines kleinen Mopeds, hatte noch mit 60 Jahren und nach ungefähr ebenso vielen Fahrstunden die Führerscheinprüfung bestanden und besagten VW Käfer gekauft. In dem fuhr er am Wochenende zusammen mit Oma spazieren. Unter der Woche, wenn Oma in Haus und Garten zu tun hatte, war ich es, die mitfahren durfte. Stolz wie eine Prinzessin thronte ich auf dem Beifahrersitz. Und auf einem dicken Sofakissen, das Opa mir unterlegen musste, damit ich überhaupt rausgucken konnte. Er kannte einige Ziele in der Umgebung, meistens durfte ich bestimmen, wohin es gehen sollte. Opa widersprach selten. Zum Glück für mich fuhr er ziemlich langsam. Und wenn er nicht gerade an einer Kreuzung besonders auf den Verkehr achten musste, plauderten wir über das, was wir sahen: die Pferde auf den Koppeln, mal waren es schwere Ackergäule, mal elegante Reitpferde, das sich verändernde Laub an den Bäumen, erst grün, dann gelb, Menschen unterschiedlichen Alters, Häuser, Schornsteine. Fast jedes Mal entdeckten wir etwas Anderes. Das Auto lernte ich von Anfang an als etwas kennen, das Spaß macht und mehr war als nur ein reines Fortbewegungsmittel.

1965 trat mein Vater, der gelernter Kaufmann war, bei den Ford-Werken eine Stelle im Bereich „Vertrieb" an. Wir zogen zuerst nach Bückeburg und wenige Jahre später nach Hannover. Sein Arbeitsvertrag sah einen Dienstwagen vor, denn seinem Arbeitgeber kam es darauf an zu zeigen, dass der Mitarbeiter eine amerikanische, also eine erfolgreiche Firma repräsentierte. Bei uns wechselten die Dienstwagen ständig. Alle paar Monate stellte unser Vater beim gemeinsamen

Essen die Frage: „Ich muss mir einen neuen Wagen bestellen. Wie soll er denn aussehen?" Das Modell war vorgeschrieben. Es war natürlich immer das neueste, aber bei Farbe und Innenausstattung durften wir mitreden. Meine Mutter und mich interessierten vor allem die farbliche Gestaltung innen und außen, die Sitze, das Armaturenbrett, ob auch alles gut zusammenpasste. Mein Bruder hatte darüber hinaus ein Faible für technische Details. Wie sahen Lenkrad und Schaltknüppel aus? Auch Hubraum und PS galt sein Interesse. Röhrende Motoren mochte keiner von uns. Bei unseren Tischgesprächen ging es nicht um die Frage, was so ein Auto kostet und was man sich leisten konnte oder wollte. Stattdessen hatte das Ganze für uns Kinder etwas Spielerisches, beinahe wie beim Autoquartett, einem Kartenspiel, das Christian und ich immer wieder spielten. Das Modell, mit dem wir 1968 zu unserem ersten Dänemarkurlaub aufbrachen, war ein 17m, tomatenrot mit schwarzem Kunstlederdach. Totschick, ein echter Hingucker! Als mein Vater mich damit an einem Samstag zum ersten Mal von der Schule abholte, war ich unglaublich stolz.

Die Ford-Werke bezahlten auch die Benzinkosten, unabhängig davon, ob mein Vater dienstlich oder privat unterwegs war. Das Einreichen der Tankbelege genügte und der vorgelegte Betrag wurde zurückgezahlt. Meine Mutter durfte das Auto auch allein nutzen. Meine Eltern fuhren beide sehr gerne und so waren wir am Wochenende oft mit dem Auto unterwegs. Im Sommer zum Kaffeetrinken ans Steinhuder Meer oder in die Lüneburger Heide, manchmal sogar bis nach Hamburg.
Auf unseren zahlreichen Ausflügen fuhren wir oft auf der Autobahn. Ich mochte diese breiten Straßen, die

sich durch die Landschaft schlängelten und auf denen wir in unserem bequemen Wagen dahinschnurrten. Auf solchen Fahrten spielte die Beobachtung der Autos die Hauptrolle. Nicht die unseres eigenen, dessen Qualität war ohnehin über jeden Zweifel erhaben. Da wurden die anderen beäugt. Wir sprachen meistens über Ästhetisches, die Form der Karosserien, der Lampen oder auch darüber, welcher Typ von Fahrer (damals hauptsächlich Männer) welches Auto fuhr. Die Einteilungen waren klar: In einem BMW saßen meistens die Raser. Audi? Vermutlich Vertreterfahrzeug. Fahrer mit Hut? Natürlich in einem Mercedes, oft auch noch mit Automatik, was die Frage aufwarf, ob der Mann überhaupt Auto fahren konnte. Und VW? Konnte man schon allein wegen der umhäkelten Rolle Toilettenpapier auf der Hutablage nicht ernst nehmen. Alles keine Konkurrenz für unseren Ford. Nur bei einem Opel wurde unser Vater empfindlich. Schließlich gehörte auch Opel zu einer amerikanischen Firma, zu General Motors. Es bestand die Gefahr der Ebenbürtigkeit, die sich schon an der Ähnlichkeit der Modellnamen zeigte: Opel Kapitän gegen Ford Konsul. Um keinen Zweifel über die Rangordnung aufkommen zu lassen, wollte unser Vater einen Opel immer so schnell wie möglich überholen, obwohl er eigentlich gar nicht zum Schnellfahren neigte. Aber hinter einem Opel bleiben? Das kam nicht in Frage!

Grenzen und Zäune

Im Winter fuhren wir zum Schlittenfahren in den Deister oder, wenn dort nicht genug Schnee lag, in den Harz. Meistens waren Braunlage oder Clausthal-Zellerfeld unser Ziel. Nach Hahnenklee oder Torfhaus fuhr ich fast lieber, allein weil mir die Ortsnamen so gut gefielen. Ich erinnere mich noch daran, wie es auf den verschneiten bergigen Straßen immer wieder zu Schwierigkeiten kam. Wie fast alle Autos damals verfügte auch unseres über einen Heckantrieb, der zwar für mehr Laufruhe, Bequemlichkeit und was unser Vater uns sonst noch alles erzählte, sorgen sollte, doch bei Glätte seine Tücken hatte. Winterreifen besaßen wir nicht, Schneeketten auch nicht. Stattdessen lagen ein paar alte Kartoffelsäcke aus grober Jute im Kofferraum, die unser Vater dann zum Anfahren unter die Hinterreifen klemmte. Waren wir gemeinsam unterwegs, mussten Christian und ich kurzerhand in den Kofferraum klettern, um mehr Gewicht auf die Hinterachse zu bringen. Unser Vater fuhr dann ganz sachte an und langsam weiter, bis er auf einer ebenen Fläche gefahrlos halten konnte und wir wieder aussteigen durften. Christian fand das meistens spaßig, ich weniger. Ich hatte Angst und weinte sogar. Dafür schämte ich mich dann, aber das herrliche Schlittenfahren im Harz war mir diese Angst wert.

Von Braunlage aus konnten wir zum Brocken hinübersehen, dem mit gut 1100 Metern höchsten Gipfel des Harz. Oft war er von Nebel umwabert, aber wenn die Sicht frei war, kam er mir vor wie aus einer anderen Welt: menschenleer, die Kuppe fast kahl, meistens tief verschneit. Die Zweige der wenigen Tannen bogen sich unter der Schneelast beinahe bis auf den Boden. Meine Mutter erzählte dann Geschichten von Brockenhexen, die auf Reisigbesen flogen, und ihrem Hexensabbat, den sie in der Walpurgisnacht auf dem Brocken oder dem Blocksberg feierten. Bei diesen Geschichten bekam ich eine Gänsehaut. Da las ich doch lieber die freundliche Version in Otfried Preußlers *Die kleine Hexe*.

Erst ein paar Winter später ging mir auf, dass der Gipfel nicht nur aussah wie aus einer anderen Welt, sondern sich tatsächlich in einer anderen Welt befand, nämlich in der ehemaligen DDR, die meine Eltern einfach *Zone* nannten. Er lag nur wenige Kilometer entfernt, aber wir konnten nicht hinfahren, obwohl wir doch sonst überallhin fahren konnten. Zwischen ihm und uns lag die *Zonengrenze*. Erst als ich etwas älter geworden war und nicht mehr nur die Abenteuer der kleinen Hexe vor Augen hatte, bemerkte ich, dass auf dem Plateau neben ein paar windschiefen Tannen auch hohe Antennen standen, an deren Armen lange Eiszapfen wie Stalaktiten herabhingen. Einige niedrige Baracken und merkwürdige Gebilde aus Beton ragten aus hohen Schneeverwehungen heraus. „Was ist das?", fragte ich. „Das ist ein Horchposten. Damit horchen die Russen uns aus", erklärten meine Eltern. Begriffe wie *Zonengrenze, Eiserner Vorhang* und *Kalter Krieg* hatte ich schon öfter zuhause oder in der Schule gehört, mir aber nichts Richtiges darunter vorstellen können. Selbst nicht, als ich diese Apparaturen auf dem Brocken sah. Und dass die Amerikaner weiter südlich auf der Wasserkuppe ähnliche Anlagen unterhielten, wusste ich damals – ich war vielleicht zwölf Jahre alt - auch nicht.

Manchmal fuhren wir auf dem Hin- oder Rückweg auf einer Landstraße, die in Sichtweite dieser ominösen Zonengrenze entlangführte. Man sah einen Zaun, dahinter einen feinsäuberlich geharkten Streifen und immer wieder Wachtürme, aus denen Soldaten hervorlugten. Gelegentlich auch eine Grenzpatrouille. „Die bewachen die Grenze", sagten meine Eltern. „Komische Grenze", dachte ich. Ganz anders als die auf unserem Weg in den Sommerurlaub nach Dänemark. Da mussten meine Eltern nur unsere Pässe zeigen. Die Grenzbeamten warfen einen kurzen Blick hinein und schon durften wir weiterfahren. Oder man wurde einfach durchgewinkt. Zäune hatte ich da noch nie gesehen.

Freiheit

Ende der 1960er Jahre kehrte meine Mutter halbtags in ihren alten Beruf bei der Deutschen Bundespost zurück. Sie musste nun täglich von unserem Haus in Hemmingen-Westerfeld, einem Vorort von Hannover, in die Innenstadt zur Oberpostdirektion fahren. Eine ganze Weile nahm sie Bus und Straßenbahn, aber da es auch darauf ankam, wegen uns Kindern nicht allzu viel Zeit durch den Weg zu verlieren, wurde ein Zweitwagen angeschafft. Meine Eltern kauften aber keinen, sondern nutzten das damals neue Modell des Mitarbeiterleasings, das auch für Familienangehörige galt. Nun stand auch für meine Mutter jeweils nach zehn Monaten ein fabrikneues Auto vor der Tür. Anfang 1974 bekam sie einen Ford Capri. Für uns ein ungewöhnliches Auto, denn von unserem Vater waren wir ja immer die großen Limousinen gewohnt. Der Capri aber war anders, nach den meist biederen Wirtschaftswunder-Karossen so etwas wie ein frühes *Crossover*. Er sah aus wie ein Sportwagen, aber mit seinen vier Sitzen, einer großen Heckklappe und einer umklappbaren Rückbank war er eben auch ein Familienauto, mit dem meine Mutter sogar den wöchentlichen Großeinkauf bewältigen konnte. Er verkörperte Eleganz und Leichtigkeit und traf damit genau den Zeitgeist, der nach den Auseinandersetzungen und Umwälzungen der späten 60er Jahre und der Wahl Willy Brandts zum Kanzler die Gesellschaft durchwehte. Nun waren meine Eltern weiß Gott keine Anhänger der 68er. Im Gegenteil, die langhaarigen Demonstranten, die gegen den Schah von Persien, den Vietnamkrieg und gegen noch vieles mehr auf die Straße gingen, lehnten sie ab. Deren politische Forderungen nach Sozialismus sowieso. „Die sollen doch nach drüben gehen, wenn sie unbedingt im Sozialismus leben wollen!", waren sie sich einig. „Nach drüben", das war die DDR. Meine Eltern waren überzeugte Anhänger „unseres", des bundesrepublikanischen Systems, das ihnen die Möglichkeit gegeben hatte, sich nach dem Krieg erst finanzielle Sicherheit und dann Wohlstand zu erarbeiten. Das Wirtschaftswunder war für sie weniger ein Wunder als vielmehr das Ergebnis ihrer eigenen und der Arbeit vieler. Fleiß, Ordnung, Pünktlichkeit, Zuverlässigkeit, all das gehörte zu ihren Grundsätzen. Leichtigkeit und Lebensfreude dagegen waren ihnen in ihren strengen Elternhäusern nicht in die Wiege gelegt worden. Aber in dem Maße, in dem sie sich beruflichen Erfolg und Wohlstand erarbeitet hatten und mein Bruder und ich älter wurden, wurden meine Eltern freier. Sie trauten sich was. Diese Freiheit spiegelte sich, so glaube ich, auch in der Anschaffung des Capri wieder. Zudem war das Auto einfach schick. Es passte gut zu meiner Mutter. Sie kleidete sich gern schick, mit Liebe zum Detail. Die Farbe ihrer Twinsets war genau auf ihre Röcke oder später auf ihre Hosen abgestimmt. Schuhe und Handtasche passten fast immer zusammen. Auch in ihrem Haushalt legte sie bei Porzellan oder Glaswaren nicht nur auf die Nützlichkeit Wert, sondern auch auf das Design.

1973 machte mein Bruder pünktlich zu seinem 18. Geburtstag den Führerschein. Er war das Geschenk meiner Eltern zu diesem wichtigen Tag, an dem Christian volljährig wurde. Ein paar Mal musste er mit Vater oder Mutter auf dem Beifahrersitz Probe fahren. Dann wurde er für würdig befunden, gelegentlich das Auto unserer Mutter nutzen zu dürfen, wenn sie es nicht brauchte, zum Beispiel, um abends zu seinen Freunden in die Stadt zu fahren. Manchmal musste er mich irgendwo abholen, aber diese lästige Pflicht nahm er in Kauf, weil er so gerne Auto fuhr. Die neue Freiheit genoss er in vollen Zügen. Gemeinsam mit seinem Freund Michael kam er auf die Idee, im Sommer 1974 eine Zeltreise nach Schottland zu unternehmen. Vier Wochen wollten sie unterwegs sein und dafür das Auto meiner Mutter ausleihen. Meine Eltern waren zuerst ziemlich erschrocken, aber nach einigem Hin und Her gaben sie den beiden 19-Jährigen tatsächlich ihre Erlaubnis. Ich hatte seit einiger Zeit eine englische Brieffreundin, die mich zu einem Besuch in den Sommerferien eingeladen hatte. „Swinging London", England – das klang in meinen Ohren so verheißungsvoll. Da wollte ich hin, auch wenn ich London gar nicht sehen würde, denn die Familie wohnte weiter nördlich, in der Grafschaft Yorkshire. Egal! Mein Bruder sollte mich auf dem Weg nach Schottland in der Gastfamilie absetzen, zwei Wochen später würde ich mit dem Zug wieder nach Hause fahren. Meine Eltern mussten für mich extra einen Reisepass beantragen. Ich war erst 15 und hatte bisher nur einen Kinderausweis, mit dem ich nach Großbritannien nicht hätte einreisen dürfen.

Am 6. Juli 1974 fuhren wir mit unserem schicken grünen Capri los. Vorne die beiden gutaussehenden jungen Männer, ich auf der Rückbank. Wir waren beseelt von der Freiheit, von dem Abenteuer, das ganz bestimmt auf uns wartete. Allein mit einem (fast) eigenen Auto! Keine Eltern, die uns irgendwas vorschrieben. Und kein Gedanke daran, dass sie vielleicht Angst um uns hatten, als sie hinter uns herwinkten und wir aus ihrem Blickfeld verschwanden, und einfach nur hofften, dass wir gesund wieder nach Hause kämen. Was für ein Vertrauensbeweis, Christian das Auto zu geben, denke ich heute! An das Datum unserer Abreise erinnere ich mich deswegen so genau, weil es der Tag vor dem WM-Finale Deutschland gegen Holland war. Die Aussicht, Fußball-Weltmeister werden zu können, trug zu unserer Hochstimmung bei. Wir fuhren nach Hoek van Holland bei Rotterdam. Von dort aus sollte es mit der Fähre weitergehen. In einer Hafenkneipe wollten wir warten. Schüchtern öffneten wir die Tür und sahen außer dem Wirt nur zwei alte Männer, die an einem Tisch in der Ecke saßen. Sie unterhielten sich. Als sie merkten, dass wir Deutsche waren, passierte etwas, an das ich mich noch heute mit Schrecken erinnere. Uns schlug ein Hass entgegen, den ich bis dahin noch nie erlebt hatte und auch danach nicht wieder. Die Männer schimpften uns „Nazis", schleuderten uns Worte entgegen, deren Übersetzung wir nicht zu kennen brauchten, um ihre Bedeutung zu verstehen. Sahen sie denn nicht, wie jung wir waren? Aber das spielte wohl keine Rolle. Wir hatten das Gefühl, am morgigen Sonntag wollten sie den Deutschen wenigstens symbolisch alles heimzahlen, was die ihnen im Krieg angetan hatten. Das WM-Finale sollte kein Spiel sein, sondern ein Racheakt. So kam es mir damals vor. Ich verspürte eine Angst, die ich noch heute fühlen kann.

Vorbei war es mit dem Geschmack von Freiheit und Abenteuer. Ich wollte nichts lieber als meine Eltern bei mir haben, hinter denen ich Schutz suchen konnte. Beklommen schlichen wir uns hinaus. Schweigend und verstört warteten wir im Auto auf das Verladen in die Fähre. Als wir am Sonntagmittag bei meiner Gastfamilie in Grimsby ankamen, hatte ich mich nur leidlich von dem Schrecken erholt. Zu unserer Erleichterung empfing uns die Familie sehr freundlich. Mein noch unterentwickeltes Schulenglisch in Kombination mit ihrem Yorkshire-Dialekt machte die Verständigung anfangs schwerfällig, aber ihr guter Wille half mir über die ersten Hemmungen hinweg. Leider ist mir von der ganzen Reise außer der sympathischen Familie nur das gemütliche Haus in Erinnerung geblieben, die Kohleheizung, wie ich sie aus meiner Kindheit kannte, und das Lammfleisch mit Kartoffeln und Minzsoße, das es in diesen zwei Wochen mehrfach gab.

Der „Lappen"

Wieder zurück in Hannover fieberte ich meinem 16. Geburtstag entgegen, denn ich sollte ein Mofa bekommen. Einen Führerschein brauchte man dafür noch nicht. Meine Freundin Meike besaß eines, auf dem ich schon mehrere Runden gedreht hatte. Das reichte als Fahrpraxis. An meinem Geburtstag brachte meine Mutter mich zum Geschäft, wo mein froschgrüner Flitzer abholbereit stand. Nur das Versicherungskennzeichen musste noch angeschraubt werden. Wie erwachsen ich mich fühlte, als ich erst zur Tankstelle und dann durch die Stadt nach Haus fuhr! Einfach nur mit der Hand Gas zu geben, war doch etwas ganz anderes, als sich wie ein Kind auf einem Fahrrad abzustrampeln. Und ich war natürlich viel beweglicher und schneller als mit dem Rad. Deshalb fiel es mir nicht schwer abzuwarten, bis ich kurz nach meinem 18. Geburtstag an einem Samstagvormittag im Dezember 1976 die Führerscheinprüfung ablegte. Meinen Führerschein bekam ich gleich danach vom Prüfer ausgehändigt. Den „Lappen", wie wir das heiß ersehnte Stück lässig nannten. Tatsächlich glich die graue, oktavheftchengroße Fahrerlaubnis mit eingeklebtem Lichtbild wegen des hohen Textilanteils eher einem beschichteten Stück Stoff als einem amtlichen Dokument.

Wie mein Bruder musste auch ich mit meinem Vater als Beifahrer eine zweite Prüfung bestehen. Ganz selbstverständlich legte ich den Sicherheitsgurt an. Ich hatte es von der ersten Fahrstunde an so gelernt. Mein Vater haderte noch mit der erst kurz zuvor eingeführten Gurtpflicht. „Immer dieser Umstand!", schimpfte er, denn eine Aufrollautomatik gab es noch nicht. Der Gurt musste bei jedem Fahrerwechsel neu eingestellt werden. Und überhaupt, man könne ja nicht mehr frei atmen, fand er. Nachdem wir nach unserer Fahrt durch die Stadt wieder zuhause waren, berichtete er meiner Mutter: „Sie hat einen beängstigenden Drang an den rechten Straßenrand", was wohl heißen sollte, dass ich seiner Meinung nach kurz davor gewesen war, in den Graben zu fahren. Mir war das gar nicht aufgefallen. Dennoch war er zufrieden. Auch ich erhielt seinen Segen und die Erlaubnis, den mütterlichen Zweitwagen für abendliche Fahrten in die Stadt oder zu Freundinnen zu nutzen. Über die Kilometer, die mein Bruder und ich fuhren, mussten wir nicht Buch führen und auch die Benzinkosten wurden nicht auf Heller und Pfennig abgerechnet. Wir tankten einfach gelegentlich voll. Anscheinend verhielten wir uns in etwa so, wie meine Eltern es für angemessen hielten, Diskussionen oder gar Streit gab es nicht. Für Begrenzung sorgte schon allein der Benzinpreis. Meinem Bruder und mir stand ja nur unser Taschengeld zur Verfügung, auch wenn ich mir durch gelegentliches Babysitten oder Nachhilfegeben etwas hinzuverdienen konnte. An Abgase, Luftverschmutzung oder Umweltschutz dachten wir nicht. Aus Kostengründen tankten wir immer an den neu auf den Markt gekommenen Selbstbedienungstankstellen. Öfter schwappte dabei Benzin über und lief am Auto herunter. Dann putzten wir gründlich, denn ein verschmiertes Auto hätten wir unserer Mutter nicht zurückgeben mögen. Mein Vater tankte nach wie vor nur an Zapfsäulen mit Bedienung. Für ihn war es unvorstellbar, selbst Hand anzulegen. Es hätte ja sein können, dass seine Hände nach Benzin rochen und er dann so einen Ford-Händler hätte besuchen müssen. Zudem fand er es praktisch, dass der Tankwart nicht nur den Tank füllte, sondern für ein Trinkgeld zusätzlich noch die Scheiben putzte.

„Los, Fury!"
In den Jahren meines Jurastudiums spielte das Auto keine große Rolle. Im kleinen Göttingen wohnte ich beinahe auf dem Campus, die Wege in die Innenstadt, zu den Kommilitonen und in die Kneipen waren kurz. Ich erledigte alles zu Fuß. In München, wohin ich 1980 gezogen war, nachdem ich meinen späteren Mann kennengelernt hatte, nutzte ich die U-Bahn. Heino brachte einen postautogelben Audi 50 in unsere Verbindung ein, den wir liebevoll „Iwan" nannten, denn wir hatten uns kurz zuvor während einer Reise nach Moskau kennengelernt. Für mich war es der erste Schritt weg von einem Ford. Diesem kleinen, schnuckeligen Auto hielten wir lange die Treue. Wir fuhren damit in einem Sommer nach Griechenland bis an die Südspitze der Peloponnes, im nächsten nach Schweden, um unseren jungen Hausstand mit schwedischen Glaswaren und Porzellan auszustatten, und schließlich 1983 vollgepackt bis unters Dach nach Frankfurt. An den Main zogen wir, weil Heino nach dem Abschluss seines Studiums hier seine erste Arbeitsstelle

gefunden hatte. Ich absolvierte mein Referendariat am Landgericht in Frankfurt, eine Wohnung fanden wir in Oberursel.

Einige Arbeitsjahre später, der Audi 50 war längst passé, kam auch mein Mann in den Genuss eines Dienstwagens. Wir konnten wählen zwischen einem Modell von Audi, BMW und Mercedes. Für mich bedeutete das, mich endgültig von einem Ford zu verabschieden, was mir aber so schwer nicht fiel. Meine Eltern waren bereits verstorben. Meine Bindung an die Ford-Werke und die Autos meiner Kindheit und Jugend hatte sich schon gelockert. Von den meisten Stereotypen aus Kindertagen hatte ich mich im Laufe meines Autofahrerinnenlebens freimachen können. Nur das eine, nämlich hinter einem Opel herzufahren, fällt mir bis heute schwer. Geblieben ist auch, dass ich ein Auto, egal ob mein eigenes oder andere, zuerst nach ästhetischen Gesichtspunkten beurteile.

Heino und ich mussten nicht lange überlegen. Wir entschieden uns für einen Audi A6, tannengrün mit Perleffekt. Zum ersten Mal kamen wir in den Genuss von Ledersitzen und Sitzheizung. Allerdings musste mein Mann sich nun von seinen Geschäftsführerkollegen verspotten lassen, wieso es denn gerade diese langweilige Marke sein sollte. „Der fehlt doch das gewisse Etwas!" Und dann auch noch das grässliche Modell „Avant" mit Fließheck. Ein Vertreterauto, wie es schlimmer kaum sein könne, meinten sie. Uns war das egal! Wir brauchten vor allem eine geräumige Familienkutsche, denn unsere Kinderschar war inzwischen auf drei angewachsen. Die Eleganz des Modells und die Qualität der verwendeten Materialien verloren in dieser Zeit an Bedeutung. Jedoch nie ganz, denn noch immer legte ich neben den Sicherheitsaspekten viel Wert auf Farben, Innenausstattung und Lampen. Doch Platz war jetzt das Wichtigste: nicht nur für unsere Kleidung, nein auch für das Reisebettchen und den Kinderwagen, für Gummistiefel, eine große Kiste Pampers und vielleicht auch ein paar Alete-Gläschen. Und nicht zu vergessen die zahlreichen Kuscheltiere und Bilderbücher. Auf dem Höhepunkt der Pferdebegeisterung im weiblichen Teil unserer Familie verwandelte sich das Auto auf vielen langen Fahrten in einen Ponyhof. Die Mädchen flochten bunte Führstricke, die sie an den Kopfstützen der Vordersitze anknoteten. Mit einem lauten „Los, Fury!" und einem aufmunternden Schnalzen von der Rückbank starteten wir in den Sommerurlaub oder zu den Großeltern. Besonders wichtig war der Kassettenrecorder. Die Geschichten der „Kinder vom Süderhof" oder der beiden Freundinnen „Bibi und Tina" liefen beinahe in Endlosschleife. Den Refrain „Das sind Bibi und Tina auf Amadeus und Sabrina. Sie reiten im Wind, sie reiten geschwind, weil sie Freunde sind" werde ich in meinem Leben nicht mehr vergessen. Unterbrochen wurden die Pferdegeschichten nur von „Benjamin Blümchen", dessen fröhliches „Törö" unser Sohn einschließlich seiner Arme als schlenkerndem Rüssel gern nachahmte. Dass die drei sich angesichts der beengten Verhältnisse auf der Rückbank öfters fürchterlich stritten oder sogar handgreiflich wurden, brauche ich nicht zu beschreiben. Eltern wissen, wovon ich spreche.

Frischluft und CO_2
Wieder einige Jahre später wuchs unser Fuhrpark vorübergehend auf drei Autos an. Der Dienstwagen meines Mannes. Dann mein Zweitwagen, ein schon recht betagter Golf, in dem ich die Kinder jahrelang zum

Sport, in die Schule und zu Freunden gefahren hatte. Als sie nach und nach den Führerschein machten, ging er auf sie über. Ein Auto, das schon einige Schrammen hatte, war genau das richtige, um das Rückwärtseinparken zu üben und sich durch die engen Altstadtgassen in Kronberg und Oberursel zu schlängeln. Für mich begann eine neue Phase. Da die Kinder nun selbst mobil und nicht mehr auf mich angewiesen waren, konnte ich mich bei der Anschaffung eines Autos für mich neu orientieren. Meine neue Unabhängigkeit sollte sich auch in meinem Auto widerspiegeln. Lange überlegen musste ich nicht: Ein Cabriolet sollte es sein. Ein kleines, wendiges, spritziges Auto nur für mich. Wann, wenn nicht jetzt?! Nach ein paar Wochen des Suchens fand ich im Sommer 2004 ein gebrauchtes, sehr gepflegtes Golf Cabrio, ein Nachfolgemodell des legendären „Erdbeerkörbchens", wie es wegen seines Überrollbügels oft mehr abfällig als liebevoll-spöttisch genannt wurde. Ich mochte es auf den ersten Blick. Schon allein die Farbe ließ mein Herz höher schlagen: Mitternachtsblau Perleffekt.

Obwohl unsere Kinder eins nach dem anderen das Elternhaus verließen, behielten wir unsere große Familienkutsche. Bei ihren zahlreichen Umzügen während der Studienzeit erwies sie sich beim Transport von Waschmaschinen, Bücherkisten oder dem Großeinkauf beim schwedischen Möbelriesen als äußerst nützlich. Ebenso bei Heinos und meinen Fahrten nach Italien, wenn es darauf ankam, zwischen Wein und Olivenöl auch noch einen feinen Terrakottatopf unterzubringen. Der nun doch schon recht mitgenommene weiße Golf ging für den symbolischen Preis von einem Euro an eine Bekannte, die als Fahranfängerin „etwas zum Üben" suchte. Ich blieb dem Cabriofahren treu, inzwischen jedoch mit einem anderen Modell. Wenn – oft schon im Februar – die Sonne zum ersten Mal so kräftig scheint, dass es über Mittag plötzlich 14° oder 15° warm wird, lasse ich noch in der Garage das Verdeck herunter, um offen zu fahren. Ich mag es, wenn der Fahrtwind durch meine Haare fährt, auch wenn die Frisur dabei durcheinandergewirbelt wird. Im Rückspiegel lächele ich mir zu. Nichts als den blauen Himmel über mir erfüllen mich Wohlgefühl und satte Lebensfreude. Das Zwitschern der Vögel nach dem Winter höre ich intensiver. Durch die noch kahlen Bäume fällt genügend Licht, um frühe Buschwindröschen zum Blühen zu bringen. Ihren weißen Teppich auf dem Waldboden nehme ich deutlicher wahr als bei einem Blick durch die geschlossene Scheibe. Der BMW-Werbeslogan „Freude am Fahren" trifft mein Gefühl in solchen Momenten ziemlich genau.

Und doch hat sich in den letzten Jahren etwas verändert. Der Gedanke an den Schutz der Umwelt, der in meiner Kindheit und Jugend noch kaum eine Rolle gespielt hatte, wird immer wichtiger. Schon seit vielen Jahren legen mein Mann und ich Wert auf benzinsparende, schadstoffarme Motoren. Nun kommt die Sorge um den Klimawandel hinzu, der spätestens seit den letzten Dürresommern mit Händen zu greifen ist. Wie wird sich die Erde verändern? „Wie sollen Nora und Felix denn noch leben, wenn das so weiter geht?", fragte unsere Tochter kürzlich. Ihre Sorge um die Zukunft ihrer Kinder, in der schon Verzweiflung mitschwang, schnitt mir ins Herz. So darf es eben nicht weitergehen! Wir wollen einen Beitrag zum Klimaschutz leisten und hoffen, dass es für unsere Enkel noch nicht zu spät ist. Statt des „Auto, Auto über alles" meiner frühen Jahre basteln wir an unserem ganz persönlichen Mobilitätskonzept. Mein Cabrio haben wir schon verkauft. Ich hoffe sehr, dass es in die vielgerühmten „guten Hände" gekommen ist. Im entscheidenden Moment, als der Käufer in unserem Wohnzimmer die Schlüssel nahm und zur Haustür ging, erhielt ich einen Telefonanruf. So musste ich nicht mitansehen, wie er mit meinem schönen Auto auf und davon fuhr. 16 Jahre „offen fahren" gehören nun der Vergangenheit an. In Absprache mit unseren Kindern haben wir entschieden, dass es nicht mehr an uns ist, die große Familienkutsche vorzuhalten. Stattdessen werden wir uns auch davon trennen, zugunsten eines Autos mit Hybridantrieb. Gespeist wird dessen Batterie mit dem sauberen Solarstrom, den wir seit einigen Monaten mit unserer eigenen Photovoltaikanlage auf dem Dach reichlich erzeugen. Seit kurzem bin ich stolze Besitzerin eines E-Bikes, Farbe übrigens Mitternachtsblau Perleffekt! Ohne Ästhetik geht es auch jetzt nicht. Für die zahlreichen kurzen Strecken nach Oberursel, Kronberg oder nach Frankfurt braucht man meistens kein Auto. Ich bin überrascht, wie viel Freude mir das Radfahren in der sommerlichen Natur macht. Und etwas für die Gesundheit zu tun, wird mit zunehmendem Alter auch immer wichtiger.

Meine von Kindheit an eingeübte Nähe zum Auto scheint dennoch bestehen zu bleiben. Zu meinem veränderten Standpunkt fällt mir nämlich als erstes ein wenn auch schon etwas in die Jahre gekommener Werbeslogan der Autoindustrie ein – von Opel, ausgerechnet! Er lautet: „Umparken im Kopf".

Die Kinder waren immer die Ersten

Erika Weber-Herkommer

Die Kinder waren immer die Ersten. Sobald eines unsere kleine Gruppe entdeckt hatte, die sich langsam von einem Berg herabsteigend dem Dorf näherte, kamen sie angerannt. Stürmisch zuerst, im Näherkommen langsamer, um schließlich zögernd stehen zu bleiben. Die großen Buben vorneweg, lachend, rufend. Dahinter die kleineren, schließlich die Mädchen. Barfuß, mit dreckverschmierten Gesichtern, struppigen Haaren, zerlumpten Kleidern, kamen sie auf uns zu. Ihre Augen strahlten. Neugierig und schüchtern zugleich näherten sie sich. Ein Mutiger fasste sich ein Herz und sprach unsere nepalesischen Begleiter an. Sie folgten uns bis zu dem Platz, wo wir unsere Zelte aufschlugen. Dann bildeten sie einen Kreis um uns und beobachteten alles ganz genau.

Kein Traum

Morgen sollte es also losgehen. Ich hatte nie geglaubt, dass ich einmal nach Nepal kommen würde. Nepal – das waren für mich riesige Schneeberge, die über den Wolken schwebten. Ungeachtet der Fotos, die Wilhelm, mein Mann, von seiner ersten Nepalreise mitgebracht hatte, sah ich keine grünen Täler, nur Berge vor mir. Ich hätte es besser wissen müssen, schließlich war ich auf meinen beruflichen Reisen nach Südamerika mehrmals über die Anden geflogen. Am Abend vor dem Abflug wurde ich unruhig, würde ich das Trekking schaffen?

Wilhelm war mit seinen 57 Jahren ein durchtrainierter, erfahrener Bergsteiger und nicht leicht aus der Ruhe zu bringen. Ich dagegen wurde schnell nervös und trotz täglichem Lauftraining schien mir meine Kondition unserem Vorhaben nicht angemessen zu sein. Höhenfest war ich auch nicht, was mich zusätzlich verunsicherte.

Was wollte ich eigentlich in Nepal? Ich gehörte nicht zu den Enthusiasten, die in den 70er und 80er Jahren nach Asien gepilgert waren. In Südamerika hatte ich vieles gesehen und erlebt: einfachste Unterkünfte, primitive sanitäre Verhältnisse. Ich hatte die Armut und das Elend der Bevölkerung in der Stadt und auf dem Land wahrgenommen. Vorsicht im Umgang mit Wasser und Essen waren für mich Routine. In dieser Hinsicht war ich nicht leicht zu erschüttern.

Am 11. März 1990 trafen wir in Kathmandu ein, um fünf Wochen in Nepal zu wandern. Beim Anflug hatte ich die schneebedeckte Bergkette des Himalayas in der Sonne glänzen sehen. Ein phantastischer Anblick. Dieses Bild hatte ich vor Augen gehabt. Mein ewiges Fernweh ließ mich alle Schwierigkeiten vergessen, solange ich zu Hause auf dem Sofa saß. Schlagartig wurde mir klar, dass es kein Traum mehr war. Purna Lama, den Wilhelm bei seiner ersten Reise kennengelernt hatte, holte uns am Flughafen ab. Zur Begrüßung legte er uns Kränze aus roten und gelben Blüten um den Hals. Er sprach und verstand gerade so viel Englisch, dass wir uns verständigen konnten. Dabei merkte ich schnell, dass mein flüssiges Englisch viel zu umständlich war. Mein Mann mit seinem Basisenglisch war für Purna leichter zu verstehen, weil er mit wenigen Worten das Wesentliche sagte, ohne grammatikalische Girlanden.

Unser Hotel lag versteckt in der Altstadt, was sich einige Wochen später als Vorteil erweisen sollte. Es war ein einfacher vierstöckiger Neubau. Die Zimmer waren sauber und verfügten über Dusche und WC. Die Ausstattung bestand aus zwei einzelnen Betten und zwei Holzstühlen. Auf den Matratzen lag nur ein fadenscheiniges Leintuch, kein Kopfkissen, keine Decke. Das störte uns nicht, wir hatten unsere Schlafsäcke. Das Zelten würde auch nicht bequemer werden. Mein „Pink Panther", wie ich meinen neuen knallrosa Schlafsack taufte, sollte mich in den kommenden Wochen über manche Unbequemlichkeit hinwegtrösten.

„Es liegt alles in Gottes Hand"
Am nächsten Morgen führte uns Purna zur Tempelanlage von Swayambunath. Sie lag auf einem Hügel und war ein markanter Punkt in der Stadt, der schon vom Dach unseres Hotels zu sehen war. In Thamel, der Altstadt von Kathmandu, dem Zentrum des Tourismus, mit vielen Guest Houses, kleinen Restaurants und Läden, waren die Straßen nicht asphaltiert. Der Regen hatte den Schmutz aufgeweicht, der verrottende Müll stank. Die Eindrücke waren im wahrsten Sinne des Wortes atemraubend. Es lag nicht an der Höhe von 1.400 Metern, dass mir Luft fehlte, ich atmete nur flach. Auf einem zentralen Platz, der von verfallenden, ehemals prächtigen Gebäuden umgeben war, stand ein dickes, großes Schwein und fraß von einem meterhohen Abfallhaufen. In den engen Straßen mischten sich Pkw, Lastwagen, Mopeds, Fahrräder, Rikschas, Fußgänger und Kühe. Die Kühe hatten tatsächlich den Vortritt. Zwar hupte es von allen Seiten, aber niemand bedrängte oder scheuchte die mageren Kühe, die völlig unbeeindruckt von dem Lärm ihres Weges gingen. Ob sie einen Besitzer hatten? Ich wusste zu wenig von

diesem Land. Auf einer Brücke überquerten wir einen Nebenfluss des Bagmati River, eine trübe Kloake, an deren Ufer sich viele Schweine suhlten. Ein Bauer kam vom Fluss. Auf dem Rücken trug er einen großen Korb Blumenkohl, den er im Flusswasser gewaschen hatte. Vor einem offenen Verkaufsstand aus Holz lag am Straßenrand beinahe ebenerdig, auf niedrigen Holzklötzen, übersät von Fliegen, in Stücken und Fetzen das zum Verkauf angebotene Fleisch.

Wilhelm kannte sich gut aus. Am zweiten Tag konnten wir die Stadt alleine erkunden. Auf Straßen und Plätzen waren größere und kleinere Tempel und Gebetsstätten verteilt, an denen Hindus beteten und Opfergaben ablegten: Blätter mit Reis, Früchte und Blüten. Wir begegneten mehreren Leichenzügen. Manche Tote ruhten auf einem Katafalk, der mit aufwendigen Blumenarrangements geschmückt war, andere lagen nur in Leichentücher gewickelt auf einer einfachen Holzbahre. Alle waren auf dem Weg zum Fluss, wo sie verbrannt wurden. Bei einer durchschnittlichen Lebenserwartung von 48 Jahren ließ sich der Tod nicht verstecken.

Das Zentrum der Stadt, der Durbar Square vor dem alten Königspalast, war umgeben von mehr als 50 Pagoden, Tempeln und Palästen im Newar-Stil. Die meisten Gebäude waren aus Holz, vom Alter dunkel gefärbt, mit beeindruckenden Schnitzereien. Hier war Kathmandu malerisch und märchenhaft. Hier gab es weder Abfall noch Schweine oder Kühe. Auf der Durbar Mart, einer modernen, breiten Straße mit Bürogebäuden und einigen wenigen größeren Hotels, entlang der Uferpromenade des Basnumathi River, fühlte ich mich wieder im 20. Jahrhundert. Wenige Schritte in eine der Seitenstraßen hinein, und sofort überwältigte mich wieder das Gewimmel in den engen, überfüllten Gassen.

Nach einigen Spaziergängen fing ich an, mich zu orientieren, konnte an den Abfallhaufen vorbei gehen, ohne jedes Mal die Luft anzuhalten, und die Fleischstände sehen, ohne mich zu ekeln. Mein Blick wurde genauer. Ich sah die Kinder, die morgens in den Türen der ärmlichen Häuser standen, in sauberen Schuluniformen mit gewaschenen Gesichtern, gestriegelten Haaren, die mit Hingabe ihre Zähne putzten, während sie das Treiben auf der Straße beobachteten. Frauen, die in eleganten, farbenprächtigen Saris mit Grazie über die je nach Wetter staubigen oder schlammigen Straßen schritten, faszinierten mich. Wie schafften sie es nur bei diesen Lebensumständen, so schön auszusehen?

Immer wieder fielen uns größere Gruppen von Soldaten mit Schlagstöcken auf. Wir hatten zu Hause von Unruhen gelesen, aber zunächst nichts bemerkt. Im Hotel warnte uns eine Engländerin, für den morgigen Tag seien Demonstrationen angekündigt. Taxis führen auch nicht. Sie und ihre Freunde würden Nepal verlassen und mit dem Bus nach Darjeeling fahren. Wir aber sahen keinen Grund, unsere Pläne zu ändern. Am nächsten Morgen holte uns Purna mit zwei Fahrrad-Rikschas vom Hotel ab. Im Verkehrsgewühl hätten mich die wackligen Gefährte erschreckt, aber jetzt waren die Straßen menschenleer. Etwas Beunruhigendes lag in der Luft. Als wir uns dem Busbahnhof näherten, sahen wir eine große Menschenmenge, die zu den Bussen strebte. Alles rannte hin und her. Ein Bus sah klappriger aus als der andere, verbeult, verrostet, überfüllt, die Scheiben fast blind, die Dächer hoch bepackt. Auch unsere Seesäcke landeten auf dem Dach.

Ich wollte nicht einsteigen, doch mein Mann schob mich hinein.

Auf jedem Zweier-Sitz saßen drei bis vier Personen. Für die zierlichen Nepalesen kein Problem, aber der Bus war damit eindeutig überladen. Die Reisenden auf dem Dach und das Gepäck noch gar nicht mitgerechnet. Unwillkürlich dachte ich an Verkehrskontrollen in Deutschland. Polizisten mit Schlagstöcken standen zahlreich herum, aber die Busse interessierten sie nicht. Ich setzte mich auf den Platz am Fenster, den Purna freigehalten hatte, neben mir Wilhelm. Mein Mann und ich waren im Bus die einzigen Ausländer. Ich war froh, durch meinen Mann geschützt zu sitzen und nicht mit den Anderen in Berührung zu kommen. Obwohl die Menschen weder schmutzig noch verwahrlost aussahen. Es waren normale Einheimische. Sie hatten für die Reise sicher die Sonntagskleider angelegt. Ich sah mich um. Wie borniert war ich? So etwas liest man eigentlich nur in englischen Kolonialromanen. Wo war meine Aufgeschlossenheit gegenüber Fremden geblieben? Offenbar war sie im Kulturschock untergegangen.

In der Kleinstadt Banespa machte der Bus einen längeren Halt. Gelegenheit, noch einmal einzukaufen, vielleicht preiswerter als in Kathmandu. Wilhelm stieg aus und versicherte mir, dass unsere Seesäcke gut bewacht auf dem Dach lagen. Natürlich hatte ich im Vorfeld Schauergeschichten über gestohlene Rucksäcke gelesen. Purna brachte mir Mandarinen. Er hatte nur Wilhelm gekannt, einen ruhigen, bergerfahrenen Mann. Mit einer hypernervösen, empfindlichen Frau hatte er wohl nicht gerechnet. In den ersten Tagen behandelte er mich wie eine zimperliche Memsahib. Allmählich entspannte ich mich, versuchte in Kurven und Steigungen nicht an die Bremsen zu denken, sondern an den Wahlspruch meiner Freundin Julia: „Es ist alles in Gottes Hand."

Mit Koch und Trägern

Nach dreieinhalb Stunden Fahrt in Richtung Osten erreichten wir unser Ziel, auf etwa 1.200 Metern Höhe. Außerhalb von Dolalgath, einer Kleinstadt im Kathmandu-Tal, ließ uns der Bus aussteigen. Hier erst sah ich, wer zu unserer Gruppe gehörte.

Purna Lama, mit dem wir die Wanderung brieflich vereinbart hatten, hatte das Trekking organisiert und die anderen Männer engagiert. Er war tibetischer Abstammung und wahrscheinlich etwa 30 Jahre alt. Er hatte für Trekkingagenturen gearbeitet. Ob als Reiseführer, wusste ich nicht. Im Laufe der Wanderung erwies sich Lungu Lama, der Älteste, Ende 30 und ein großer, starker Mann, als wichtigste Person. Er kannte den Weg, wusste, wo man Wasser fand, ein entscheidendes Kriterium für den Zeltplatz. Er war ebenfalls tibetischer Herkunft. Sein freundliches Gesicht flößte mir sofort Vertrauen ein. Kamesin Lama, Anfang 20, war der Koch. Kalam Sing, der Jüngste, war Hilfskoch. Ram Giri, groß, schlank mit Schnurrbart, schien zu einer anderen Volksgruppe zu gehören.

Wie viel Gepäck wir hatten! Als alles am Straßenrand stand, konnte ich mir nicht vorstellen, wie das getragen werden sollte. Aber nach kurzer Zeit war alles in Tragekörbe gepackt – Purna trug nur seinen kleinen Rucksack.

Es war überraschend warm, über 25 Grad. In Kathmandu war es die ganzen Tage um die 15 Grad gewesen. Die Träger mit ihrer schweren Last gingen schneller als ich. Um Punkt 12 Uhr machten wir Pause.

Als Europäer hat man Hemmungen, mit Koch und Trägern durch die Gegend zu ziehen und sich bedienen zu lassen. Es hilft jedoch niemandem, wenn man ihre Dienste nicht in Anspruch nimmt. Die Männer verdienen relativ gut, haben während des Trekkings reichlich zu essen und erhalten außerdem noch Kleider, Schlafsäcke und anderes, was in einem derart armen Land nicht unwichtig ist.

Unsere Seesäcke waren auf dem Hinflug zur Hälfte mit warmer Kleidung zum Verschenken gefüllt gewesen.

Auf Holzfeuer bereitete Kamesin ein einfaches, aber gutes Mittagessen zu. Es gab immer Eier, Weißkohl, Karotten, Kartoffeln und Reis in Variationen. Ich hatte um vegetarisches Essen gebeten, weil ich weder Lust auf dubiose Fleischkonserven hatte, noch erleben wollte, wie unterwegs irgendwelche Hühner oder gar Ziegen geschlachtet wurden. Wenn wir später durch ein Dorf mit einem Markt kamen, fragte mich Purna, ob ich wirklich kein Huhn wollte. Meinetwegen hätten sie Fleisch essen können, solange ich nicht beim Schlachten zusehen musste.

Unsere Nepalesen aßen von unserem Essen nur, was wir übrig ließen. Ansonsten vertilgten sie Unmengen von Dal Bat, Reis mit Linsen in einer Soße aus Zwiebeln und grünem Koriander, der unterwegs immer wieder in großen Büscheln gekauft wurde. Sie sagten, das westliche Essen mache sie krank.

Reis, lernten wir, ist das Essen der „wohlhabenden" Leute. Reis wächst im Tiefland. Die wirklich armen Bauern leben sehr hoch oben, wo nur noch Weizen wächst und so dünn, dass man durch ein "Weizenfeld" gehen kann, ohne einen Halm zu zertreten. Hunger ist dort Alltag.

Von Dorf zu Dorf

Während Wilhelm in Nationalparks unterwegs gewesen war, wollten wir dieses Mal quer durchs Land wandern, wie wir das bei Streckenwanderungen in Europa gemacht hatten. Eine konkrete Route hatten wir nicht besprochen, dazu fehlten uns Landkarten, die es nicht gab. Bis 16 Uhr wanderten wir auf einer schmalen Landstraße ohne jeglichen Verkehr. In der Nacht zuvor hatte ich von Schneestürmen geträumt, heute fürchtete ich einen Hitzschlag. Mittags hatte ich mir einen ruhigen Zeltplatz vorgestellt, tatsächlich zelteten wir auf dem Sportplatz einer Dorfschule. Sofort kamen die Kinder angelaufen. Sie beobachteten jeden unserer Handgriffe ganz genau. Der Sportplatz lag etwas tiefer und nachdem sie ihre erste Neugier befriedigt hatten, saßen sie oben auf einer Art natürlicher Mauer und die Erwachsenen gesellten sich dazu. Bis zum Einbruch der Dunkelheit hatten wir die Aufmerksamkeit des Dorfes. Es fühlte sich an wie „der Zirkus kommt". Ich war froh, dass ich mich in mein Zelt zurückziehen konnte. Unser himmelblaues Zelt erschien mir während des Trekkings als eine Villa.

In den nächsten Tagen wanderten wir gemütlich durch mehrere Dörfer. Die Häuser waren aus rötlichbraunem Lehm und mit Pflanzenmaterial gedeckt. Meistens hatten sie Erdgeschoss und ein Stockwerk. Einmal fuhr ein Kleinbus mit Trekking-Touristen an uns vorbei. Zu Fuß ging hier sonst kein Ausländer. Nachmittags kamen wir an einer Schule vorbei, die gerade Pause hatte. Da wir einen Hügel herabkamen, sahen uns die Kinder schon von weitem, und die ganze Schule stand an der Straße, als wir vorübergingen. Was ich in Kathmandu schon vermutet hatte, bestätigte sich auf dem Land. Die Frauen verrichteten die härteste Arbeit. Ich beobachtete oft, wie ein Mann leichten Fußes voranschritt und die Frau unter einer schweren Last gebeugt hinter ihm her ging. Dennoch sahen sie hübsch aus in den farbenfrohen Gewändern. Schon die kleinen Mädchen schleppten Körbe oder Geschwister, die für ihre zarten Knochen eigentlich viel zu schwer waren.

Nachmittags war an jedem Tag die Herausforderung, einen ebenen Platz zu finden, wo es nicht nur Wasser und Holz gab, sondern der außerdem groß genug war, um unsere drei Zelte aufzustellen. Es war Lungu Lama, der die Entscheidung traf. Er war auch derjenige, der den Weg kannte. Zwei Worte lernte ich schnell: „pani" für Wasser und „panodi" für Weg.

Nach einigen Tagen erreichten wir die Kleinstadt Chautara. Etwas außerhalb fanden wir einen ruhigen Platz mit schöner Aussicht. Als ich früh am nächsten Morgen aus dem Zelt kroch, erblickte ich im Morgendunst einen hageren Mann, der nur ein weißes Tuch um die Hüften geschlungen hatte. Mit einem Stock bahnte er sich seinen Weg. Es war noch ganz still, ein erster Vogel rief, die Dämmerung war zu ahnen, eine Szene wie eine Fata Morgana.

Chautara war eine malerische kleine Stadt an einem Hügel über dem Bagmati River. Die mehrstöckigen Häuser waren aus getrockneten Lehmziegeln gebaut, die Fensterläden aus Holz mit reichen Schnitzereien verziert. Das Erdgeschoss nahmen offene Ladengeschäfte ein. Ich kaufte mir ein Schreibheft. Schon nach wenigen Tagen waren die Erlebnisse so vielfältig, dass ich ahnte, mein mitgebrachtes Büchlein würde nicht ausreichen. Wo Mauern Grundstücke abgrenzten, wuchs auf der oberen Kante Christusdorn. Die roten Blüten und die grünen Blätter waren eine Zierde. Die Stacheln ersetzten den Stacheldraht. Leider sah man auch diesen schon – kein Fortschritt. Im Zentrum des Ortes stand ein mehrstufiger Hindu-Tempel. Das oberste Podest bestand ebenfalls aus Holz, mit Säulen und einem überstehenden Dach aus gebrannten Ziegeln. Die Schnitzereien waren rot bemalt und mit Blattgold überzogen. Den Tempel schmückten Götterfiguren aus Stein, auf denen Kinder ungeniert herumkletterten. Bei dem schweren Erdbeben im Jahr 2015 wurde Chautara fast vollständig zerstört wie viele andere Orte im Kathmandu-Tal.

Unsere Wanderwege waren bisher Verbindungswege von Dorf zu Dorf. In der relativ dichtbesiedelten Umgebung herrschte ein reger Fußgängerverkehr. Die Frauen waren in Blusen mit langen Ärmeln und zu Röcken gebundenen Tüchern in kräftigen Farben gekleidet. Alle trugen Nasen- und Ohrenschmuck, manche auch Armreifen und Ketten. Die Kleidung der Männer bestand aus langen, engen Hosen, langärmeligen Hemden und Westen. Wir begegneten auch Menschen, die buchstäblich in Lumpen gewickelt waren. Purna erklärte, im Kathmandu-Tal wohnten die Hindus. Es gebe viele „Businessmen". Er meinte die Händler. Im Gebirge dagegen siedelten die Buddhisten, oft geflohene Tibeter.

Kahle Hänge

Wir verließen die breiten Wege und stiegen auf zum Nebelwald auf. Es wurde kühl und feucht. Wir tauchten in den Nebel ein und erreichten auf 2.500 Metern die Rhododendronwälder. Die Bäume blühten gerade auf. Rote Blüten im Spiel von Sonne und Nebel bezauberten mich. Rhododendron-Wälder sind gefährdet, weil sich die Stämme leicht mit einer Art Machete, einem verbreiteten Allzweckwerkzeug, schlagen lassen. Auch wir verbrauchten dreimal am Tag Holz. Unsere Nepalesen schlugen aber kein lebendes Holz. Ram Giri holte unterwegs ab und zu Feuerholz von einem toten Baum. Er kletterte halsbrecherisch an einem dünnen Stamm hoch und schlug mit der Machete Zweige und dürre Äste ab. Ich hielt die Luft an. Die Bevölkerung hat aber keine Alternative. Für Brennstoffe wie Kerosin haben die meisten kein Geld.

Wie verheerend die Folgen der Abholzung waren, sahen wir einige Tage später. Von weitem hatte man oft den Eindruck, einen bewaldeten Hang mit Nadelbäumen zu sehen. Aus der Nähe erkannten wir, dass es bloß noch Reste waren, die in wenigen Jahren verschwunden sein würden. Zuerst wird aus dem Mischwald der Rhododendron als Feuerholz geschlagen. Den Steineichen wird jedes erreichbare Grün als Futter für die Tiere abgehauen. Nur noch der Stamm bleibt übrig und der Baum geht ein. Die verbleibenden Tannen, die zu groß sind, um mit einfachen Mitteln gefällt zu werden, stehen ungeschützt und so vereinzelt, daß sie durch Wind- und Schneebruch umstürzen. Das abgestorbene Holz der Nadelbäume wird seltsamerweise nicht verwertet und verrottet im toten Wald. Das Unterholz geht ein und zurück bleiben kahle Hänge, die der Erosion schutzlos ausgesetzt sind. Der Anblick dieser ausgedehnten Zerstörung ist deprimierend. Es ist nicht Geldgier, wie sie in anderen Teilen der Welt für die Umweltzerstörung verantwortlich ist, sondern Armut und Unwissenheit. Vereinzelte Aufforstung mit kanadischen Kiefern, die wir sahen, kann diese Entwicklung nicht stoppen.

Schneegrenze

Nach einem steilen Anstieg erreichten wir unseren Zeltplatz auf 3.000 Metern. Je höher wir gekommen waren, desto dichter wurden die Wälder. Auf dieser Höhe fernab von Dörfern war der Wald noch intakt. Die Stämme waren von Moos und Flechten überzogen. Der Rhododendron war hier noch nicht aufgeblüht. Wir erreichten allmählich die Schneegrenze. Für mich der erste körperlich anstrengende Tag. Unser Zeltplatz lag abseits von bewohntem Gebiet auf einer Waldlichtung. Da es in der Nähe kein Wasser gab, wurde Schnee geschmolzen. Totes Holz gab es reich lich.

In der Nacht hatte es ein Gewitter gegeben, danach war es sternenklar und frostig kalt. Morgens bot sich uns eine phantastische Sicht auf die in der Ferne liegenden Vorgipfel des Himalayas. Bis zum Nachmittag stapften wir bergauf, bergab durch Schnee und Harsch. Wir hatten unseren Trägern warme Kleidung geschenkt. Sie war ihnen für das Trekking wohl zu schade. Ihre Ausrüstung, vor allem die Schuhe, waren völlig ungeeignet für Schneeverhältnisse. Giri trug Wilhelms alte Stiefel Größe 46. Die waren ihm vier Nummern zu groß, jedoch im Schnee immer noch besser als Stoffschuhe. Es war anstrengend, aber ich habe mich schnell erholt. Wir lagerten mitten im Wald auf einer kleinen Lichtung, die gerade Platz für drei Zelte bot. Unsere Träger benützten ein Innen- und ein Außenzelt wie zwei Zelte, was bei Regen natürlich nicht dicht war. Sie behalfen sich mit Plastikplanen. Auf der Lichtung stand eine verfallene Steinhütte, sonst weit und breit nichts. Da viel totes Holz herumlag, entfachten unsere Begleiter ein riesiges Lagerfeuer. Es war nur wenige Grad über null.

Für diesen Tag war ein Ruhetag eingeplant. Am Morgen gingen Wilhelm, Lungu und Purna los, um den weiteren Weg zu erkunden. Sie kamen bis auf 3.700 Meter, dann lag zu viel Schnee. Den vorgesehenen Weg würden wir nicht gehen können. Im Lager wuschen alle Wäsche. Ich erinnere mich nicht, woher das Wasser kam. Wenn das Lager nicht an einem Bach lag, wurde mit sehr wenig Wasser gewaschen. Am Schluss rochen unsere Kleidung und wir penetrant nach Rauch. Abends hörten wir vom Lagerfeuer her einen merkwürdigen Singsang. Die fünf Männer saßen um das Feuer und Lungu schien Kamesin zu beschwören wie ein Schamane. Am nächsten Morgen erfuhren wir, dass es Kamesin nicht gut ging. Wahrscheinlich hatte er sich überanstrengt und erkältet.

Mein 46. Geburtstag begann mit einem sonnigen Frühstück am Lagerfeuer. Nachdem Lungu und Kalama den Weg erkundet hatten, gingen wir weglos steil bergab durch einen lichten Wald. Mit seiner Machete bahnte Lungu uns einen Weg durch das dichte Unterholz. Er war unglaublich stark. Er trug den schwersten Korb und war immer fröhlich. Früher soll er Expeditionen begleitet haben. Wo immer der Schnee weggeschmolzen war, wuchsen Primeln. Nachdem wir 1000 Meter abgestiegen waren, schlugen wir in 2300 Metern Höhe auf einer Terrasse mit Blick ins Tal unsere Zelte auf.

An unserem Zeltplatz gab es wieder zahlreiche, aber unaufdringliche Bewunderer. Jede Socke, jede Mütze, jedes Handtuch wirkte in dieser Umgebung wie ein Luxusgegenstand. Wenn wir unter den Augen dieser armen Leute auspackten, hatte ich das Gefühl, einen ganzen Hausstand mitzuführen, obwohl sich unsere

Ausrüstung auf das Allernotwendigste beschränkte. Sobald ich anfing, in mein Tagebuch zu schreiben, kamen die Kinder ganz nah an mich. Sie zeigten mir ihre englischen Schulhefte. Welche Schulwege diese Kinder wohl zurücklegen mussten? Einmal sahen wir in einer kleinen Stadt eine Schule und eine Station von "Save the Children". An einem unserer Zeltplätze tauchte aus dem Nichts ein Lehrer auf, der hoch erfreut darüber war, seine Englischkenntnisse anzuwenden.

Grenzverkehr
Wir waren wieder im Tal und fuhren mit einem Bus den Sun Koshi River hinauf. Am nächsten Morgen stiegen wir in einen umgebauten Lkw, der uns an die chinesische, ehemals tibetische, Grenze brachte. Wenn ich am Anfang der Reise dachte, ein Regionalbus sei abenteuerlich, dann weit gefehlt. Wir saßen vorne im Fahrerhaus zusammen mit mindestens zehn Personen. Auf der Ladefläche drängten sich Dutzende von Leuten. Der Lkw fuhr an, hupte und stoppte doch wieder, um noch jemanden aufsteigen zu lassen. Dieses Hin und Her dauerte mindestens eine halbe Stunde.

Die Nepalesen fuhren bis an die Grenze und gingen von dort zu Fuß weiter zu einer Stadt, um chinesische Waren einzukaufen. Purna bezeichnete diese Leute als Businessmen. Offenbar kauften sie vor allem Stoffe ein. Als wir Tage später in einem Bus nach Kathmandu saßen, stiegen dreimal Zöllner ein und suchten nach Schmuggelware. Uns war die Grenze verschlossen, weil wir kein Visum hatten. Wir sahen den Ort nur von Weitem, der in typisch tibetischer Bauweise an den Berg geklebt schien Die Rückfahrt mit einem

Jeep voller Frauen und Kinder – 16 Personen – war noch gefährlicher. Bei der Fahrt auf kurvenreicher Straße bergab versuchte ich, nicht in den Abgrund zu sehen, und dachte an meinen Schutzengel. Dieser Ausflug blieb uns ein Rätsel. Purna war es wichtig gewesen, an die Grenze zu fahren. Warum, blieb sein Geheimnis.

Landleben

Ein Dorf ist mir besonders gut in Erinnerung. Die Dächer waren mit Holzschindeln gedeckt, die Mauern weiß gekalkt. Es war steil an einen Hang gebaut. Straßen gab es keine. Hier rannten die kleinen Kinder weg, als sie uns sahen. Hatten sie noch nie Fremde gesehen? Ein alter Mann begrüßte Wilhelm freundlich mit „Good Sahib". Das Dorf sah idyllisch aus. Jetzt im Frühjahr liefen die kleinen Tiere – Küken, Enten, Zicklein – frei herum und ich dachte an unsere Stadtkinder, die so etwas nicht kennen. Purna verzog jedes Mal das Gesicht, wenn ich die Dörfer bewunderte. Ich fand sie malerisch und ländlich schön. Zugleich war mir klar, dass dieses Leben entbehrungsreich war. Vor allem fragte ich mich, wo es in einem so abgelegenen Dorf eine medizinische Versorgung oder gar einen Arzt gab. In einem anderen Dorf waren mir die aufgeblähten Bäuche der Kinder aufgefallen, die auf Mangelernährung und Parasiten schließen ließen.
Ebenso wunderte mich das Fehlen einfachster Hilfsmittel. Ich habe nur Sicheln entdeckt, nie Sensen. Der Boden wurde mit Besen gefegt, die wir Handfeger nennen. Unterwegs beobachtete ich einen Bauern, der sein Feld mit einem Holzpflug bearbeitete, den ein Wasserbüffel zog. An einer Maismühle fiel jedes Korn einzeln auf den Mahlstein. Als wir an einer Quelle rasteten, sah ich Frauen beim Wäschewaschen. Sie unter-

hielten sich und lachten. Die Wasserstelle war Treffpunkt und Nachrichtenbörse.

Durch größere Dörfer zog sich oft eine „Ladenstraße".
Auf der einen Seite des viel begangenen Fußweges befanden sich offene Verkaufsstände aus Holz, auf der
anderen Tee- und Imbissbuden. Dahinter gab es Räume, in denen wahrscheinlich die Familien lebten. Diese Läden versorgten die Bewohner der umliegenden
Dörfer mit allem, was sie brauchten. Der Weg in die
nächste Stadt konnte einen Fußmarsch von mehreren
Tagen bedeuten.

An einem Nachmittag erhielten wir an unserem Zeltplatz, in der Nähe einer Mühle, Besuch von einem
Würdenträger, unverkennbar mit Jackett, langen Hosen und einem Dolch in der Schärpe. Er ging barfuß
und wirkte leicht abgerissen, war sich aber seiner Stellung sehr bewusst. Unsere Begleiter begrüßten ihn re-
spektvoll und unterhielten sich. Er hatte keine Ein-
wände gegen unser Zeltlager. Purna hatte die Kinder,
die sich eingefunden hatten, zum Holzsammeln geschickt, was sie mit Begeisterung taten. Sie erhielten
dafür Kekse. Wenn wir nachmittags das Zelt aufgeschlagen hatten, bekamen wir Tee und Kekse. Oft gaben wir sie zurück und überließen es unseren Nepalesen, sie an die Kinder weiterzugeben. Wir wollten die
Kinder nicht daran gewöhnen, Ausländer anzubetteln.
Obwohl die Neugier lästig war, amüsierte es mich,
wie unverhohlen in den Dörfern Jung und Alt uns
beobachteten. Die Kinder fassten nichts an. Ich hatte
nie das Gefühl, es könnte etwas wegkommen. Manchmal zeigten wir ihnen unsere Teleskopstöcke. Das
Auseinanderziehen und Zusammenschieben war für
sie ein Spiel.

Missstimmung

Einige Tage vorm geplanten Ende des Trekkings änderte sich die Stimmung in unserer Gruppe. Wir bekamen den Eindruck, unsere nepalesischen Begleiter hatten keine Lust mehr. Sie sagten jedoch nichts. Sie wirkten schlechtgelaunt. Selbst Lungu lachte nicht mehr. Es gab Diskussionen zwischen Wilhelm und Purna, weil die Wanderstrecken immer kürzer wurden. Als Purna uns überraschend vorschlug, mit zu ihm nach Hause zu kommen, lehnten wir ab. Wir hatten keine Ahnung, wo sein „Zuhause" war und was uns dort erwarten würde. Vor allem nannte er keinen Grund für dieses Ansinnen. Kurz vor der Busstation Dolalgath kamen wir an einer Teestube vorbei, in der Ram Giris Familie wohnte. Mit seinen etwa 20 Jahren hatte er schon Frau und zwei Kinder. Er war offensichtlich glücklich, wieder zu Hause zu sein. Man bot uns Tee und "Chan" an, ein mostartig schmeckendes Getränk aus Mais. Wir verabschiedeten uns von Ram und gingen weiter. Da kam uns die Vermutung, dass alle unsere Begleiter nach Hause wollten und das der Grund für die Missstimmung sein könnte. Den Anlass für die plötzliche Eile kannten wir nicht. Von der Busstation in Dolalgath traten wir den Rückweg an. Der klapprige Bus schreckte mich inzwischen nicht mehr.

Aufruhr

In Kathmandu angekommen, gingen wir zuerst in eine Bäckerei. Ein Mann aus Ludwigshafen stürzte auf meinen Mann zu, als er in ihm einen Landsmann erkannte.

„Vor meinem Hotel in der Chetrapathi Street sind heute Nacht Schüsse gefallen und Reifen in Brand gesteckt worden", erzählte er verschreckt. Wilhelm zuckte nur die Schultern. Wir hatten bisher nichts weiter von Unruhen gehört und auf den Straßen auch nichts bemerkt. Anschließend wollten wir eine Landkarte kaufen. Der Ladenbesitzer sagte: „Ich schließe meinen Laden, es ist zu unsicher." Das wunderte uns, aber wir blieben gelassen. Später kam Purna völlig aufgeregt ins Hotel: „Morgen ist Generalstreik, heute gibt es ab 18 Uhr keinen Strom mehr." Wir fragten ihn, ob er lieber in Kathmandu bleiben wolle. „Nein, das Trekking können wir durchführen."

Um 19 Uhr brannte noch immer Licht. Zum Abendessen gingen wir ins „Old Vienna", ein Restaurant im ersten Stock eines Eckhauses, dessen Besitzer Österreicher waren. Als wir uns an einen Tisch am Fenster setzen wollten, eilte die Wirtin sofort herbei und sagte: „Setzen Sie sich bitte in die Mitte, am Fenster ist es zu gefährlich, falls es wieder Schießereien gibt." Ich erinnere mich nicht, dass mich diese Bemerkung erschreckt hätte. In der behaglichen Umgebung fühlte ich mich sicher. Nach drei Wochen Lagerfeuer genossen wir die sauberen Tischdecken und den Apfelstrudel. Erst der Fußweg von einer halben Stunde im Dunkeln zurück zum Hotel war etwas unheimlich. Wir konnten die Lage überhaupt nicht einschätzen. Die Leute, die uns begegneten, unterhielten sich aufgeregt oder riefen sich etwas zu, das wir nicht verstanden. Am nächsten Morgen war tatsächlich Generalstreik. Purna holte uns um 7.30 Uhr ab. Er war wieder unruhig und verstimmt, sagte, alle Teestuben seien geschlossen. Wir waren ohne Träger, Zelte und Verpflegung unterwegs. Wilhelm hatte bei seiner ersten Nepalreise diese Wanderung im Kathmandu-Tal mit Purna unternommen. Sie hatte ihm gut gefallen. Es sollte genügend kleine Pensionen und Restaurants geben.

Zu Fuß verließen wir die Stadt über eine Ausfallstraße, die durch „bessere" Wohnviertel mit Bungalows und Gärten führte. Kein einziges Fahrzeug war zu sehen. Immer wieder standen mitten auf der Straße Grüppchen und diskutierten. Als wir eine offene Teestube fanden, hielten wir Purnas Aufregung für übertrieben. Durch ein Naturschutzgebiet wanderten wir zu einem Buddhisten Kloster, von dem Purna sagte, wir könnten dort übernachten. Das Kloster stand sehr malerisch auf einer Anhöhe, machte aber einen vernachlässigten Eindruck. Überall lag Müll. „Ora et labora" war wohl kein buddhistisches Motto. Die Mönche und Nonnen, die wir trafen, hielten jedenfalls nichts davon, die heiligen Stätten sauber zu halten. Übernachten konnten wir dort nicht.

Uns blieb nichts übrig, als weiter zu gehen, bis wir gegen 16 Uhr in Sunjaval, einem bekannten Ausgangspunkt für organisierte Trekkingtouren, ankamen. Wilhelm kannte den Ort. Es gab einige Läden und sogar Schlafstätten für uns. Jede in einer kleinen Holzhütte mit einer Pritsche ohne Bettzeug. Wie froh war ich über meinen rosa Daunenschlafsack. Das Abendessen gab es in einer separaten Hütte, die Küche und Speiseraum war. Ich staunte über mich selbst, mit welcher Selbstverständlichkeit ich mich in diesem dunklen, verrußten Raum auf einen Hocker setzte und aß. Vor drei Wochen hätte ich keinen Fuß in diese Hütte gesetzt und lieber gehungert. Purna kannte die Leute in der Teestube und hatte sich etwas beruhigt. Vor dem Essen hatten wir ein französisches Paar getroffen, das auf einer Wiese zeltete, sie wussten auch nichts Näheres über die Unruhen.

Am Vortag war es sonnig und sehr heiß gewesen, heute überraschte uns ein Platzregen. Wir suchten Schutz in einem Bauernhaus. Die Bauersleute verstanden kein Englisch und Purna saß dumpf und passiv in einer Ecke. Die Situation schien wirklich ernst zu sein. Die Unruhen hatten sich von der Hauptstadt ins Land ausgebreitet. Selbst in diesem Dorf wurde gegen die Regierung demonstriert. Wilhelm war krank. Er und Purna hatten am Vortag Wasser aus einem kanalisierten Wasserlauf getrunken. Ich musste die Bauersfrau mit Gesten um heißes Wasser für einen Tee bitten. Nicht einmal dazu war Purna mehr in der Lage, er stand wie unter Schock. Viel später erst verstand ich, wie tief ihn die Ereignisse entsetzen mussten. Es war das erste Mal nach 40 Jahren, dass in Nepal so etwas geschah. Sicher machte er sich Sorgen um seine Familie. An einem Haus schnappte ich englische Radionachrichten auf. An verschiedenen Orten sollte es mehrere Tote gegeben haben, darunter einen englischen Touristen. Purna lief mit düsterer Miene vor uns her über Felder auf einen Hügel zu, auf dem das älteste Hindu-Heiligtum Nepals, Changa Narayanan, stand. Auf einer Wiese umringten uns Kinder und wollten fotografiert werden. Wie gerne hätte ich eine Polaroid-Kamera gehabt, um ihnen ein Foto schenken zu können. Sie lachten mich aus ungewaschenen Gesichtern an.

Für meinen kranken Mann brauchte ich nun unbedingt eine ordentliche Unterkunft. Im Dorf hatte ich ein Schild „Changa Hill Resort" gesehen. Ohne Purna zu fragen, entschied ich, dorthin zu gehen. Bald kam auf einem Hügel ein modernes Gebäude in Sicht. Wir gingen direkt darauf zu. Alles war verschlossen. Wilhelm ging es inzwischen richtig schlecht. Deshalb beschloss ich zu warten. Nach kurzer Zeit kam eine Frau über das Feld geeilt und ließ uns hinein. Das Hill Resort war weit weniger behaglich als erwartet. Immerhin gab es Betten, Toilette und sogar eine Dusche. Außerdem würde die Frau Abendessen für uns kochen. Wilhelm blieb den ganzen Nachmittag im Bett. Purna saß wortlos mit finsterer Miene rauchend vor der Tür. Gegen Abend trafen vier junge Franzosen ein und berichteten, dass in der nächstgelegenen Kleinstadt regelrechte Kämpfe stattfänden. Sie selbst kämen aus Nargakot, dort sei es ruhig.

Am nächsten Morgen hatte sich Wilhelm etwas erholt und wir konnten weiter gehen. Von zwei Touristen erfuhren wir, dass in Kathmandu inzwischen Ausgangssperre herrsche und der Flughafen geschlossen sei. Daraufhin war Purna völlig überfordert. Er sagte gar nichts mehr. In dieser Situation war es ein echtes Hemmnis, dass wir uns so wenig verständigen konnten. Purna stolperte ziellos vor uns über Felder, bis wir an die Straße kamen. Als ich das Schild „Nargakot" sah, sagte ich zu Purna: „Dort gehen wir hin."
Laut Reiseführer sollte das ein beliebter Aussichtspunkt mit vielen Guest Houses sein. Am Ortseingang boten sich drei Jungs als Führer an. Sie führten uns zum Aussichtspunkt und zeigten uns verschiedene Guest Houses. Alle waren gleich dürftig: roh gemauerte zwei Stockwerke, Betonboden, Metallbetten mit dünnen Matratzen, und ohne fließendes Wasser. Wir entschieden uns für die Pheasant Lodge, die aus einzelnen Bambushütten bestand und einigermaßen malerisch aussah. Purna war unterwegs irgendwann verschwunden.

An diesem Abend stritten Wilhelm und ich zum ersten Mal. Unten am Ortseingang hatte ich ein modernes Hotel gesehen. Der Preis war mir in diesem Moment egal. Aber er wollte nicht dorthin gehen. Zu allem anderen kamen wir auch noch in einen heftigen Regen.

Wilhelm fühlte sich am folgenden Morgen wieder schlechter. Wir hatten beide miserabel geschlafen. Zum Frühstück gingen wir ins „Hilltop Restaurant" mit Himalaya-Blick. Der Himmel war am Morgen nicht wolkenfrei, die gerühmte Aussicht teilweise verdeckt. Viel wichtiger war die Nachricht im Radio, dass Regierung und Opposition sich geeinigt hätten, die Protestbewegung abgesagt und der Ausnahmezustand aufgehoben sei. Alle jubelten. Außer uns war nur noch eine Handvoll Ausländer da, die überlegten, ob man schon nach Kathmandu zurück gehen könne oder besser noch abwarten solle. Purna war wieder erschienen, aber auch er schien krank zu sein. Er rauchte nur noch und trank nicht einmal mehr Tee. Zwei kranke Männer und kein sauberes Quartier, das war zu viel für mich.

Ich entschied, dass wir nach Bhaktapur gehen würden, das 12 km entfernt lag. In dem weltberühmten Ort müsste es ein richtiges Hotel geben. Der Weg auf der Landstraße war lang und mühselig. Unterwegs betrat ich die düstere Hütte einer „Teestube" und setzte mich zu einer Frau ans Feuer, die in einem großen Kessel Tee mit Milch kochte. Ohne mich an der Umgebung zu stören, ließ ich mir den Chai schmecken. Die Männer blieben währenddessen im Freien. In einem Vorort von Bhaktapur ergatterten wir ein Taxi, das uns ins Zentrum brachte. Es waren große Siegesdemonstrationen im Gange und alle Welt war auf den Beinen. Mit einem halben Blick sah ich die malerischen historischen Gebäude. Zu Fuß ging ich zum Hauptplatz. Die Männer ließ ich im Taxi. Als ich nur zwei primitive, düstere Guest Houses fand, verlor ich fast die Nerven. Ich bat den Taxifahrer, uns nach Kathmandu zu fahren. Mein Bedarf an Erlebnissen war gedeckt. Die Landstraße war voll von hupenden Autos, Mopeds und Lkw mit Fahnen schwenkenden Menschen auf der Ladefläche. Alle waren fröhlich und friedlich. Als wir endlich in Thamel ankamen und im Hotel waren, blühte Purna wieder auf. Auch ich war froh, wieder in vertrauter Umgebung zu sein.

Purnas Verhalten in den letzten Tagen unserer Wanderung, war uns ein Rätsel. Wir konnten nur vermuten, dass er und die anderen viel früher in den Dörfern von den Unruhen gehört hatten. Warum hatte er nichts gesagt? Wir hätten Verständnis gehabt, wenn er zu seiner Familie gewollt hätte. Leider waren die Sprachhürden zu hoch, um unsere nepalesischen Begleiter besser kennenzulernen.

Bis zu unserem Rückflug besuchten wir noch einige Sehenswürdigkeiten. In Lalitpur, der alten Königsstadt, waren wir frühmorgens. Wir genossen die Ruhe im gut erhaltenen Tempelbezirk, der größer war als in Kathmandu. Ich bemerkte einen etwa zwölfjährigen Jungen, der dicht neben mir ging und vor sich hin murmelte: „very nice temple, very nice temple". Wir folgten ihm und er zeigte uns einige versteckte Tempel, die wir ohne ihn nicht gefunden hätten. Ein Abfallhaufen, auf dem Schweine schliefen, 50 Meter neben dem zentralen Platz, machte mich noch immer fassungslos. Zum Schluss luden wir unseren jungen Führer zum Frühstück in ein behagliches Café ein. Er schien ganz glücklich. Nach einer halben Stunde verabschiedete er sich: „I go to school." Ich habe noch immer vor Augen, wie er strahlend mit uns am Tisch sitzt.

Epilog

Der politische Aufruhr im Jahre 1990 war der Auftakt zu mehreren Revolten der Kommunistischen Partei Nepals gegen die Monarchie und das Kastensystem. Er mündete in einen Bürgerkrieg, der zwischen 1996 und 2006 mehr als 12.000 Todesopfer forderte. Das Kathmandu-Tal wurde im April 2015 von einem Erdbeben der Stärke 7,8 erschüttert, das schwerste Zerstörungen verursachte und über 9.000 Menschen das Leben kostete.

Diese Reise nach Nepal zwang mich wie nie zuvor meine Komfortzone zu verlassen. Meine beruflich bedingten Reisen nach Südamerika waren wegen der Arbeitsbelastung und des Termindrucks nervlich anstrengend gewesen, aber ich wurde vor Ort von Ankunft bis Abflug begleitet, wohnte in Fünf-Sterne-Hotels, sprach fließend Spanisch und konnte mich problemlos zurechtfinden. In Nepal waren mein Mann und ich überwiegend zu Fuß in einem mir völlig fremden Land mit fünf mir unbekannten Männern unterwegs gewesen. Wir hatten keine brauchbare Landkarte und keine Reiseorganisation im Hintergrund gehabt. Dennoch hatte ich nie Zweifel gehegt, weil mein Mann diese Ruhe und Sicherheit ausstrahlte. Als Wilhelm und Purna krank wurden, fiel es mir nicht schwer, die Zügel zu übernehmen. Ich wechselte in die Rolle der Projektmanagerin, gewohnt, Entscheidungen zu treffen. Wilhelm verließ sich auf mich. Er traute mir jederzeit mehr zu als ich mir selbst.

Blauauge

Anja Wellenbender

Eine zarte weiße Feder auf feuchtbrauner Erde. Vielleicht trug der Wind sie hierher, ließ sie den schmalen Waldweg entlang tanzen. Ich wandere mit den Augen am Stamm der nächsten Buche empor. Blätterdächer wölben sich, zeigen nur Sprenkel des Himmels mit grauen Wolkenfetzen. Regentropfen explodieren auf grünen Blättern, perlen zusammen zu kleinen Wasserpfützen, fließen weiter. Ein Tropfen trifft mich auf der Wange, der nächste auf der Brille, ich zucke zusammen. Ohne Hast löse ich mich vom Anblick der dicht stehenden Laubbäume, erhebe mich aus der Hocke und jogge über den federnden Waldboden weiter.

Als der Waldpfad in einen geteerten Weg mündet, kommt mir eine Frau mit Kinderwagen entgegen, die sich in ihrer Regenkleidung gegen den Wind stemmt, der dicke Tropfen vor sich hertreibt. Aus dem Wagen kommt kein Laut, vielleicht schläft das Baby. Ich lächle ihr im Vorbeilaufen zu, doch sie sieht nicht hoch. So war ich vor zehn Jahren auch unterwegs, bei jedem Wetter mit Kinderwagen spazieren und schaute sehnsüchtig den Joggern hinterher. Heute bin ich wieder die Joggerin.

Oberursel, 15. Juli 2009, Tag meiner Geburt als Mutter. Die Sonne schien, ein strahlender Sommertag. Morgens telefonierte ich mit meinem Vater und gratulierte ihm zum Geburtstag. Später füllte ich die Stille des Hauses mit dem Brummen des Staubsaugers und wirbelte den träge im Sonnenlicht flirrenden Staub durcheinander. Ich zog das Gerät hinter mir her, das Kabel reichte gerade so in alle Zimmer. Unter dem Bett ballte sich der Staub zu fluffigen weißgrauen Wölkchen. Das Hochstemmen aus der Hocke fiel mir schwer, mein Bauch war schon sehr groß und übermächtig. Ich öffnete den Staubsauger, um den Beutel zu wechseln, da lief mir ein Schwall Flüssigkeit zwischen den Beinen hinunter. Ich verharrte verwirrt, was war das? Langsam wurde es mir klar: Die Fruchtblase war geplatzt. Ich stopfte ein Handtuch in die Hose, lief die Treppe hinunter zum Telefon, rief meinen Mann Christian an, lief die Treppe hoch, nahm den vollen Staubsaugerbeutel, Treppe hinunter, warf ihn draußen in den Müll. Dann stakste ich in den Keller, um einen neuen zu holen. Dort sah ich, dass die Waschmaschine fertig war und hängte die Sachen auf. Den Staubsaugerbeutel legte ich auf die Treppe und hoffte, dass sich dieser Hinweis zusammen mit dem geöffneten Staubsauger im ersten Stock als ausreichend erweisen würde. Nun setzte ich mich mit meiner gepackten Tasche auf die Treppe und wartete auf Christian.

Wir fuhren zu zweit ins Krankenhaus und kamen zu dritt heraus. Dazwischen lagen: Treppensteigen (damit die Wehen begannen, doch wehe, als sie da waren), eine fürchterliche Hebamme („Sie sind ja jetzt schon am Limit, dabei ist das erst der Anfang."), orangefarbene Vorhänge, an denen ich mich festkrallte, mein Mann, der mir einen Spiegel-Artikel über Guido Westerwelle vorlas, eine Hebamme (dieselbe?), die mich anfeuerte wie der Bundestrainer seine Fußballer im Finale der Weltmeisterschaft. Schreien: „Sie pressen falsch", „Wie soll ich denn pressen?", das Mobilisieren von Kräften, die ich nicht mehr hatte, und doch noch irgendwie fand, dann ein rosafarbenes kleines

Wesen, das sofort vermessen und gewogen wurde, während ich es sehnsüchtig anstarrte, ein Arzt, der mich nähte, mein Körper ein einziger öffentlicher Bereich. Stille.

Kurz vor Mitternacht und damit am gleichen Geburtstag wie mein Vater, lag Carl in meinen Armen. Christian und ich bestaunten ihn. Die Beinchen noch verbogen, die Augen geschlossen, die Hände mit perfekten kleinen Fingern und Fingernägeln, zehn knubbelige Zehen an den Füßen, samtweicher Flaum auf dem Kopf. Meine Hände erschienen übergroß auf seinem Körper. Dann ein mühsames Öffnen der dunkelblauen Augen, der erste Blick in die Welt, ohne Zwinkern, in meine braunen Augen, in Christians graublaue. Ein Blick wie ein unbeschriebenes Blatt Papier, offen, unberührt. Dann senkten sich die Lider und leise wimmernd schlief unser Kind ein. „Blauauge", sollte mein Bruder den Kleinen bei seinem ersten Besuch nennen, voller Staunen über diesen intensiven, bislang nie gesehenen Farbton.

Mir war nach einem Meer von Blumen, einem Spalier jubelnder Menschen, Luftballons, knallenden Sektkorken. Was wirklich geschah: Nach wenigen Stunden unruhigen Ausruhens wurden um sechs Uhr morgens laut raschelnd die Mülltüten gewechselt, Tür zu, Eindösen, Tür wieder auf, Fiebermessen, Tür zu, Eindösen, Tür auf, Arztvisite. Die Babys der beiden anderen Mütter im Raum weinten, mein Baby weinte, wir Mütter stöhnten von den Schmerzen der Nachwehen oder Kaiserschnitte, ich blieb müde.

Wir lernten uns kennen, Carl, Christian und ich. Kind, Papa, Mama. Wow, waren wir das? Eltern? Es schien noch unwirklich, dass dieses kleine Wesen nun zu uns gehörte. So zerbrechlich lag es auf dem Wickeltisch vor uns, so hilflos, so völlig auf uns angewiesen. Kaum wagten wir, seine Arme und Beine in den Strampler zu stecken, aus Sorge, ihm weh zu tun. Doch so verletzlich er auch schien, war er schon ein kräftiger kleiner Mensch, der seinem Willen lautstark Ausdruck verlieh.

Die Krankenhaus-Maschinerie hatte mich mit Kind im Bauch geschluckt und spuckte uns nach vier Tagen wieder aus. Das winzige Menschlein lag schlafend in der Babyschale, die an Christians Hand zwischen uns pendelte, während wir im Sonnenschein zum Auto liefen.

Die Stille bei der Heimkehr war göttlich. Nach ein paar Wochen wurde sie mir zu still. Rundherum ging das Leben weiter, meine Kollegen waren täglich bei der Arbeit, meine Freunde abends beim Sport, mein Mann nach kurzer Zeit wieder im Job. Und ich war daheim, plötzlich Vollzeit-Mutter, ganz ohne Studium oder Einarbeitung, und fühlte mich anfangs ziemlich alleine und hilflos auf dieser neuen Bühne. Das Drehbuch war simpel, aber anstrengend: Montag bis Freitag daheim, füttern, wickeln, befreundete Mütter treffen, spazieren gehen, zum Schlafen bringen (Auftritt Mutter). Abends: füttern, wickeln, zum Schlafen bringen (Auftritt Mutter und Vater). Nachts: siehe abends. Am Wochenende: füttern, wickeln, spazieren gehen, befreundete Familien treffen (Auftritt Mutter und Vater). Hatte ich früher Mütter belächelt und mich gefragt, was sie den lieben langen Tag so machen, leistete ich nun innerlich Abbitte und betrachtete Frauen mit Respekt, die ihren Mutterjob schon jahrelang meisterten. Statt von Karriere träumte ich vom Durchschlafen und ungestörten Mahlzeiten.

Den Rhythmus meines ersten Jahres als Mutter gab das Trommeln meiner Schritte und das gleichmäßige Rollen des Kinderwagens über Gehsteige, Bordsteine und holprige Feldwege. Kind einpacken, Haustür auf, zwei Stufen runter, Haustür zu, Gartentor auf, Gartentor zu, roll, roll, roll, Wiesen, Koppeln, Apfelbäume. Apfelbäume mit kleinen Äpfeln, mit reifen Äpfeln, kahle Apfelbäume im glitzernden Graupel, Apfelbäume in Blüte. Gartentor auf, Gartentor zu, Haustür auf, zwei Stufen hoch, Haustür zu, Kind auspacken. Untermalt von einem Soundtrack aus meinen gemurmelten Selbstgesprächen, Carls Glucksen, seinem Weinen, meinem Singen mit erfundenen Texten, um ihn in den Schlaf gleiten zu lassen. Die großen blauen Augen, waren inzwischen ein paar Nuancen heller geworden. Wenn der Vorhang der Müdigkeit sich herabsenkte und die Augen nach hinten wegkippten, ging meist ein Ruck durch den Körper, Carl riss die Augen weit auf und brüllte mit anschwellender Lautstärke. Durch und durch müde wie er war, wollte er dennoch nicht einschlafen. Irgendwann übermannte ihn der Schlaf, doch das kürzeste Anhalten des Kinderwagens ließ ihn wieder aufwachen. Ich war viel spazieren in diesem ersten Jahr und ließ mich auch von Schneewehen nicht aufhalten, zog den Kinderwagen rückwärts hinter mir her, nur nicht anhalten, immer weiter.

Vor der Geburt hatte ich mir ausgemalt, dass das Kind einfach „mitlaufen" würde und ich gemütlich im Café mit anderen Müttern sitzen oder daheim auf der Couch lesen würde, während es glücklich auf seiner Spieldecke strampelte. Aber der Kleine schien einen sechsten Sinn dafür zu haben, wenn es nicht um ihn ging. Das passte ihm gar nicht. So kommentierte er meine eigenen Beschäftigungen daheim, vom Kochen, Essen, Wäschewaschen bis hin zum Gang aufs Klo, mit lautem Brüllen. Mein Adrenalinpegel wurde immer weiter hochgetrieben. Anders als im Job früher gab es keinen Feierabend, kein Wochenende und keinen Urlaub. Das hatte ich mir anders vorgestellt.

Gar nicht vorgestellt hatte ich mir, dass es jemals in meinem Leben zu intensiven Diskussionen über Joghurtbecherdeckel kommen würde. Doch im Winter 2011, Carl war zwei Jahre und ein paar Monate alt, war es so weit. Am Vortag hatte Carl den Deckel eines Joghurts komplett abgemacht, zwei Löffel davon gegessen und dann erklärt, dass er fertig sei. Ich hatte den Becher also wieder mit dem Deckel verschlossen, so gut es ging, und in den Kühlschrank gestellt. Am folgenden Tag wollte Carl wieder Joghurt und ich stellte ihm seinen angebrochenen Joghurt hin. Als er den Deckel öffnete und feststellte, dass dieser bereits vom Rand des Joghurts gelöst war, forderte er wütend: „Dranmachen!"
Ich erklärte ihm: „Aber mein Schatz, weißt du noch, den Deckel hast du gestern selbst abgemacht, den kann ich jetzt nicht wieder dranmachen!"
Wieder und wieder erklärte ich es und mein ruhiger Tonfall kippte langsam. Es half nichts. Bald schon weinte Carl, der Rotz lief ihm aus der Nase. Nase putzen?
„Neeeeein!"
Dazwischen schluchzte er: „Dranmachen! Wieder dranmachen!"
Ich versuchte, ihm immer wieder mit ruhigen Worten zu erklären, dass es nicht ginge. Im Kühlschrank wa-

ren zwar noch verschlossene Joghurts, aber ich war nicht bereit nachzugeben. Ich war schließlich der Boss.

Inzwischen war mein Nervenkostüm zerfetzt von dem minutenlangen Schreien. Ich legte den Kopf erschöpft auf die hölzerne Stuhllehne und stöhnte: „Melde dich, wenn du es 200 Mal gesagt hast."
Das hatte ein verzweifeltes „Nicht schlafen!" zur Folge. Tatsächlich wäre ich mit dem Kopf an der harten unbequemen Lehne beinahe eingeschlafen, bis überraschend Ruhe einkehrte. Ich öffnete vorsichtig die Augen. Da saß Carl und löffelte den Joghurt. Na also. Ich sonnte mich in dem Gedanken, mich durchgesetzt zu haben.
Am Tag darauf das Unerwartete: Carl begann, das ganze Theater zu wiederholen (der Joghurt war immer noch nicht aufgegessen). Woraufhin ich diesen Joghurtbecher flugs zur Seite stellte und einen verschlossenen neuen Joghurt holte. Mit bitterer Ironie dämmerte mir die Erkenntnis, dass Erziehung offensichtlich funktioniert. Nur hatte ich mir das eigentlich anders herum vorgestellt.

Kinder, so liest man immer wieder und ich kann es bestätigen, lachen mehrere Hundert Mal am Tag, Erwachsene nur etwa 20 Mal. Seit ich Mutter bin, habe ich zwar mehr geschimpft und geweint als zuvor, aber auch viel mehr gelacht. Die Sicht der Kinder auf diesen Planeten und seine Bewohner ist herrlich erfrischend.

„Hat die Sonne Pipi auf die Wolken gemacht?", fragte mich Carl, damals etwa fünf Jahre alt, als die Nachmittagssonne die Wolken golden einfärbte. Was für eine interessante Überlegung! Ein andermal wollte er auf der Heimfahrt vom Kindergarten ganz unbefangen wissen: „Hast du in der Kreidezeit schon gelebt?" Ich dachte, mich verhört zu haben und ließ ihn die Frage wiederholten. Dann erwiderte ich grinsend: „Die Kreidezeit ist schon Millionen von Jahren her. Da hätte ich mich aber sehr gut gehalten."

Wie er darauf kam? Vielleicht schienen ihm sowohl die Dinosaurier als auch ich unglaublich alt, wer weiß. Die Vorstellung erheitert mich bis heute, wie ich zwischen friedlich grasenden Dinos an Riesenfarnen entlang schlendere und 65 Millionen Jahre Evolution live miterlebe.

Unbelastet und voller Neugier sprechen Kinder auch Themen an, die Erwachsenen einen bleischweren Schatten auf die Seele legen können. Für die Kinder sind sie genauso alltäglich wie essen, spielen und schlafen.

„Mama, wann stirbst du?", fragte mich Carl, als wir im Auto vom Kindergarten nach Hause fuhren.

„Ähm, hoffentlich noch eine Weile nicht? Wie kommst du darauf?" Mich überlief es eiskalt.

„Nur so. Und wann sterbe ich?", antwortete er unbekümmert.

„Du lebst noch ganz lange, Spatz", beruhigte ich ihn.

„Und wenn ich einen Unfall habe? Da kann man doch auch sterben?" So schnell ließ er nicht locker.

„Ja, das stimmt. Aber das ist sehr unwahrscheinlich. Deswegen schauen wir ja immer nach links und rechts und links, bevor wir über die Straße gehen", wich ich aus.

Nun ging es noch reihum um Papa, Oma, Opa, dann wechselte er abrupt das Thema und sang ein Lied aus dem Kindergarten. Die Sache war für ihn erledigt. Ich blieb noch eine Weile nachdenklich.

Drei Jahre nach Carls Geburt hatten wir wieder genug Schlaf getankt und freuten uns, als der Schwangerschaftstest positiv war. Nach zehn Wochen: kein Herzschlag. Warum? Das weiß niemand. Fehlgeburten sind ein Tabuthema, zumindest empfand ich das so, erzählte nur wenigen sehr guten Freundinnen davon. Auf mir schien eine Schuld zu lasten, hatte ich etwas falsch gemacht? Nein, sagte meine Frauenärztin, durchschnittlich jede dritte Frau hat in ihrem Leben eine Fehlgeburt. Das war mir neu, keine Frau, die ich kannte, hatte je eine Fehlgeburt erwähnt. Oh diese Masken, die wir alle tragen.

Als die Blutung ein paar Tage später anfing, musste ich ins Krankenhaus. Weite, leere Flure in Senfgelb, Linoleumböden, warten, Vorgespräch zur Narkose, Flügelhemdchen anziehen, warten. Dann das Rückwärtszählen, das ich nicht zu Ende brachte und in die Narkose sackte. Irgendwann wachte ich wieder auf, allein im Zimmer, und alles war vorbei. Im Krankenhausladen kaufte ich einen riesigen Lolli für Carl. Christian und er holten mich ab. Mit leerem Kopf und Herzen stieg ich ins Auto und wir reihten uns in den Verkehr ein, ein Auto unter vielen, als ob nichts Besonderes wäre.

Am Tag darauf waren wir zu einem Frühstück in größerer Runde eingeladen. Ich trug eine weiße Hose, es musste sein, alles Blut war schon geflossen. „Wie geht es dir?", fragte mich eine Frau, die ich kaum kannte. Die Antwort in meinem Kopf: „Oh, nicht so gut. Ich hatte gestern eine Ausschabung im Krankenhaus. Im März wäre unser zweites Kind zur Welt gekommen. Ich bin traurig, erschöpft, durcheinander und fühle mich schuldig, auch wenn ich weiß, dass es nicht meine Schuld ist. Und wie geht es dir so?" Nichts davon kam über meine Lippen. Ich setzte ein Lächeln auf und sagte nur ein Wort, bevor wir uns beide dem Buffet zuwandten: „Gut."

Etwa ein Jahr später wurde unser zweiter Sohn Leon geboren, am 2. August 2013, im gleichen Krankenhaus, mit anderer Hebamme, aber auch diese mit wenig Empathie gesegnet. Als ich nach stundenlangen Wehen am ganzen Körper zitternd in Tränen ausbrach, fragte sie mich trocken: „Sie sind ja nicht sehr motiviert. Wie wollen Sie denn das Kind zur Welt bringen?" Entgegen dieser erneut schlechten Beurteilung brachte ich einen gesunden kleinen Jungen zur Welt, der seinem Bruder glich wie ein Ei dem anderen. Seine Augen bei der Geburt blau wie die Tiefsee, auch sie klarten Monate später zu einem heiteren Sommerhimmel auf. Bei Babybildern konnten wir oft nicht unterscheiden, wer von beiden abgebildet war.

Der Ruck beim Hochschalten von einem auf zwei Kinder war anders als von keinem auf ein Kind, aber auf seine Art gewaltig. Plötzlich war ich unter der Woche tagsüber allein mit zwei Kindern und folglich in der Unterzahl. Es wurde ein ständiges Abwägen der Dringlichkeit von Bedürfnissen und dem Wunsch, dass mit jedem Kind noch zwei Arme wachsen sollten. Dies war nicht der Fall, aber meine Fähigkeiten in Organisation, Zeitmanagement, Krankenversorgung und Verhandlungsführung wuchsen in dem Maße, wie mein Nervenkostüm dünner wurde. Ich schuf mir Inseln, die mir gut taten, ließ alte Hobbies wieder aufleben, entdeckte neue: Malen, Schreiben, Basteln und Singen. Manches machte Spaß und blieb, anderes wurde eine lustige Erinnerung.

Manchmal überlege ich, wie das Leben ohne Kinder wäre. Was, wenn wir uns vor zwölf Jahren, als wir konkret über Familiengründung sprachen, anders entschieden hätten? Welch unerhörter Gedanke. Fragen alle Eltern sich das, wenigstens einmal? Wie sähe unser Leben aus, wären wir zu zweit geblieben? Zwei Kinderzimmer wären leer, so wie damals, als wir einzogen. Nur der blanke Boden, keine Spielteppiche, keine Regale überquellend von Lego-Spielsachen, kein Bett mit Seeräuber-Bettwäsche und Dutzenden Kuscheltieren, kein Schreibtisch mit Spielzeugautos zwischen Kinderkunstwerken und Schultüte. Im Wohnzimmer würde ich nicht über die Holzeisenbahn und einzelne Schuhe stolpern. Keine zwei wirbelnden Knirpse, die 100 Mal am Tag „Mama" schreien, gekuschelt werden möchten, sich manchmal andere Eltern wünschen und mich ab und zu auch „toll" nennen. Dafür hätte ich vielleicht berufliche Träume verwirklicht, spannende Urlaubsreisen erlebt, viel Zeit für Sport und für kulturelle Unternehmungen mit meinem Mann verwendet. Das eine Kinderzimmer wäre vielleicht Christians Musikzimmer geworden, mit seiner Gitarre, Plattenspieler und einem gemütlichen Sessel. Das andere wäre womöglich mein „Atelier" geworden, wo ich bei klassischer Musik oder dem Zwitschern der Vögel vor dem Fenster in meiner Freizeit gemalt hätte.

Es wäre ruhig in diesem Haus, gäbe weniger Streit, weniger Chaos, weniger Wäsche. Kein Trampolin, kein niedergetretener Rasen vor dem Fußballtor im Garten, keine feuchten Kindersocken hinter dem Sofakissen. Einerseits. Andererseits: keine feuchten Kinderküsse auf meiner Wange, keine Arme, die sich um meine Beine klammern, keine Kinderhand, die meine hält. Kein Blick aus Augen, so grau-blau wie das Meer an einem stürmischen Tag. Keine Fragen, die mich die Welt entdecken und hinterfragen lassen. Kein Gesicht, das Sicherheit bei mir sucht. Kein schelmisches Blitzen in den kleinen Augen. Und dann dieses Lachen! Dieses pure, köstliche, perlende Lachen. Diese reine Freude! Ja, das Leben ohne Kinder wäre anders, ganz anders.

Nur die Liebe zur Natur bliebe gleich. Immer wieder bin ich im Wald. Alleine. Atme die Ruhe. Eines Wintertages war ich mit dem Fahrrad unterwegs, um die Kinder von ihren Verabredungen abzuholen. Es war noch Zeit für einen Abstecher. Am Ende des Ortes ragen die Buchen hoch in den Himmel, wie eine Eingangspforte in den Wald. Ich tauchte in eine Welt von Scherenschnitten aus Bäumen vor einem dämmrigen blass-blauen Himmel ein. Mein Rad holperte bergauf mit tanzendem, fahlem Vorderlicht, das schwächer leuchtete, je langsamer ich vorankam. Ich stieg schließlich ab und schob weiter. An einem kleinen plätschernden Bach blieb ich stehen, stellte das Rad ab und sog den Moment in mich auf: die frostige Luft, die Geräusche – hier der Bach, da ein krachender Ast, dort ein Rascheln der Blätter –, den matschigen Erdboden unter mir, meine in den Handschuhen langsam erstarrenden Finger. Die Dunkelheit umschloss mich, doch sie war nicht schwarz. Nur noch schemenhaft zeichneten sich die Bäume ab und der Weg ließ sich erahnen. Das dunkle Wasser des Baches wurde unterbrochen von silbernen Flächen, in denen sich Licht spiegelte. Ich überlegte, welche Farbe ich in einem Aquarellbild dafür wählen würde, und fand keine Antwort. Nicht alles musste analysiert, seziert, verstanden werden, nachbildbar sein. Der Verstand durfte auch mal ruhen.

Ich atmete tief ein und ließ die Luft ganz langsam entweichen, ohne Mühe, ohne Druck. Es war ein Moment Unendlichkeit an diesem Abend im Dezember 2019, kurz nach 17 Uhr, mitten im Wald. Einer jener raren Momente des Einklangs, in denen die Welt und ich harmonisch schwangen, bis ein Gedanke in meine Stille wehte. Es war wohl Zeit, die Kinder zu holen.

Den Berg hinunter rollte ich in fast völliger Dunkelheit aus dem Wald hinaus, Laternenlichter und hell erleuchtete Fensterscheiben begrüßten mich, Autos surrten auf der Hauptstraße vorbei. Sie erwarteten mich, meine Blauaugen.

Autorinnen

Brigitte Amend
Geboren 1948 in Lohr am Main. Sie lebt mit ihrer Familie in Eschborn. Durch das Schreiben von Kurzgeschichten will sie Stimmungen und Erinnerungsbilder aus ihrem Leben festhalten.

Inge Bethke
Geboren 1937 in Pfaffendorf/Sensburg an den Masurischen Seen. Von 1938 bis 1945 in Königsberg, ab 1945 nach Bombenangriffen bei den Großeltern Bednarz auf dem Bauernhof in Nikolaiken. Schule und Verwaltungslehre bei der Stadtverwaltung Mikolajki in polnischer Sprache. Zwei Jahre in Stettin verbracht. Über Stettin, Itzehoe und durch Heirat in Oberursel-Stierstadt, Hessen, angekommen.
„Die Geschichte schreibe ich vor allem für meinen Enkel."

Dr. Andrea Diehl
Geboren 1953 in Düsseldorf. Sie ist heute als selbstständig Beratende tätig und lebt mit ihrem Mann im Hochtaunus.
Die biografische Schreibwerkstatt ist zum festen Bestandteil ihrer Freitagvormittage geworden. Hier lernt sie ihr Leben aus heutiger Sicht zu betrachten und zu beschreiben. Ihre seit dem 14. Lebensjahr geführten Tagebücher helfen dabei.

Roswitha Gabriele Feldgen
Jahrgang 1943, geboren und aufgewachsen in Frankfurt am Main, arbeitete bis 1970 als Elektro-Assistentin bei der AEG. Seit 1970 wohnt sie in Oberursel als Ehe-

frau, Mutter, Großmutter, Witwe. Das Schreiben fasziniert sie, seit sie schreiben kann. Dies ist die fünfte Anthologie mit Texten von ihr.

Ingrid Johanna Fischer
Sie wurde 1956 in Frankfurt geboren, ist verheiratet, hat zwei Töchter und ist dreifache Oma. Sie lebt mit ihrer Familie und Katze in der Nähe von Oberursel. 2012 begann sie in der Schreibwerkstatt, um die Geschichten ihres Lebens im Gedächtnis zu halten.

Sibyl Jackel
Geboren 1963 in Frankfurt/Main, lebt mit Mann, zwei Töchtern und ihrem Hund Luna in Oberursel. Seit vielen Jahren schreibt sie Kurzgeschichten für ihre Kinder. Ihr aktuelles Projekt, aus Sicht ihrer Hündin die Abenteuer der letzten zehn Jahre zu erzählen, hat ihr viel Spaß gemacht. Ihre treue Begleiterin ist bereit, ihrem Rudel überall in die Welt zu folgen.

Elisabeth Jung
Geboren 1950 in Königstein/Ts., hier aufgewachsen und noch heute beheimatet. Die Erlebnisse ihrer Kindheit und des Heranwachsens sind Teil der Familiengeschichte, die sie aufschreibt, um das, was gewesen ist, besser zu verstehen und zu bewahren.

Christel Locher
Geboren 1948 in Hamburg, arbeitete als Lehrerin in Südhessen, danach künstlerische Ausbildung und Tätigkeit als freischaffende Künstlerin. Sie lebt seit 2015 in Oberursel.
Der Text „Grabrede" ist entnommen aus Christel Leroche, „Lebenszeichen – Gedichte, Bilder, Biografische Texte" (2020).

Susanne Marx
Geboren 1943 in Königstein, aufgewachsen und wohnhaft in Ruppertshain. Ihr Interesse am biografischen Schreiben wurde gleich nach Grenzöffnung auf ihren Fahrradreisen nach Polen und Russland geweckt, als sie auf unfassbare Lebensgeschichten traf, die ihr die Menschen dort erzählten.

Gisela Schweikart
Geboren 1944 in Meisenheim am Glan, jetzt wohnhaft in Weilrod im Taunus. Studium der Sozialpädagogik. Als Ehefrau und Mutter auch berufstätig. Sie hat Freude am biografischen Schreiben und gibt gerne Wissenswertes aus ihrem Leben an Kinder und Enkelkinder weiter.

Susann von Winning
Geboren 1958 im Ruhrgebiet und aufgewachsen in Hannover. Nach dem Studium in Göttingen und München zog sie in den Vordertaunus, wo sie seither, nur unterbrochen durch zwei Auslandsaufenthalte, mit ihrer Familie lebt. In der Oberurseler Schreibwerkstatt, der sie seit dem Frühjahr 2016 angehört, möchte sie das Handwerkszeug erlernen, eine vor allem für ihre Kinder und Enkel interessante Autobiographie verfassen zu können.

Erika Weber-Herkommer
Geboren 1944 in Tamm, aufgewachsen in Stuttgart. Nach Stationen in Barcelona und Mainz, wohnt sie seit 1974 in Frankfurt am Main. Nach dem Tod ihres Mannes 2004 begann sie zu schreiben, um zu erzählen, wie es war.

Anja Wellenbender
Die Frau, die vom Bodensee über Umwege in den Hochtaunus zog, möchte mit ihren Einblicken anderen Müttern Mut machen, Menschen unterhalten und inspirieren, indem sie vom ganz normalen Wahnsinn des Lebens ungeschminkt erzählt.

Herausgeber

Dr. Stefan Kappner
Autor, Biograf und Schreibdozent. Seit 2008 gibt er Kurse und Seminare für Menschen, die ihre Lebensgeschichte aufschreiben möchten. Inhaber des *biographieservice* und der Website *www.biografika.de* zu allen Themen des biografischen Schreibens.

BoD
Norderstedt, 2017
333 Seiten
ISBN: 978-3-7448-0185-0

WFB Verlagsgruppe Ltd.
Bad Schwartau, 2011
220 Seiten
ISBN: 978-3-86672-202-6

Bernd Reimer
Buchproduktion
Frankfurt/Main, 2008
224 Seiten
ISBN: 3-938266-05-8